Hilde Nowak (†)
(herausgegeben von Renate Ulrich)

Gratis nach Sibirien

Als junge Frau
in sowjetischen Arbeitslagern
1945-1950

Scribeo-Verlag Dr. Bettina Dodenhoeft

„Erzählen ist Erinnern"
Schriftenreihe des Volksbundes
Deutsche Kriegsgräberfürsorge e. V.
Band 75

Meinen Kindern
und Enkelkindern gewidmet
sowie
meinen Leidensgefährtinnen im Lager,
die mir geholfen haben,
mein Schicksal zu ertragen

Titelbild

Die Autorin mit 21 Jahren in Sibirien

Der Buchdruck wurde unterstützt vom Heimatkreis Lank in Meerbusch.

© Scribeo-Verlag Dr. Bettina Dodenhoeft
Verantwortlich für den Inhalt:
Hilde Nowak (†)
Renate Ulrich (Hrsg.)
Redaktion, Satz und Einbandgestaltung:
Dr. Bettina Dodenhoeft
Druck: GGP media on demand, Pößneck
Printed in Germany Kassel 2007
ISBN: 978-3-936592-15-3

Inhalt

Vorwort 9

Verhaftung 11

Vom Sammellager zum Verladebahnhof 31

Im Viehwaggon nach Sibirien 43

In sowjetischen Lagern

Ankunft im ersten Lager 64

Arbeit im Lazarett 71

Sommer auf einer Kolchose 85

Schwerkrank im Lazarett 98

Im Lazarett 2 104

Dr. Kabanowa 125

Wieder Krankenschwester 128

Einkaufen in Kopesk 134

Impfungen und ihre Folgen 139

Alltag in der Ambulanz 144

Kino im Lager 156

Ein Baby im Lager 158

Helmut 159

Die neue Ärztin seziert Tote 162

Die neue Kommissarin will mich als Spitzel 164

Im Karzer 174

Intrigen, Rache und psychische Folter 179

Strafversetzt ins Bergwerk   190

Ein neues Lager   204

Der Rote Saal   212

Trennung von Helmut   218

Erfrierungen an den Füßen   219

Tanzabend   235

Erneute Krankheit   238

Post aus Deutschland   241

Arbeit bei der Kleiderausgabe   243

Politische Schulung   246

Arbeit als Putzfrau   248

Der erste Lohn   252

Heimliche Ausflüge   254

Männer und Frauen   257

Diebstahl in den Baracken   260

Fritz   261

Heimlich auf dem Basar   263

Mein ganzer Lohn wurde gestohlen   265

Ein neues Kleid   269

Vorräte werden eingemacht   273

Ein Fest mit Konsequenzen   274

Schwangerschaft   281

Schneesturm   287

Unterstützung von meinen Leidensgenossinnen   292

Die Geburt meiner Tochter Renate   304

Im Mütterhaus   315

Rückkehr   332

Nachwort   347

Publizieren in der Volksbund-Reihe
  „Erzählen ist Erinnern"   349

Volksbund Deutsche Kriegsgräberfürsorge
  in Zahlen   351

Aufgaben des Volksbundes Deutsche
  Kriegsgräberfürsorge   352

Vorwort

Mein Leben begann 1949 an einem ungewöhnlichen Ort – in einem primitiven Krankenwagen in Sibirien. Meine Mutter befand sich bereits seit viereinhalb Jahren in einem Arbeitslager in Sibirien, nachdem sie als Achtzehnjährige im März 1945 von Beuthen in Oberschlesien in die Sowjetunion verschleppt worden war. Als ich einige Monate alt war, hatte sie das Glück, mit mir und meinem Vater in einem Heimkehrertransport 1950 nach Deutschland zurückzukehren.

Meine Mutter hat mit mir und meinen Geschwistern wenig über ihre schrecklichen Erfahrungen in Sibirien gesprochen. Erst als sie 1983 begann, ihre Erinnerungen daran aufzuschreiben, erfuhren wir einiges über ihr Leben in sowjetischen Arbeitslagern. Freunde haben meine Geschwister und mich ermutigt, die Erinnerungen meiner Mutter zu veröffentlichen, denn sie dokumentieren einen Abschnitt der Geschichte, der bis jetzt wenig Beachtung fand. Meine Mutter wollte ihr Manuskript schon bald nach der Niederschrift veröffentlichen, scheiterte aber an der politischen Situation 1986, als sich eine Entspannung in den deutsch-sowjetischen Beziehungen im Zuge der Perestroika anbahnte. Der Ehrenwirth-Verlag, dem die Erinnerungen angeboten wurden, argumentierte, dass die Entspannungsbemühungen zwischen Ost und West eine Veröffentlichung nicht geraten erscheinen ließen. Weil heute eine solche Rücksichtnahme nicht mehr nötig ist, möchten meine Geschwister und ich das Schickal unserer Mutter stellvertretend auch für diejenigen veröffentlichen, die in den sibirischen Lagern gestorben sind.

Ich danke W. Schönfeld und F.-J. Radmacher, die mich bei der Veröffentlichung tatkräftig unterstützt haben. Ohne ihre vorbereitenden Arbeiten am Manuskript wäre dieses Buch nicht zustande gekommen. Ebenso danke ich dem Heimatkreis Lank in meinem Wohnort Meerbusch für die finanzielle Unterstützung.

Renate Ulrich, Juli 2007

Verhaftung

Ein kräftiger Stoß mit dem Gewehr in den Rücken und ich stolperte durch die Tür. Mit einem lauten Knall wurde die Zellentür hinter mir zugeworfen und von außen verriegelt. Panik ergriff mich. Ich drehte mich um und versuchte mit meinem Körpergewicht, die Tür gewaltsam zu öffnen. Eine Klinke gab es nicht. „Hat keinen Zweck, Kindchen", hörte ich eine Stimme aus dem Hintergrund. Ich drehte mich langsam um und nahm verschwommen mehrere blasse Gesichter wahr. Mindestens zehn oder noch mehr Frauen, die mich mit großen Augen anstarrten und mir ernst zunickten. „Aber ich hab' doch nichts getan", stammelte ich hilflos. „Haben wir hier alle nicht, und trotzdem hält man uns fest."

Es war die gleiche Stimme von vorhin. Ich sah mir die Sprecherin genauer an. Etwas älter als die anderen, ungefähr 40 Jahre, schätzte ich. Die Frau kam auf mich zu, legte einen Arm um meine Schulter und führte mich zum Fenster. Darunter stand ein kleiner Tisch mit vier Hockern. „Setz dich erst mal und beruhige dich. Alle nennen mich hier Tante Ida. Wenn du willst, kannst du mich auch so nennen." Freundlich gab sie mir die Hand. Ich ergriff sie wie einen Rettungsanker. „Ich muss nach Hause", weinte ich los, „meine Mutter weiß nicht, wo ich bin. Sie wird sich die größten Sorgen machen. Ich hätte schon vor Stunden zu Hause sein müssen."

Tante Idas Hand strich mir sacht über den Kopf. „Wein' nicht, Kindchen, reinste Energieverschwendung. Du brauchst deine Kraft, um zu überleben." Ich sah sie verwundert an. Noch hatte ich nicht begriffen, was mit mir geschehen war. Ich war nur voller Sorgen wegen meiner Mutter. „Deine Mutter wird schon Nachricht haben, dass du jetzt hier bist", tröstete mich Tante Ida. Dankbar sah ich sie an. „Doch", sagte sie, „die Russen sagen immer Bescheid. Und jetzt sag' uns mal, wie wir dich rufen sollen."

Ich wischte mir mit den Händen die Tränen ab. Noch nicht einmal ein Taschentuch hatte ich bei mir. „Hilde", schluchzte ich tief auf, entschlossen nicht mehr zu heulen. „Eine Hilde", sagte Tante Ida, „haben wir noch nicht." Und dann musste ich Hände schütteln, es nahm kein Ende. Später erfuhr ich, dass ich die Achtzehnte und die Jüngste in dieser Vier-Mann-Zelle war. Die Älteste mit ihren 42 Jahren war Tante Ida, die laut Befehl der Russen das Sagen hatte. Über vier Wochen saß sie schon hier.

Als der erste Schock bei mir vorüber war, sah ich mich interessiert in diesem vier mal zweieinhalb Meter großen Raum um. An der linken Seite standen Kopf an Kopf zwei eiserne Doppelbetten. Sie füllten die ganze Wand aus. Rechts unter der Fensterluke standen der Tisch und die vier Hocker. Auf der rechten Seite hing ein Regal, vollgestellt mit leeren Konservendosen. Dann direkt in der Ecke neben der Tür das Klosett, ohne Deckel. Ein alter, zerbeulter Marmeladeneimer stand daneben. Erst jetzt bemerkte ich den fürchterlichen Geruch, der aus dieser Ecke kam. Tante Ida deutete meinen Blick und nickte mir mit einem schwachen Lächeln zu. „Entsetzlich, der Gestank, ich weiß. Mir ging es anfangs genau so. Lässt sich aber nicht ändern. Ein Spülklosett ohne Wasser. Wir bekommen nur diesen einen Eimer täglich voll Wasser, das ist gerade ein halber Liter pro Person." Sie zuckte mit der Schulter voller Resignation. „Man gewöhnt sich dran." Nie werd' ich mich dran gewöhnen, dachte ich, mich innerlich schüttelnd. Außerdem blieb ich ja sowieso nicht lange hier, die Russen würden den Irrtum gewiss bald bemerken. Ich war weder in der Partei, noch hatte ich sonst was getan. Außerdem war ich ja noch nicht volljährig, 18 Jahre, fast ein Kind noch. Jedenfalls fühlte ich mich so, und Heimweh nach der Mutter hatte ich jetzt schon. Mich ging das alles nichts an. Ich war felsenfest davon überzeugt, dass gleich die Tür ohne Klinke aufgehen würde und mich der Russe mit der Maschinenpistole hier herausholte. Meine Mutter würde Augen machen, wenn ich ihr das hier erzählte.

Einen Augenblick später klapperte es tatsächlich vor der Tür. Der Riegel wurde zurückgeschoben. „Na endlich", dachte ich erleichtert, „wurde ja auch langsam Zeit." Jetzt kamen sie mich holen. Ich hatte es ja gewusst. Es gab Abendbrot. Zwei Frauen verteilten das Essen, eskortiert von zwei bewaffneten Russen. Die eine reichte drei herrlich duftende Kastenbrote herein, die zweite füllte heiße

Suppe in die Konservendosen, die die Frauen sich aus dem Regal nahmen. Nur ich hatte keine Konservendose. Tante Ida versuchte dem Posten mit Händen und Füßen zu erklären, dass ich kein Essgeschirr besaß. Die Russen stellten sich taub, knallten die Tür wieder zu und ab ging's zur nächsten Zelle. Mir war alles egal. Dann verhungerte ich eben. Ich hatte Mitleid mit mir selbst. Was sollte es, schließlich schob ich schon seit Wochen Kohldampf, denn seit die Russen in unserer Stadt waren, gab es ja nichts mehr zu kaufen. Denen war es doch völlig schnuppe, ob wir verhungerten. Ab und zu war ich mit den anderen plündern gegangen, manchmal hatte ich auch Glück und erwischte etwas zu essen. Doch seitdem die Todesstrafe fürs Plündern drohte, hatte ich Angst. Meine Mutter und ich lebten von den paar Kartoffeln im Keller und dem Eingemachten aus unserem Schrebergarten. Brot hatte ich schon seit einer Ewigkeit nicht mehr gegessen.

Tante Ida hatte inzwischen das Brot zerschnitten, sechs fast gleiche Teile je Brot. Ich bekam ein Endstück. Gott, was roch das gut! Ich hielt das Brot krampfhaft fest, aß es aber nicht. Mir knurrte zwar der Magen, auch war mir fast schwindlig vor Hunger. Seit heute morgen hatte ich nichts mehr gegessen und da auch nur ein paar Pellkartoffeln. Tante Ida drückte mir die Konservendose mit ihrer Suppe in die Hand. „Iss, Kindchen, du brauchst das nötiger als ich." Ich schüttelte den Kopf. Ich aß doch dieser Frau nicht die Suppe weg. Außerdem hatte ich mir vorgenommen, so lange zu hungern, bis sie mich nach Hause schickten.

Tante Ida wollte mir gerade gut zureden, da öffnete sich wieder die Tür und die Frau von vorhin reichte mir eine Konservenbüchse mit Suppe rein. „Na siehst du, jetzt hast du dein eigenes Essgeschirr. Hat der Iwan mich doch verstanden." Da ich keinen Löffel besaß, trank ich die inzwischen lauwarme, dünne Wassersuppe aus der Büchse. Am Boden fand ich etwa zehn halbgare, grüne Erbsen. Egal, es war wenigstens etwas Warmes. Dass ich eben noch verhungern wollte, hatte ich total vergessen. Das Brot aß ich aber nicht, das war für meine Mutter.

Die meisten Frauen saßen auf dem Fußboden, einige auf den Betten und nur vier hatten am Tisch Platz. Ich setzte mich in die Nähe der Tür auf den Boden. Es stank da zwar fürchterlich, aber wenn sie mich holten, war ich startbereit. Meinen Mantel hatte ich über die Knie gelegt, das Stück Brot in die Manteltasche gesteckt. Ich wartete auf ein Wunder. Inzwischen ging es in meiner Nähe sehr lebhaft zu. Eine nach der anderen benutzte die Toilette. Gespült wurde nur beim großen Geschäft und dann auch nur tröpfchenweise. Ich musste schon die ganze Zeit so nötig, traute mich aber nicht. Ich wollte warten, bis sie das Licht löschten. Falls ich dann noch da war.

Später stellte sich heraus, das ich die einzige ohne Gepäck war. Ich besaß nur das, was ich auf dem Körper trug. Ein Mädchen auf dem oberen Etagenbett neben der Tür maulte etwas, als sie für mich ihren Schlafplatz räumen musste. „Du hast einen Rucksack mit Sachen, besitzt eine Wolldecke, was willst du noch mehr? Die Hilde hat nichts." Ich dankte Tante Ida, kletterte nach oben und legte mich mit dem Kopf zur Wand. Meine Bettnachbarin lag mit den Füßen an meinem Kopf, anders ging das nicht, da die Betten zu schmal waren. Matratzen gab es nicht, nur sehr dünne Strohsäcke. Immerhin besser als der nackte Fußboden.

Mit der Zeit wurde es in der Zelle immer ruhiger. Die meisten schliefen schon. Ich wunderte mich, dass die nackte Glühbirne unter der Decke noch immer brannte. „Wann machen die denn das Licht aus", fragte ich Irene, die das Bett mit mir teilte. „Nie, das brennt Tag und Nacht. Du wirst dich daran gewöhnen." Es dauerte viele Tage, vielmehr Nächte, bis mich das grelle Licht nicht mehr so ganz störte. Es machte einen total verrückt. Später, es war bestimmt schon mitten in der Nacht, ging nochmals die Zellentür auf und ein Russe kam herein. Er schaute auf die schlafenden Frauen und weckte eine, die weiter am Fenster schlief. Das Mädchen stand sofort auf und ging mit dem Russen mit. Ich hatte das Gefühl, dass es ihr nichts ausmachte, mitten in der Nacht geholt zu werden. Bestimmt muss sie zum Verhör, dachte ich, oder durfte gar nach Hause. Ich war richtig neidisch, dass ich es nicht war, die geholt wurde. Warum nicht ich, dachte ich voller Selbstmitleid und wischte mir die Tränen ab. Zehn Minuten von hier wäre ich zu Hause. Ich weinte still vor mich hin. In Gedanken zupfte ich an dem Stück Brot in der Manteltasche. Ich probierte ein Stückchen und dann noch ein Stückchen und spürte danach meinen entsetzlichen Hunger. Eine wilde Gier erfasste mich. Stück für Stück stopfte ich das Brot in mich hinein, bis es alle war. Danach war mir noch jämmerlicher zumute. Das Brot war für meine Mutter bestimmt und ich hatte es ratzekahl aufgegessen. Ich weinte und weinte, weil ich mir so schlecht vorkam, weil ich mich mitten unter den vielen Frauen so allein fühlte.

Wie konnte das geschehen, dass ich jetzt hier war? Ich hatte doch nur meine Tante besuchen wollen. Sie wohnte ungefähr eine halbe Stunde von uns entfernt, am Stadtrand von Beuthen. Sie besaß ein Siedlungshaus mit einem großen Garten. Tante Lene hatte uns Kartoffeln versprochen, die ich abholen sollte. Unsere gingen mittlerweile zur Neige. Kein Wunder, wenn es in der letzten Zeit morgens, mittags und abends nur Kartoffeln bei uns gab. Tante Lene besaß noch eine Menge davon, eigene Ernte aus ihrem großen Garten. Ich kam nicht zu Tante Lene. Noch auf unserer Straße wurde ich von einem Mann mit einer weißen Armbinde angesprochen. Polnische Miliz. Ob er nun ein Deutscher oder ein Pole war, ich weiß es nicht. Jedenfalls sprach er einwandfrei deutsch. Er befahl mir mitzukommen, um eine Aussage zu machen. Ich protestierte, denn ich wollte rechtzeitig zu Hause sein. Ich wusste, dass meine Mutter sich begründete Sorgen machte, wenn ich längere Zeit wegblieb. Man hörte in letzter Zeit immer wieder von Verhaftungen.

Der Mann mit der weißen Armbinde wurde dienstlich. Er zückte ein Papier mit vielen Stempeln aus der Tasche und hielt es mir unter die Nase. Natürlich konnte ich nichts lesen, die Schrift war russisch oder polnisch. Mir blieb nichts anderes übrig, als mit ihm mitzugehen. Angst hatte ich keine, warum auch. Er führte mich in unser früheres Polizeirevier gegenüber dem städtischen Krankenhaus. Zwei Stunden wurde ich von einem Mann vernommen, der sich als irgend so ein Kommissar vorstellte. Ich sollte zugeben, dass ich ehemaliges Parteimitglied war. Als ich das entschieden abstritt, sollte ich zugeben, dass ich im BDM (Bund Deutscher Mädel) gewesen war. Ich stritt auch dieses ab. Es entsprach der Wahrheit. Schließlich musste ich zugeben, dass ich bis zum vierzehnten Lebensjahr bei den JM (Jung-Mädel) war. Wir mussten damals alle, die ganze Schule. Ich ging sogar gerne hin. Wir sangen, bastelten, trieben Sport, wanderten und zelteten. Ich jedenfalls fand das alles prima. Ich unterschrieb mein Geständnis und dachte, endlich kommst du hier raus. Ich kam auch sofort raus. Diesmal in Begleitung eines Mannes mit einem Maschinengewehr. Der eskortierte mich zum Gefängnis, das von den Russen besetzt war. Dort gingen die Vernehmungen weiter. Eine ehemalige, elegant gekleidete ukrainische Kriegsgefangene dolmetschte mehr schlecht als recht. Sie hasste alle

Ausweis mit Bild der Autorin von 1945

Deutschen, was ich sogar menschlich verstand. Schließlich waren die Kriegsgefangenen nicht gut behandelt worden, das wusste sogar ich.

Endlich, nach Stunden, musste ich wieder einen Wisch unterschreiben, und damit hatte ich eine „Freikarte" für die Reise nach Sibirien. Zu diesem Zeitpunkt wusste ich es nur noch nicht. Bevor ich den Vernehmungsraum verlassen durfte, musste ich meine Ohrringe und das goldene Halskettchen mit dem Sternzeichen der Zwillinge dem Flintenweib abliefern. Das Kettchen war das Kommunionsgeschenk meines Vaters. Die Ohrringe hatten mir meine Eltern zu meinem zweiten Geburtstag geschenkt. Kleine goldene Kügelchen, die ich seitdem immer getragen hatte.

Diesmal war es ein bewaffneter russischer Soldat, der mich durch ellenlange Gänge, Treppen und noch längere Gänge bis zu meiner Zelle begleitete. Und da war ich nun, und mir war jämmerlich ums Herz. Ich war todunglücklich. Irgendwann musste ich doch noch eingeschlafen sein. Ich schlief wie eine Tote. Jemand zupfte mich am Arm und bedeutete mir aufzustehen. Im ersten Augenblick wusste ich nicht, wo ich war. Doch dann kam die Erinnerung.

Alle waren schon angezogen und hatten ihre Konservenbüchse in den Händen. Jetzt hörte ich es auch draußen rascheln. „Mach schnell, Hilde", sagte Tante Ida freundlich, „sonst verpasst du dein Frühstück." Ich war kaum runtergeklettert, da ging auch schon die Tür auf und das Essen wurde verteilt. Eine dicke Scheibe trockenes Brot und eine Kelle heißes Wasser. Was ich für Wasser hielt, war russischer Tee, natürlich ungesüßt. Ich fragte Tante Ida, wo es denn eine Waschgelegenheit gäbe. Sie sah mich nur mitleidig an und zuckte die Achseln. „Das ist reinste Glücksache. Mancher Posten erlaubt uns zusätzlich einen Eimer voll Wasser, die meisten lehnen das ab. Wir spülen uns das Gesicht im Toiletteneimer ab. In einer Stunde etwa bekommen wir unsere Tagesration frisches Wasser." Den zusätzlichen Eimer Wasser bekamen wir erst fünf Tage später. Wir mussten Tag für Tag mit zwei Eimern Wasser auskommen, einen zum Trinken, den anderen für die Toilette. Meine Zähne putzte ich morgens mit einem Schluck Tee und dem rechten Zeigefinger.

Inzwischen hatte ich auch schon einen Blick durch die vergitterte Luke geworfen. Man musste dazu einen Hocker auf den Tisch stellen und hochklettern. Ich wollte wissen, ob der Blick auf die Straße ging. Fast täglich war ich früher achtlos an diesem riesigen dunklen Steinbau vorbeigegangen, hatte die unzähligen kleinen Fenster mit den Gittern gesehen, doch an die Menschen da drinnen hatte ich nicht gedacht. Wie gedankenlos man doch war.

Der Blick durch unser Fenster ging in den Hof hinaus. Ein kleiner Hof mit haushohen Mauern drum herum. Ich war enttäuscht. Vielleicht hätte ich meine Mutter irgendwann mal gesehen, wenn ich einen Straßenblick gehabt hätte. Das Gefängnis war ein Eckbau, die Vorderfront lag auf der Hindenburgstraße, eine Seitenfront auf der Poststraße, und in der Poststraße war mein Zuhause.

Die Tage waren ein ewiges Einerlei. Die Enge machte uns verrückt. Wir gingen uns gegenseitig auf die Nerven. Ein Glück, dass wir Tante Ida hatten. Sie schlichtete so manchen Streit. Normale Gefangene drehen wenigstens ihren täglichen Rundgang im Gefängnishof, uns ließ man aus der Zelle nicht hinaus. Draußen herrschte bestimmt das schönste Frühlingswetter. Wir waren am Verzweifeln.

Else, die sechsundzwanzigjährige Ehefrau eines Staatsanwalts, bezog jeden Morgen nach dem Frühstück ihren Posten unterm Fenster. Zu sehen gab es nichts. Doch eines Morgens rief sie ganz aufgeregt: „Kinder, im Hof sind einige Leute, die werden schwer bewacht. Das hat bestimmt was zu bedeuten." Alle drängten sich zum Tisch, jeder wollte etwas sehen. Fast wäre Else aus ihrer Höhe abgestürzt, der Hocker wackelte schon ganz gefährlich. Wir stiegen dann eine nach der anderen hinauf, um einen Blick zu erhaschen. Ich kam erst zum Schluss dran. Die Gefangenen, fünf Männer und zwei Frauen, alle sehr gut gekleidet, standen mit dem Gesicht zur Mauer und hielten die Hände hoch. Hinter jedem dieser bedauernswerten Menschen stand ein Russe mit einem Maschinengewehr im Anschlag und zielte. Mehrere Gepäckstücke, Briefsachen und andere Dinge lagen auf einem Haufen etwas abseits. Ich beobachtete, wie die sieben Menschen auf Befehl ihre Mäntel auszogen und auf den Stapel der Gepäckstücke warfen. Dann mussten sie wieder mit erhobenen Händen an die Mauer. Kurz danach fielen direkt die Schüsse, eine ganze Salve. Es hörte sich grauenvoll an. Wie Mehlsäcke stürzten sie zu Boden. Und ich fiel vom Stuhl. Als die Frauen die Schüsse hörten, wollte jede ans Fenster. Man schmiss mich einfach um. Wenn Tante Ida mich nicht geistesgegenwärtig mit ihrem Körper abgefangen hätte, wahrscheinlich hätte ich mir das Genick gebrochen. Die meisten waren wütend auf mich, dass sie von dem Drama im Hof nichts mitbekommen hatten. Wenn ich geahnt hätte, dass ich Zeuge eines siebenfachen Mordes werden würde, hätte ich gern darauf verzichtet.

Dieses Erlebnis hatte mich stark mitgenommen. „Vielleicht waren es Nazis", meinte Else, die ihren Posten auf dem Hocker wieder bezogen hatte. „Wahrscheinlich denkt sie jetzt an ihren Mann, der war auch so ein Nazi", murmelte eine gehässig neben mir. Später berichtete Else, man habe den Leichen die ganzen Kleider ausgezogen und sie einfach liegen gelassen. Das Gepäck und die Mäntel waren kurz nach der Schießerei verschwunden. Erst am nächsten Morgen waren die Toten weg. Ich habe im Laufe der nächsten Zeit noch fünf solcher Erschießungen erlebt, doch auf den Stuhl bin ich nie wieder gestiegen.

Das Mädchen, welches man Nacht für Nacht zum Verhör holte, hieß Katharina. Sie wurde von allen Käthi gerufen. Sie war ein bildhübsches Mädchen mit roten Backen, veilchenblauen Augen und schwarzem, naturgewelltem Haar. So hatte ich mir als Kind Schneewittchen vorgestellt. Ich wunderte mich, dass ihr die schmale Kost so gut bekam. Wir anderen wurden immer dünner und blasser. Die zweiundzwanzigjährige Käthi aber strotzte nur so vor Gesundheit. Zu mir war sie besonders nett. Oft steckte sie mir heimlich ein Stückchen Brot zu. Sie erzählte mir, dass sie von einem großen Bauernhof stammte. Die Eltern hatten in Schlesien, irgendwo bei Breslau, einen großen Hof und etliche Morgen Wald. Mit der Zeit freundeten wir uns richtig an.

Wenn es eine Arbeit innerhalb des Baues zu verrichten gab, wurde immer Käthi aus der Zelle geholt. Oft brauchten die Russen auch zwei Frauen, dann durfte Käthi irgendeine aus unserer Gemeinschaft auswählen und mitnehmen. Diesmal nahm sie mich mit. Wir mussten durch ein Labyrinth von Gängen, Türen und Treppen hinunter zum Keller. Ich nahm jedenfalls an, dass wir uns im Keller befanden. Dort mussten wir Berge von verschiedenen Sachen sortieren, die man höchstwahrscheinlich Gefangenen abgenommen hatte. Brieftaschen, Geldbörsen, Papiere, Ledergurte, Kämme und Geld. Soviel Reichsmark in kleinen und großen und ganz großen Scheinen hatte ich noch nie auf einem Haufen gesehen. Wir sortierten das Zeug, jedes für sich, das viele Geld wurde achtlos in einen Sack gestopft. Ich wunderte mich, dass uns der bewaffnete Posten allein ließ. „Hier, steck' dir einen Kamm ein", meinte Käthi, „dann brauchst du dir keinen mehr zu leihen." Es stimmte, was Käthi sagte. Jeden Morgen musste ich um einen Kamm betteln, denn ich besaß ja nichts. Käthi stopfte sich noch einige Tausendmarkscheine vorne in den BH. „Toilettenpapier", grinste sie, „besser als gar nichts. Warum dann nicht gleich die großen Scheine, das Gefühl wollte ich schon immer mal kennenlernen." Ich selbst hatte Angst. Zögernd steckte ich nur einen Zwanzigmarkschein ein. Dieser Schein sollte später für mich noch sehr wichtig werden.

Anschließend fegten wir den Raum sauber und waren fertig. Der Posten brachte uns wieder in die Zelle zurück. Ein paar Tage später, kurz nach dem Mittagessen, holte man uns beide wieder. Diesmal führte uns der Posten, heute ohne Waffe, aus dem

Gefängnis heraus. Mein Gott, wie hatte sich in der Freiheit draußen alles verändert. Die Bäume hatten ein zartes Grün, es roch nach Frühling. Ich atmete tief durch. Zum ersten Mal nach vierzehn Tagen wieder draußen. Wir überquerten die breite Hindenburgstraße und betraten gegenüber dem Gefängnis ein Haus. In der ersten Etage klopfte der Russe einige Male an die Tür. Ein russischer Offizier öffnete und ließ uns rein. Wir befanden uns in einer gut eingerichteten Etagenwohnung. Die beiden Russen sprachen auf Käthi und mich ein, doch wir verstanden kein einziges Wort. Kurzerhand führte uns der Offizier in die Küche und zeigte uns ganze Berge schmutziges Geschirr. Wir kapierten. Käthi und ich sollten alles reinigen. Wir putzten alles blitzblank, bezogen Betten, schrubbten Parkettböden, bürsteten Teppiche und putzten Fenster. Die Russen saßen im hintersten Zimmer, spielten Karten und tranken Schnaps mit einem deutschen Etikett auf der Flasche. Sicher war es Beuteware. Uns ließen sie in Ruhe arbeiten.

Beim Fensterputzen konnte ich auf die Hindenburgstraße sehen. Gegenüber das riesige Gefängnis, links von mir etwa 40 oder 50 Meter entfernt, die Trinitatiskirche. Käthi putzte das andere Fenster direkt neben mir. „In diese Kirche bin ich zur ersten heiligen Kommunion gegangen", sagte ich leise zu ihr durch das offene Fenster. „Wenn ich links um die Ecke gehe, bin ich gleich zu Haus." Käthi ließ den Putzlappen fallen und stellte sich zu mir. „Du spielst doch nicht etwa mit dem Gedanken, von hier abzuhauen?", fragte sie ziemlich erregt. Ich nickte. „Doch. Geht ganz einfach. Die Russen sitzen da hinten, die kriegen nichts mit. Und die Dielentür ist nicht abgeschlossen, darauf habe ich geachtet. Du brauchst mir nur zwei Minuten zu geben, dann kannst du meinetwegen Krach schlagen."

„Nein, das darfst du nicht." Sie packte mich wild am Arm und weinte fast. „Die werden mich dafür foltern oder erschießen, ich weiß das." Mir kam ein Gedanke. „Komm doch mit", sagte ich. „Und wohin? Vielleicht zu dir nach Hause? Was glaubst du, wo sie uns zuerst suchen werden, die haben doch deine Anschrift. Und was glaubst du, was sie mit deiner Mutter anstellen, die arme Frau tut mir schon jetzt leid." Natürlich, wie hatte ich das nur vergessen können? Während meine Hände automatisch die Scheiben putzten, war ich mit meinen Gedanken längst zu Hause. Ich stellte mir das Gesicht meiner Mutter vor, was sie sagen würde, wenn ich so plötzlich auf der Türschwelle erschien. Ich zögerte noch etwas, denn das Gefühl, in wenigen Minuten zu Hause zu sein, war so schön, so beruhigend gewesen.

Ich gab auf. „Keine Angst, Käthi, ich bleibe." Ich hörte den Stein richtig plumpsen, der dem Mädchen von der Seele fiel. Spontan warf sie beide Arme um mich und gab mir einen herzhaften Kuss. Um ihr meine ehrliche Absicht zu beweisen, machte ich demonstrativ das Fenster zu und putzte im Zimmer Staub. Die Tränen konnte ich nicht zurückhalten. Ich schluchzte lautlos in mich hinein.

26

So eine einmalige Gelegenheit bekam ich bestimmt nicht wieder.

Als wir zum Abschluss noch das hintere Zimmer sauber hatten, durften wir gehen. Ich habe so gehofft, dass uns die Offiziere etwas zu essen geben würden. Als wir sie darum baten, stellten sie sich doof. Etwas bekamen wir dann doch noch. Käthi eine alte grobe Wolldecke, ich einen Pullover und ein kariertes Jungenhemd aus Flanell, das sogar noch ganz neu war. Wahrscheinlich passte es niemandem von den Russen. Mir passte es nach Maß. Später tauschte ich mit meiner Freundin den Pullover gegen die Decke. Sie besaß eine eigene von zu Hause.

Wir waren schon etwa drei Wochen da, als man uns alle geschlossen aus der Zelle holte. Wir wollten unser Gepäck mitnehmen, doch die beiden Posten winkten ab. Wir wunderten uns sehr, denn so etwas hatte es bisher noch nicht gegeben. Man führte uns aus dem Bau heraus. Allerdings nicht zu dem Tor, das ich schon kannte und das zur Straße führte, sondern durch eine der vielen Hintertüren auf den Hof. Es war ein anderer Hof als der, den man aus unserem Fenster von oben sah. Mehrere eingeschossige Gebäude befanden sich da. Vor einem der Häuser mussten wir stehen bleiben und warten. Es war schon dunkel draußen und empfindlich kalt. Mir klapperten die Zähne, und schwindlig war mir auch. Überhaupt kämpfte ich schon seit Tagen gegen dieses Schwindelgefühl an. Tante Ida meinte, das wäre nur ganz natürlich bei dieser Ernährung.

Ich muss gestehen, dass ich für ein Stück Brot wer weiß was getan hätte. Ich spielte mit diesem Gedanken, denn Hunger tut weh. Ich meine wochenlangen Hunger, dass man nicht mehr klar denken kann. Nur wer selbst solchen Hunger litt, wird das verstehen können. Es waren nur Gedanken, die Realität sah anders aus. Nun standen wir da und zitterten mittlerweile alle am ganzen Körper. Zu allem Übel kam ein betörender Duft aus dem Nebengebäude. Es roch nach frischem Brot. Wir standen neben der Gefängnisbäckerei. „Die machen uns nicht nur physisch, sondern auch noch psychisch kaputt, die Sadisten", flüsterte mir Tante Ida ins Ohr.

Ein Posten kam aus der Tür des Hauses, vor welchem wir standen. „Dawai, dawai (los, los)", schrie er und bedeutete uns einzutreten. Im Vorraum war es warm. Aus einer angelehnten Tür dampfte es. „Himmel, das hier ist ein Bad!", jubelte eine von unseren Frauen. Tatsächlich. Den Russen fiel ganz plötzlich ein, dass wir auch menschliche Wesen waren. Ein russischer Soldat befahl uns in gebrochenem Deutsch, uns auszuziehen und unsere Sachen zu einem Bündel zu packen. Alles, versteht sich, auch die Unterwäsche. Da standen wir nun alle nackt und verwirrt und schämten uns entsetzlich. Denn die Posten, die uns herbrachten, standen bewaffnet an der Tür und feixten uns an. Es war so demütigend. Die meisten weinten. Der Soldat von vorhin nahm unsere Bündel und schaffte sie in einen Nebenraum. Wir durften endlich alle in das

Bad hinein. An der Tür stand ein Eimer mit graugrüner Schmierseife. Jede durfte sich eine Handvoll herausnehmen. Zu zweit benutzten wir eine Dusche. Das Wasser war herrlich warm. Wir seiften uns mit dem undefinierbaren Zeug aus dem Eimer ein. Es schäumte tatsächlich, sogar ganz prachtvoll. Wir waren kaum fertig, da rief es schon aus der geöffneten Tür: „Dawai, dawai!" Wir reagierten nicht. Schließlich brauchten wir Zeit, um unseren wochenlangen Dreck abzuwaschen. Doch die Russen reagierten auf ihre Weise, sie sperrten einfach das Wasser ab. Zum Abtrocknen hatten wir nichts. So nass, wie wir waren, standen wir im Vorraum und warteten auf unsere Kleider. Endlich brachte man uns die Bündel. Die waren kochendheiß. „Die waren in der Entlausung", sagte man uns später. Aus dieser Entlausung stammten die ersten Kleiderläuse meines Lebens. Ich selbst kam erst dahinter, als sie sich schon um das Zigfache vermehrt hatten.

Natürlich piesackten sie mich schon in der darauffolgenden Nacht. Ich dachte, und den anderen, denen es nicht besser ging als mir, dachten das gleiche, es käme von der graugrünen Schmierseife. Tante Ida schob es auf die Nerven. Am nächsten Morgen war es dann so weit. Nach dem Stück trockenen Brot und dem Spülwasser, ich wollte sagen nach dem russischen Tee, wurden vier Namen aufgerufen. „Sofort fertigmachen und mitkommen." Mit Gepäck natürlich. Mein Name war der vierte. Mein Herz rutschte in die Hose. Warum nicht alle, warum nur vier? Bedeutete das, dass man uns vier nach Hause schickte? Wieder einmal begann ich von ganzem Herzen zu hoffen. Meine Freundin Käthi war mit unter den Vieren.

Vom Sammelgefängnis
zum Verladebahnhof

Der Posten führte uns durch mehrere Höfe zu einem Seitentrakt. Ich wusste gar nicht, dass das Gefängnis so riesig war. Es war in Hufeisenform gebaut. Auf dem Hof vor dem Seitentrakt standen schon etliche Gruppen Frauen aus anderen Zellen und warteten. Es waren vielleicht fünfzig oder sechzig, vielleicht sogar noch einige mehr. Jede Gruppe hatte ihren eigenen Wärter, einen Russen mit dem unvermeidlichen Gewehr. Plötzlich setzten sich die Soldaten in Bewegung. Wir wurden abgezählt, zur Sicherheit noch ein zweites Mal, denn die Anzahl musste stimmen. Namen waren unwichtig, nur die genaue Anzahl musste hundertprozentig sein.

Die ersten zwanzig wurden in das Gebäude geführt. Nach einer halben Stunde waren wir auch soweit. Wir waren die Letzten, betraten das Gebäude und wurden im Erdgeschoss in einen Raum geführt. Dann mussten wir uns entkleiden. Die Gruppe vor uns war schon fertig und wurde abgeführt. Eine flüsterte uns beim Hinausgehen noch schnell zu, dass wir von einem Arzt untersucht würden. Und nun lernte ich zum ersten Mal in meinem Leben eine echt russische Untersuchung kennen. Im Gänsemarsch und nackt natürlich spazierten wir an dem Arzt vorbei. Ein Kniff in den Po und fertig waren wir. Alles gesund. Zum Abschluss bekam jede von der Schwester eine Spritze in den rechten Oberarm. Ich nahm an, dass es eine Impfung war. Man sagte uns ja nichts. Wozu auch? Diesmal waren die Herren Russen die Sieger und wir die Untermenschen. Wir hatten uns zu fügen und wir fügten uns.

Nachdem wir angezogen waren, führte uns der Posten im gleichen Gebäude eine Treppe hoch und schloss eine von den vielen Türen auf. Wir wurden regelrecht hineingestoßen, diesmal mit Hilfe des Kolbens. „Dawai! Dawai!" Mir verschlug es erst einmal den Atem. Keine Zelle von vier mal zweieinhalb Metern, sondern ein riesiger Saal, vollbelegt natürlich. An den Wänden ein Doppelbett nach dem anderen, mindestens drei Reihen ebensolcher Betten in der Mitte. Ein einziges, vergittertes Fenster. Dieses war in normaler Höhe, doch davor stand auch ein Doppelbett. Im Raum herrschte Halbdunkel, obschon draußen die Sonne schien. Eine einsame, nackte Funzel brannte oben an der Decke. Keiner störte sich an uns.

„Wenn doch Tante Ida hier wäre", flüsterte ich Käthi leise ins Ohr. Sie nickte bekümmert. „Schöner Saustall hier", stellte sie mit einem schnellen Blick fest. Wir suchten uns einen Platz. Die Betten waren natürlich alle belegt, vorwiegend mit älteren Frauen. Ja, sogar viele grauhaarige und mehrere Kinder waren darunter. Keine Schulkinder, doch älter als 14 oder 15 Jahre waren die Kinder bestimmt nicht. „Mein Gott, schau dir das an", flüsterte ich entsetzt, „das reinste Altersheim. Die Frauen sind doch überhaupt nicht in der Lage zu arbeiten." Beim Arzt unten hatten wir von einigen Frauen die Parole gehört, dass wir in ein Arbeitslager kämen. Woher die das hatten, das wusste der Himmel. Jede Parole wurde geglaubt, das sollte ich in den nächsten Jahren noch erfahren.

Käthi und ich fanden noch ein Plätzchen auf dem Fußboden zwischen den Betten. Einige Frauen rückten murrend zusammen und wir konnten uns dazwischen setzen. Meine rechtsseitige Nachbarin, eine junge Frau von etwa fünfundzwanzig Jahren, machte mich darauf aufmerksam, dass hier gestohlen würde. „Ihr müsst auf eure Sachen aufpassen, die klauen hier wie die Raben." Na ja, bei mir gab es nicht viel zu stehlen. Ich besaß ja nur die grobe Pferdedecke und das Oberhemd. Doch Käthi war im Besitz eines prallgefüllten Rucksacks, der ein ganz schönes Gewicht hatte. „Wir sind doch nicht etwa unter den Kriminellen gelandet", meinte sie, „das wäre ja das Letzte. Aber den verdammten Russen traue ich alles zu." Ich bedeutete Käthi, dass sie leiser sein sollte. Man konnte schließlich nicht wissen ...

Später erfuhr ich, dass alle Frauen das gleiche Schicksal hatten wie Käthi und ich. Bei den vielen Menschen war sicher einer dabei, der Mein und Dein nicht unterscheiden konnte. Das war auf der ganzen Welt so, kam überall vor, denn der Hunger war groß. Und er sollte für uns in diesem großen Saal noch größer werden, das kriegten wir in den nächsten Tagen zu spüren. Mit dem frischen Brot war es vorbei. Es gab dreimal täglich eine dünne

Scheibe steinhart getrocknetes Brot und russisches Spülwasser, wollte sagen Tee.

Ich hatte gesunde Zähne, aber die älteren Frauen mit ihren Ersatzzähnen bedauerte ich von ganzem Herzen. Auch wenn man das Brot im heißen Tee aufweichte, blieb es hart.

Das allerschlimmste Übel aber war die Toilette. Es gab keine. Man hatte uns zwei große Kübel hingestellt, ohne Deckel natürlich, und die wurden morgens und abends geleert. Man stelle sich das bei ungefähr 200 Frauen vor! Ein unbeschreiblicher Gestank herrschte im Raum. Viele von den Frauen hatten Durchfall. Die Kübel waren rund um die Uhr besetzt. Es war grauenhaft. Käthi und ich mussten Schlange stehen, bis wir mal dran waren. Abwechselnd natürlich, wegen unserer Sachen. Eine von uns musste immer aufpassen.

Uns juckte es am ganzen Körper, vom Kopf bis zu den Füßen. Wir kratzten uns ununterbrochen. Wie ich beobachten konnte, ging es fast allen Frauen so. „Die haben uns was in den Tee getan", meinte Käthi, „oder wir haben alle die Krätze, kein Wunder bei dem Dreck hier." Ich besah mir meine Hände, meine Beine und den Oberkörper. Nichts zu sehen, kein Ausschlag oder ähnliches. „Krätze ist es nicht", dachte ich laut, „und Dreck auch nicht, wir waren doch gestern erst duschen." „Dann sind es die schmierigen Klamotten", stellte Käthi fest. Es stimmte. Ich hatte meine Sachen jetzt schon – ich begann zu zählen, bekam die Tage jedoch nicht zusammen. Doch mehr als drei

Wochen waren es bestimmt nicht, oder doch? Wir hatten keine Gelegenheit, uns das Gesicht oder die Hände zu waschen, geschweige unsere Unterwäsche. Meine Strümpfe bestanden nur noch aus Laufmaschen. Ein Glück, dass ich wenigstens stabile Lederschuhe anhatte. Es waren meine Schwesternschuhe, die ich auf einen besonderen Bezugschein erhalten hatte. Die junge Frau zu meiner rechten Seite hieß Irmgard. Sie weinte fast ununterbrochen. Ich versuchte sie zu trösten, so gut ich konnte, doch es half nicht.

Am nächsten Tag erzählte sie mir ihr Schicksal und ich begann ihr Leid zu verstehen. Ihr Mann war in Russland vermisst. Sie hatte zwei kleine Mädchen von drei und einem Jahr. Das jüngste Kind hatte der Vater noch nicht gesehen. Als die Russen in ihr kleines Heimatdorf stürmten, wurde Irmgard von mindestens vier russischen Soldaten vergewaltigt. Und das vor den Augen ihrer Mutter und der zwei Kinder. Als die Mutter der Tochter zur Hilfe kam, wurde sie von einem der Soldaten mit dem Gewehrkolben brutal zusammengeschlagen. Blutüberströmt und bewusstlos blieb sie liegen. Die Soldaten fielen einer nach dem anderen über die junge Frau her, und dann gleich noch ein zweites Mal. Anschließend nahmen sie die halb Ohnmächtige mit und sperrten sie zu den anderen Dorfbewohnern in die Schule. Als sie alle arbeitsfähigen Frauen und Männer aus dem Dorf zusammen hatten, wurden sie auf Lastwagen verladen und nach Beuthen ins Gefängnis gebracht. Das Beuthener Gefängnis wurde zur Sammelstelle aller Gefangenen aus den russisch besetzten Gebieten und zugleich Endstation. Von hier aus gingen die Transporte ins russische Reich. Jetzt befürchtete Irmgard, dass sie schwanger war. „Das muss nicht unbedingt sein", sagte ich voller Mitgefühl zu ihr, „meine Periode ist auch schon seit zwei Wochen überfällig. Schwanger bin ich ganz bestimmt nicht, das weiß ich genau. Ich war noch nie mit einem Mann intim."

Die junge Mutter tat mir von ganzem Herzen leid. Die Sorgen um ihre kleinen Kinder und die Mutter hatte ich nicht. Und ich dachte, mein eigenes Schicksal wäre schwer. Es gab Schlimmeres, das wusste ich nun.

In den nächsten Tagen ging eine erschreckende Veränderung mit Käthi vor. Sie war nicht mehr das lustige, rotbackige Schneewittchen, das ich kennen gelernt hatte. Jetzt war sie bleich wie der Tod. Ihre schönen blauen Augen lagen tief unter schwarzen Ringen. Sie hatte auch keinen Appetit mehr, und das erregte meine größte Besorgnis. Meist lag sie apathisch zusammengekrümmt auf dem Fußboden und starrte vor sich hin. „Mensch Käthi, reiß dich zusammen", versuchte ich verzweifelt, sie aufzumuntern, „du willst doch jetzt nicht schlapp machen. Lange werden die uns bestimmt nicht mehr hier behalten. Und schlechter kann es nicht mehr werden." Gequält lächelte mich Käthi an. „Du hast recht, Schwesterlein." Käthi nannte mich neuerdings immer so. Ich hatte ihr erzählt, dass ich schon im zweiten Jahr im Beuthener Knappschafts-krankenhaus arbeitete. Ich wollte Krankenschwester werden. Ich erzählte ihr von dem Schicksal meiner rechten Nachbarin. Käthi nickte verstehend. „Kenn' ich alles aus Erfahrung. Die Schweine haben mit mir das gleiche gemacht. Einer runter, der andere rauf. Sogar meine achtundvierzigjährige Mutter haben sie nicht verschont." Ich war entsetzt. Ich hatte das bis jetzt nicht gewusst, denn Käthi hatte noch nie darüber gesprochen. „Warst du in der Partei?", fragte ich sie leise, damit niemand unser Gespräch mitbekam. Käthi verneinte kopfschüttelnd. „Ja, aber warum bist du dann jede Nacht verhört worden?" „Ich? Nee, in diesem Bau noch nie." Mein Gesicht war ein Fragezeichen. Jetzt begann es bei Käthi zu dämmern. Belustigt sah sie mich an. „Sag mal, Schwesterlein, bist du wirklich so naiv?" Sie richtete sich etwas auf und blickte mir direkt in die Augen. „Schon gut", murmelte sie und legte sich wieder hin. „Hast du wirklich geglaubt, ich war Nacht für Nacht zum Verhör?" Ich nickte ernsthaft. Langsam begann ich zu ahnen, was sich Nacht für Nacht abgespielt hat. Arme Käthi! Aber hatte ich selbst nicht schon mit solchen Gedanken gespielt? Ich hatte kein Recht, einen Menschen zu verurteilen. Man tat vieles, was man im normalen Leben nie tun würde. Der Selbsterhaltungstrieb war stärker als die Moral. „Ich kann alles ertragen, nur keinen Hunger", flüsterte sie so leise, dass ich es kaum verstand, „es ist das Schlimmste, was ich mir vorstellen kann. Und ich wollte auf alle Fälle überleben. Mein Vater und drei Brüder sind gefallen, meine Mutter hat nur noch mich." Plötzlich begann sie so schrecklich zu schluchzen, dass ich es mit der Angst bekam. Ich nahm sie wortlos in meine Arme und ließ sie weinen. Vielleicht half ihr das ein wenig.

So jäh der Ausbruch kam, so schnell hörte er wieder auf. Käthi wischte sich mit dem Ärmel die Tränen ab, und ein klägliches Lächeln huschte über ihr Gesicht. „Jetzt magst du mich nicht mehr, Schwesterlein?", fragte sie zögernd. Ich konnte merken, wieviel ihr an meiner Antwort lag. „Mensch Käthi, das musst du doch fühlen. Und ich verstehe dich auch. Ich glaube, ich hätte an deiner Stelle auch nicht anders gehandelt." Jedenfalls war es die richtige Antwort, denn Käthi drehte sich beruhigt zur Seite und schlief augenblicklich ein. Sie schlief vielleicht eine Stunde und war danach wie ausgewechselt. „Du glaubst nicht, wie erleichtert ich bin. Das Schlimmste war, dass ich mit niemandem darüber reden konnte. Ich bin fast daran zugrunde gegangen, das kannst du mir glauben." Ich drückte beruhigend ihre Hand.

Nach sieben langen Tagen in der schrecklichen Umgebung war es dann so weit. Es war noch dunkel draußen, als man uns weckte. Vier Soldaten, natürlich alle bewaffnet, standen in der offenen Zellentür und verlasen aus einer Liste Namen. Reingetraut hat sich keiner in die Zelle, es stank ihnen wahrscheinlich zu sehr. Jede Frau, die aufgerufen wurde, musste ihr Gepäck nehmen und in den Flur treten. Käthi und ich waren dabei. „Endlich!", dachte ich und fühlte mich richtig erlöst. Ich glaube, noch einmal sieben Tage, das hätte ich bestimmt nicht mehr ausgehalten. Mir war im Augenblick alles egal, was mit mir geschah, nur raus aus diesem Drecksstall, aus dieser grauenvollen Eintönigkeit. Sieben Tage mit 200 Menschen in einem Raum, ohne ein bisschen frische Luft und Bewegung und die stinkenden Kübel dazu, das war mehr, als ein Mensch ertragen konnte. Die letzten Tage waren wirklich unerträglich. Die Frauen schnappten teilweise über, wurden hysterisch, kreischten und schlugen sich. Manchmal war es so schlimm, dass es lebensgefährlich war.

Käthi war zu schwach, ihren Rucksack zu tragen. Ich half ihr dabei, denn ich hatte nur das Bündel Decke und meine unentbehrliche Konservendose. Wir sammelten uns im Gang, wurden nochmals mit Namen aufgerufen und mussten dann einzeln zur Seite treten. Dann wurden wir wie üblich zweimal gezählt, und endlich setzte sich der Zug in Bewegung. Eskortiert wurden wir von unseren vier Soldaten. Ab ging es in den Hof. Ich glaubte zu träumen, als ich die vielen, vielen Menschen sah. Männer und Frauen, alles durcheinander. In Fünferreihen standen sie und warteten geduldig. Das Tor, das zur Straße führte, stand offen. Ich bemerkte, dass ununterbrochen Menschen aus dem Tor herausströmten, und mit ihnen alle drei Meter rechts und links ein Wachposten, bis an den Hals bewaffnet. Käthi und ich waren so ziemlich am Ende des

Zuges. Es war ein Tor, welches zu einer Nebenstraße führte. Diesen Weg vom Gefängnis bis zum Beuthener Güterbahnhof werde ich mein Leben lang nicht vergessen. Genau vor einem Monat, am 17. März 1945, hatten sie mich eingesperrt. Heute nun, am 17. April, trieben sie uns wie die Schafe durch die Straßen. Wohin? Das wusste nur der Herrgott. Selbst unsere Peiniger wussten es nicht, die folgten nur ihren Befehlen von oben. Das gestand uns später ein Soldat, ein Wolga-Deutscher.

Mir fiel auf, dass wir auf dem ganzen Weg, der etwa eine halbe Stunde dauerte, nicht einem einzigen Menschen begegneten. Wahrscheinlich waren sämtliche Straßen abgesperrt. Wir machten einen großen Umweg nur auf stillen Nebenstraßen. Auf direktem Weg wären wir in sechs bis sieben Minuten dagewesen.

Was mich sehr beeindruckte, das waren die Kastanien, die rechts und links am Straßenrand blühten. Alles war grün. Wie sich die Natur in nur einem Monat verändert hatte! Später, als ich an meine Heimatstadt dachte, sah ich immer nur blühende Kastanien. Mein letzter Blick auf Beuthen. Ich schaute nach allen Seiten, nahm stillen Abschied von meiner Heimat. Damals ahnte ich nicht, dass es ein Abschied für immer sein würde.

Weit hinter dem Bahnhof, auf freier Strecke, stand ein endlos langer Güterzug. Vor dem Zug blieben wir alle stehen, und man erteilte uns absolutes Redeverbot. Wir standen, warteten und froren. Es war sehr frisch an diesem Morgen. Wahrscheinlich waren wir auch besonders empfindlich, weil wir frische Luft nicht mehr gewohnt waren. Käthi hatte keine Kraft mehr, still zu stehen. Sie setzte sich einfach auf ihren Rucksack. Ein Soldat schnauzte sie deswegen an, doch Käthi reagierte nicht. Fluchend ließ er sie gewähren.

Ich versuchte einen Blick nach vorn zu erhaschen. Tatsächlich hatten sich dort die Reihen schon gelichtet. Die Ersten wurden schon verladen. Es waren die Männer. Ich musste sehr vorsichtig sein, denn bei jeder kleinsten Bewegung wurde das Maschinengewehr auf mich gerichtet. Neugierig reckte ich den Kopf, ob ich nicht irgendein bekanntes Gesicht entdeckte. Ich starrte auf einen Hinterkopf mit dunklem Haar und einem gedrehten Dutt, der mindestens um eine halbe Kopflänge die anderen Köpfe überragte. „Tante Ida!", schrie ich so laut ich konnte. Käthi fiel vor Schreck vom Rucksack. Sofort waren wir von einigen Soldaten umringt. Eine Tirade russischer Flüche ergoss sich über uns. Mit ihren Gewehren fuchtelten sie vor unseren Nasen herum. Sie wussten nicht, wer da geschrien hatte. Wir starrten mit unseren versteinerten Gesichtern ins Leere, keine zuckte mit der Wimper. Niemand wagte es, mich zu verraten. Noch ein paar saftige Flüche, dann beruhigten sie sich wieder.

Aus den Augenwinkeln beobachtete ich Tante Ida. Sie war inzwischen nicht untätig geblieben. Zentimeter um Zentimeter arbeitete sie sich zwischen den Frauen nach hinten. Und dann war sie bei uns. Ich konnte die Freude in ihren Augen erkennen. Keine von den Frauen, weder vor noch hinter uns, hatte bemerkt, dass eine Fremde bei uns war. Ich war selig und Käthi auch. Jetzt war alles halb so wild. Tante Ida war unser Halt. In der nächsten halben Stunde wagten wir noch nicht einmal zu flüstern. In Tante Idas Gesicht konnte ich lesen, dass sie über Käthis Aussehen entsetzt war. Ich nickte ihr mit den Augen bekümmert zu.

Inzwischen stand die Sonne schon ziemlich hoch am Himmel, es war bestimmt schon längst Mittag. Mir knurrte der Magen, ich hatte wahnsinnigen Durst. Wir waren alle noch nüchtern. Ich konnte kaum noch stehen. Meine Beine knickten mir weg. Lange konnte es nicht mehr dauern, bis sie uns verladen haben, denn nun kam der Waggon vor uns dran. Ich hörte, wie 40 Personen abgezählt wurden und einzeln ins Innere des Waggons hochklettern mussten. Viele Frauen waren schon zu schwach, sich hoch zu hieven, die Soldaten halfen nicht gerade behutsam nach. Wahrscheinlich waren sie es selbst schon leid, weil sich alles so endlos in die Länge zog. Die Waggontür wurde mit Getöse zugeschoben, eine breite Eisenstange quer gelegt und mit einem Stück Eisen abgesichert.

Nun kamen wir an die Reihe. Wieder wurde abgezählt, Tante Ida war die Nummer 32, Käthi 33, ich 34, noch sechs Frauen und die Anzahl stimmte. Schon knallte die Schiebetür zu. Die Prozedur mit dem Riegel wiederholte sich. Eine neue Etappe begann.

Im Viehwaggon nach Sibirien

Ein Viehwaggon, nur notdürftig gesäubert. Er musste noch vor kurzem von Schweinen oder sonstigen Tieren benutzt worden sein. Es duftete im Innern ganz schön. Rechts und links von der Tür waren eine Art Doppelregale gebaut, dreißig Zentimeter über dem Boden eines und knapp einen Meter höher das zweite, unsere Schlafstätten. Leider waren sie schon besetzt. Oben und unten je fünf Frauen auf beiden Seiten. Zwanzig von uns drängten sich noch in dem engen Mittelgang zwischen den Pritschen.

Nach einer herzlichen Begrüßung und Umarmung zwischen Tante Ida, Käthi und mir berieten wir, was nun zu tun wäre. Tante Ida riss sofort das Kommando an sich. „So geht das ja nun nicht, Kinder", erklärte sie energisch. „Unsere Reise wird wahrscheinlich länger dauern, sonst hätten sich die Russen kaum die Mühe gemacht, uns im Schlafwagen unterzubringen. Die Damen von oben und unten schieben ihr Gepäck unter die Pritschen, dann haben noch einige von uns auf den Betten Platz."

Alle gehorchten. Doch mehr als sieben Frauen je Lage brachten wir nicht unter. Blieben immerhin noch zwölf von uns übrig. Wir mussten uns eben auf dem Fußboden häuslich einrichten. Doch besagter Fußboden war verdreckt von Exkrementen. Auch da wusste Tante Ida Rat. Sie förderte zwei kaputte Strümpfe zu Tage und fragte, wer noch etwas Unbrauchbares besaß. Ich zeigte ihr meine durchlöcherten Seidenen. „Ausziehen", befahl sie, „bekommst von mir ein paar andere." Sie stopfte die Strümpfe in einen einzigen Strumpf hinein und hatte nun ein Bündel in der Hand. Damit fegte sie den Boden sauber. Mit der Abfallbeseitigung gab es keine Probleme. An der Wand gegenüber der Schiebetür, befand sich im Fußboden ein kreisrundes Loch, so groß wie ein Kinderkopf. Man konnte durch die Öffnung auf die Schienen sehen.

Plötzlich bekam Tante Ida einen Lachkrampf. Sie lachte und lachte, dass ihr die Tränen kollerten. Ich dachte einen Moment, sie wäre übergeschnappt. Alle starrten sie an, konnten ihren Lachanfall nicht begreifen. Vor fünf Minuten hatte sie doch noch so einen vernünftigen Eindruck gemacht. Tante Ida beruhigte sich etwas und zeigte mit dem Finger auf das Loch im Boden. „Kinder, wisst ihr, was das ist?" „Ein Luftloch", entgegnete ich. Ich wunderte mich schon die ganze Zeit, warum man das Luftloch ausgerechnet im Boden gemacht hatte. Oben an der Wand wäre das doch viel vernünftiger gewesen. Na ja, die Russen taten immer etwas, was man normalerweise nicht erwartete. „Irrtum! Es ist unser Luxusklo! Habt ihr schon jemals so etwas Tolles gesehen?"

Es war, als ob sie einen Wasserhahn aufgedreht hätte. Plötzlich mussten alle auf einmal. Von dieser Minute an riss die Schlange zum Loch nie mehr ab. Wir zwölf übrig gebliebenen Frauen richteten uns auf dem Fußboden ein. Es war sehr eng. Etwas Abstand zum Loch mussten wir ja auch freilassen. Sonst trampelten sie einen noch kaputt. Später erweiterten wir den freien Platz neben dem Loch und hockten uns noch enger aufeinander. Keine konnte richtig zielen, es spritzte nach allen Richtungen. Am schlimmsten spritzte es bei den Durchfallkranken.

Für Käthi besorgte Tante Ida einen Platz auf der untersten Pritsche. Doch Käthi lehnte ab. Sie wollte neben mir liegen. Also betteten wir sie auf den Fußboden, rückten noch enger zusammen. Wir saßen mit hochgezogenen Knien. Wie sollte das in der Nacht erst werden, wenn wir schon zum Sitzen kaum Platz fanden?

„Hat jemand einen Zettel und einen Bleistift für mich?", fragte ich in die Runde, „ich möchte meiner Mutter kurz schreiben. Wir wohnen hier in Beuthen. Vielleicht habe ich Glück und jemand findet den Zettel. Dann weiß meine Mutter wenigstens Bescheid."

Tante Ida besaß einen winzigen Stummel eines ehemaligen Bleistifts und jemand reichte mir ein Blatt aus einem Notizblock. Ich schrieb auf eine Seite die Adresse meiner Mutter in Blockbuchstaben und dann überlegte ich ernsthaft, was ich schreiben sollte. Gefährden wollte ich meine Mutter keineswegs, falls der Schrieb mal in falsche Hände geriet. Vielleicht fand den Zettel auch niemand, doch ich hoffte es von ganzem Herzen. Ich schrieb das Datum, 17. April 1945. „Meine liebste

Mutti! Befinden uns auf unserem Bahnhof, verladen zum Transport. Keine Ahnung wohin. Ich bin gesund, mir geht es gut. Wünsche dir von Herzen alles Gute, bleib gesund bis zum baldigen Wiedersehen. Ich umarme dich – deine Hilde. Mach dir keine Sorgen, Unkraut vergeht nicht." Mehr bekam ich auf das Stückchen Papier nicht drauf.

Mir fiel der 20-Reichsmark-Schein ein, den ich damals aus dem Keller mitgenommen hatte. Ich hatte ihn schon ganz vergessen. Er musste noch in der Manteltasche stecken. Richtig, da war er. Wenn ich den irgendwie auf dem Zettel befestigte, würde sich bestimmt eher jemand danach bücken. „Gute Idee, Hilde", sagte Tante Ida und gab mir eine Nähnadel mit einem Faden. Ich nähte an zwei Seiten das Geld fest. Ich hatte nur die Möglichkeit, den Zettel durch unser feudales Loch zu stecken, eine andere Öffnung gab es nicht. Wir hatten zwar ein winziges Fenster an einer Seite im Waggon, vergittert und ohne Glasscheibe. Doch die Russen hatten von außen Bretter darüber genagelt. Wahrscheinlich befürchteten sie, wir könnten aus dieser schmalen Luke flüchten. Wir waren zwar alle abgemagert, doch wir waren keine Schlangenmenschen.

Wir warteten und warteten. Es war schon dunkel draußen, und es tat sich nichts. Zu essen hatte es auch noch nichts gegeben. Wir hatten alle entsetzlichen Durst. Den ganzen Tag noch keinen Tropfen Flüssigkeit. Tante Ida meinte, das Beste wäre, wir sollten uns schlafen legen. Das taten wir auch. Doch der Platz unten auf dem Boden reichte für uns zwölf Frauen nicht aus. Dann kam der erste Streit wegen des Loches. Keine wollte sich daneben legen. Tante Ida ging mit gutem Beispiel voran und machte den Anfang. „Damit es in der nächsten Zeit keinen Streit gibt, wird dieser Platz Nacht für Nacht ausgetauscht", meinte sie fröhlich, „und jetzt gute Nacht, meine Damen." Es dauerte noch eine ganze Weile, bis wir die richtige Stellung hatten. Wir konnten nur gemeinsam auf einer Seite liegen, denn anders ging es nicht. Drehte sich eine im Schlaf herum, drehten sich automatisch alle mit. „Ich komme mir wie eine Ölsardine vor", sagte ich leise zu Käthi, die ganz eng neben mir lag. Doch Käthi hörte mich nicht mehr, sie schlief.

Mitten in der Nacht weckten sie uns. Eine von uns musste raus, um Wasser zu holen. Die Russen drückten ihr zwei Zinkeimer in die Hand und nahmen sie mit. „Wir werden immer vornehmer", meinte Tante Ida ironisch, „wir kriegen sogar richtige nagelneue Eimer. Wenn ich da an die verrosteten Marmeladeneimer im Gefängnis denke, wird mir noch jetzt ganz übel davon. Hoch lebe der Fortschritt!"

Mindestens eine halbe Stunde dauerte es, bis Maria mit dem Wasser kam. Tante Ida verteilte es gerecht. Jede von uns bekam eine knapp halbvolle Konservenbüchse. Himmel, war das eine Wohltat! Wir legten uns anschließend wieder zur Ruhe, im Herzen dankbar für das bisschen Wasser.

Kaum gelang es uns, die richtige Stellung auf dem Fußboden zu finden, da wurden wir wieder hochgescheucht, diesmal stellte man uns einen Eimer dampfender Suppe rein und gab uns vier frische Kastenbrote. Wieder knallte die Tür, und der Riegel wurde vorgeschoben. Wir hockten uns auf den Boden, zogen die Füße ein, damit Tante Ida die Suppe austeilen konnte. Es war eine großartige Leistung in der Dunkelheit. Sie hatte keine Kelle, nur den Deckel eines Kochgeschirrs. Irgendwie klappte es. Es gab die gewohnte Erbsensuppe mit den halbgaren Erbsen, diesmal waren sogar ein paar Kartoffelstückchen dabei. „Das Brot muss bis morgen warten. Ich möchte es gerecht verteilen, das kann ich nur bei Tageslicht", erklärte Tante Ida.

Alle waren mit dieser Lösung einverstanden. Wieder dauerte es eine ganze Weile, bis wir die richtige Stellung fanden. Ganz plötzlich ging ein Ruck durch den Waggon, wir fuhren. Der Zettel an Mutti, war mein nächster Gedanke. Schon zog ich ihn aus der Manteltasche heraus und krabbelte über Tante Ida hinweg zum Loch. Ich musste ein wenig warten, denn das Klo war wieder einmal besetzt. Eigentlich war es immer besetzt. Verstohlen hauchte ich einen Kuss auf den Zettel, ehe ich ihn zusammenrollte. Er durfte ja nicht schmutzig werden. Ich ließ ihn vorsichtig durch das Loch fallen. Mit meiner Nachtruhe war es vorbei. Mich hatte das heulende Elend gepackt.

Im ersten Brief, den mir meine Mutter drei Jahre später schickte, schrieb sie von dem Zettel und den 20 Reichsmark. Eine Gleisarbeiterin hatte ihn ihr zwei Tage später gebracht.

Wir fuhren den Rest der Nacht durch, bis in den späten Vormittag. Auf freier Strecke hielten wir an. Wieder wurde eine von uns aus dem Waggon geholt, um Wasser zu holen. Inzwischen hatte Tante Ida das Brot aufgeteilt, je ein Brot für zehn Personen. Jede bekam eine dicke Schnitte. Wo wir uns im Augenblick befanden, ahnten wir nicht. Eine der Frauen oben auf der Koje versuchte schon seit Stunden, die angenagelten Bretter an dem Gitterfenster zu lösen. Es bewegte sich schon ein wenig. Zwei Tage später hatte sie es geschafft, die Bretter fielen nach unten. Jetzt hatten wir es heller. Zwar kamen durch die Ritzen der Waggonbretter Tageslicht und frische Luft rein, doch nicht genug. Noch einen Vorteil boten die Ritzen, man konnte die Gegend sehen. Wir sahen zwar nur einen winzigen Ausschnitt, doch war es besser als nichts.

Käthi fühlte sich immer elender. Was mir große Sorgen bereitete, sie benutzte nur ganz selten das Loch. Zum Essen mussten wir sie überreden. Sie klagte nur über Durst. Aber den hatten wir alle. Ein knapper halber Liter Flüssigkeit pro Person und Tag war einfach zu wenig. Tante Ida und ich gaben ihr von unserem Wasser einige Schlucke ab, viel konnten wir selbst nicht entbehren. Unsere Körper brauchten die Flüssigkeit.

Am dritten Tag unserer Reise gab es wieder das bekannte, steinhart getrocknete Brot. Die Russen schüttelten es aus dem Sack einfach auf den Boden. Zwei Scheiben für jeden, unsere Tagesration. Um die leeren Stunden zu überbrücken, machte Tante

Ida den Vorschlag, jede sollte der Reihe nach eine Geschichte erzählen. Die Idee fand bei den meisten keinen Anklang. Über die Hälfte der Frauen litt an Durchfall, sie waren einfach zu schlapp, um noch nachzudenken. „Dann werde ich eine erzählen", bot ich mich freiwillig an. Ich hatte zu Hause ein Lieblingsbuch, das ich mindestens schon zehnmal gelesen hatte. Zu meinem zwölften Geburtstag hatte ich es von einer Tante geschenkt bekommen. Leider ist mir der Titel entfallen, doch den Inhalt könnte ich heute noch nach so vielen Jahren Wort für Wort erzählen. Es war einspannendes Mädchenbuch. Ich begann also ... Keine von den Frauen sprach ein Wort, alle lauschten. Ich glaube, so still wie bei uns war es in keinem Waggon. Sogar Käthi war hellwach und hörte zu. Ab und zu huschte ein Lächeln über ihr eingefallenes Gesicht. Nach zwei, oder waren es schon drei Stunden, war mein Mund förmlich ausgedörrt. Die Stimme versagte mir. Von allen Seiten bekam ich einen Schluck Wasser angeboten, man wollte das Ende der Geschichte hören. Ich nahm das Wasser dankend an, trank aber nur einen winzigen Schluck aus jeder Büchse. Ich wollte niemandem das knappe Wasser wegnehmen. Als ich mit meiner Geschichte fertig war, war es dunkel, Zeit zum Schlafen.

Von da an musste ich Tag für Tag etwas erzählen. Ich erzählte einen Kinofilm nach dem anderen, dann nahm ich mir meine Nesthäkchen-Bücher vor und noch vieles mehr, was mir gerade so in den Sinn kam. Hatte ich mal etwas nicht mehr in Erinnerung, dann strengte ich meine Phantasie an und bastelte es mir zurecht. So vergingen die Tage. Am sechsten Tag unserer Reise ging es Käthi sehr schlecht. Sie bat mich, ihr aus dem Rucksack einen sauberen Schlüpfer und ein Handtuch zu geben. Sie konnte sich kaum noch allein bewegen. Ich half ihr beim Umziehen, dabei machte ich eine grauenvolle Entdeckung. Sie schwamm in grüngelbem Eiter. Ihre Unterhose war ganz durchnässt. Noch nie habe ich so etwas gesehen, auch später nicht.

Ich legte das Handtuch mehrfach zusammen und stopfte es als Unterlage in ihre frische Hose. Dankbar lächelte sie mich an. Jetzt fühlte sie sich viel wohler. Die durchnässte Unterhose stopfte ich ins Loch, sie fiel auf die Schienen.

Da wir jetzt unser Trinkwasser in zwei Rationen austeilten, hatten wir noch einen vollen Eimer stehen. Tante Ida nahm eine Konservendose voll davon heraus, und ich musste mir die Hände über dem Loch waschen. Sogar ein winziges Restchen Palmolive-Seife drückte sie mir in die Hand.

Ich hatte das Gefühl, dass mich alle hasserfüllt anstarrten. Denn schließlich erlaubte ich mir den Luxus, mit ihrem kostbaren, lebenswichtigen Wasser die Hände zu waschen. Doch Tante Ida, resolut wie immer, störte sich nicht daran. Tropfen für Tropfen schüttete sie das Wasser auf meine seifigen Hände. Über Käthis Krankheit sprachen wir im Moment nicht. Sie war geschlechtskrank und ohne Medikamente und ärztliche Behandlung zum Tode verurteilt. Das wusste Tante Ida ebenso wie ich. An diesem Tag brachte ich es nicht fertig, eine Geschichte zu erzählen. Keine von den Frauen sprach mit mir, alle schnitten mich wegen des Wassers. Dass ich sie jetzt auch noch im Stich ließ und die Fortsetzung nicht erzählte, war ja wohl das Letzte. Sie ließen es mich fühlen. Wie gerne hätte ich auf meine nächste Wasserzuteilung verzichtet, aber ich brachte es einfach nicht fertig.

Käthi war jetzt hellwach. Sie war in Gedanken zu Hause auf ihrem großen Bauernhof. Sie erzählte mir von ihren Brüdern, von ihren Eltern, von Pferden und Kühen und dem großen Obstgarten. Im Augenblick hatte sie vergessen, dass ihr Vater und die Brüder gefallen waren. Ich sah, dass ihre Träume sie glücklich machten. Sie erzählte und erzählte, bis sie in einen totenähnlichen Schlaf fiel. In der kommenden Nacht starb Käthi.

Ich lag wie immer nachts an ihrer Seite, in meine Decke gewickelt. Denn die Nächte waren kalt, und ich hatte das Gefühl, je länger wir fuhren, desto kälter wurde es. Als ich mich über Käthi beugte, blickte sie mich mit starren, offenen Augen an. Erschrocken über ihren komischen Blick fühlte ich ihre Stirn, die Hände – eiskalt. Die Leichenstarre musste schon vor Stunden eingetreten sein. Die ganze Nacht hatte ich an ihrer Seite gelegen und nichts gemerkt. Vielleicht hatte sie noch etwas sagen wollen, und ich hatte es nicht gehört. Irgendwie fühlte ich mich schuldig an ihrem Tod. Ich hatte das Gefühl, ich hätte das verhindern müssen. Als ich Tante Ida von meinem Kummer berichtete, schüttelte sie mich mit ihrer ganzen Kraft hin und her. „Was für verrückte Gedanken, Hildchen! Du hast für deine Freundin alles getan, was in deiner Macht stand. Sie ist friedlich eingeschlafen, eigentlich ein schöner Tod." Sie tröstete mich, so gut sie konnte. Das Schlimmste aber war, dass ich noch nicht einmal weinen konnte. Es hätte mich erleichtert.

Mir blieb nicht viel Zeit zum Grübeln, denn wieder einmal wurde unsere Schiebetür mit einem gewaltigen Ruck aufgerissen. Diesmal waren alle froh, dass wir unsere Wasserzuteilung schon am frühen Morgen bekamen. Tante Ida meldete Käthis Tod. Für die Russen war das anscheinend nichts Neues, denn unser Posten zeigte keinerlei Regung. Er befahl, dass die Tote vor den Waggon gelegt wurde. Mit vier Frauen zerrten wir sie heraus und legten sie behutsam vor unsere offene Waggontür. Es war das erste Mal nach sieben Tagen, dass ich für einen kurzen Augenblick draußen war. Ich nahm kurzen Abschied von meiner Freundin, und schon mussten wir wieder rein. Beim Hochklettern blickte ich schnell noch den Zug entlang. Es lagen viele Tote vor den Waggons.

Wieder drinnen wollte der Russe das Gepäck von Käthi. Daran hatten wir überhaupt nicht gedacht. Überrumpelt reichte Tante Ida den Rucksack heraus. Wie gut hätten wir alle die Sachen gebrauchen können. Ich war nicht die einzige ohne Gepäck. In unserem Waggon gab es noch einige, die nur das besaßen, was sie auf dem Körper trugen.

Wir gewöhnten uns daran, dass es mal morgens, mal mittags, abends oder nachts etwas zu trinken oder zu essen gab. Die Russen hatten kein Zeitgefühl. Sie hatten ja jede Menge Zeit. Ihre einzige Sorge war, dass die Zahl der Gefangenen stimmte. Ob tot oder lebend, das war egal.

In der Nacht nach Käthis Tod bekam ich meine Periode. Ein ganz normaler, menschlicher Vorgang, mit einem Monat Verspätung, doch für mich war das ein ganz großes Problem. Ich hatte nur den einen Schlüpfer, den ich seit mehr als fünf Wochen schon trug, und nie eine Gelegenheit, ihn zu waschen. Nur eine Frau kann die Not verstehen. Am zweiten Tag danach verlor ich jeden Lebensmut. Ein Ekel erfasste mich vor mir selbst, ich haderte mit meinem Schicksal, verfluchte die Russen, dass sie mich in so eine Situation brachten. In den nächsten Tagen war ich nicht ansprechbar. Hinzu kam, dass ich von dem getrockneten Brot und der kargen Flüssigkeit an einer Verstopfung litt und bei den vielen Durchfallkranken nie länger als eine Minute Zeit auf dem Loch hatte.

Mir war alles egal. Ich wollte sterben. Doch so schnell stirbt man nicht. Ich jedenfalls nicht. In den nächsten drei Tagen starben wieder zwei Frauen. „Ruhr oder Typhus", meinte Tante Ida, „ich bin kein Arzt, nur eine einfache Dorfhebamme, doch wenn nicht bald etwas geschieht, gehen wir noch alle vor die Hunde." Sogar Tante Ida hatte es jetzt gepackt. Komisch, als ich Tante Idas verzweifelte Worte hörte, kehrte mein Lebenswille zurück. Ich hatte das Gefühl, ich müsste diese großartige Frau beschützen, sie vor irgendetwas bewahren. Ich begann wieder mit meinen Geschichten. Diesmal kam Hedwig Courths-Mahler dran, deren Hefte ich als Vierzehnjährige heimlich geradezu verschlungen hatte.

Die tägliche Entlausung wurde bei uns zum Ritual. Jeden Tag kämmten wir uns gegenseitig die Köpfe durch und suchten nach Läusen. Anschließend kam unsere Kleidung dran. Die Kleiderläuse waren größer als die Kopfläuse, sie versteckten sich gern in den Nähten unserer Sachen. Neuerdings gab es auch Flöhe bei uns. Die ließen sich schlecht fangen. Immer sprangen sie davon. Wir kämpften einen aussichtslosen Kampf gegen die beißenden Tierchen.

Oft hatten wir das Gefühl, als ob der Zug rückwärts fuhr. „Wir fahren wieder nach Hause", jubelten die Frauen und wachten für einige Zeit aus ihrer Lethargie auf. Dann wieder hatten wir das unbestimmte Gefühl, als ob wir im Kreise fuhren. Wir wurden einfach nicht schlau daraus. Wir fuhren, blieben für kurze Zeit oder auch für Stunden stehen, wurden umrangiert und fuhren weiter.

Seit zwei Tagen hatte es nichts Warmes mehr gegeben. Wir lebten nur von dem bisschen getrocknetem Brot und Wasser. Die Wasserholerin kam mit der Nachricht, dass dem Koch der Ofen in die Luft geflogen war. Das wunderte uns überhaupt nicht, bei den Russen war auch das Unmöglichste möglich.

In der kommenden Nacht, als wir schon alle schliefen, wurde unser Waggon geöffnet, und ein Eimer voll Pellkartoffeln wurde einfach zwischen die liegenden Frauen auf den Boden ausgeschüttet. Die waren zwar halbgar, aber immerhin noch warm. Tante Ida musste in der Finsternis die Kartoffeln gerecht verteilen, das war nicht so einfach. Doch unsere Augen gewöhnten sich an das Dunkel, und wir aßen gierig die Kartoffeln mitsamt der Schale. Jede von uns bekam vier Stück.

Die Nächte wurden immer kälter, wir froren erbärmlich. Es zog aus sämtlichen Ritzen, besonders aus dem Loch. Nacht für Nacht stopften die Frauen auf der obersten Pritsche das offene Gitterfenster mit Kleidung zu, sie wären sonst erfroren. Am Morgen waren die Innenwände des Waggons mit einer dicken Eisschicht bedeckt. Viele von den Frauen kratzten und leckten an dem weißen Reif, trotz Tante Idas Warnung. Doch die Frauen schlugen alle Ermahnungen in den Wind, der Durst war zu groß. Am nächsten Abend, es war schon dunkel draußen, brachte man uns kleine, getrocknete Fische, sehr salzig. Jede von uns bekam drei Stück davon. Wir aßen sie mit Kopf und Schwanz restlos auf.

Nachts wurden wir fast wahnsinnig vor Durst. Wir besaßen alle keinen Tropfen Wasser mehr, das war schon lange aufgebraucht. Wir waren froh, als der Morgen graute. Das nächste frische Wasser bekamen wir erst am späten Nachmittag. In dieser Nacht starben in unserem Waggon zwei Frauen, Mutter und Tochter. Die Mutter war 38 Jahre alt, die Tochter 17. Jetzt waren wir nur noch 35. Seit dieser Nacht betete ich nicht mehr. Ich glaubte nicht mehr an Gott.

An einem Morgen hieß es, alle Frauen raus, und das mitten auf einem richtigen Bahnhof. Sonst hielt der Zug immer außerhalb. „Dawai! Dawai!", schrien die Posten und waren ungehalten, dass es so lange dauerte. Wir packten unsere Sachen, denn wir dachten, dass unsere Reise endlich zu Ende war. Doch das Gepäck musste im Waggon bleiben. Wir rätselten, was das alles zu bedeuten hatte. Das hatten doch die Russen noch nie mit uns gemacht. Wir wurden gezählt und mussten uns in Reihen aufstellen. Tante Ida und ich atmeten in vollen Zügen die frische, klare Luft ein. Die Lungen schmerzten beim Atmen, ich hatte das Gefühl, gleich würden sie platzen.

Draußen lag Schnee. Zu Hause blühten die Kastanien, hier war noch tiefster Winter. „Wahrscheinlich sind wir schon in Sibirien", sagte ich zu Tante Ida. Sie nickte. „Vielleicht. Und das Ganze noch gratis dazu."

Man führte uns über die Schienen hinweg in eine Holzbaracke, die gleich hinter dem primitiven Bahnhofsgebäude lag. Unterwegs klappten drei Frauen zusammen. Sie waren nicht fähig zu laufen. Wir mussten sie tragen. Überall auf dem Bahnhof hingen Transparente, Fahnen und Stalinbilder. Leider konnte ich nichts entziffern, denn die kyrillischen Buchstaben waren mir nicht geläufig. Vor allen Dingen hätte es mich interessiert, wie der Ort hieß.

Die Wachen kamen mir heute irgendwie menschlicher vor. Sie lachten sich gegenseitig zu, rissen Witze und fluchten nicht so viel wie sonst. Vor der Baracke, zu der man uns führte, hieß es wieder warten. Uns bewachte ein ganz junger Soldat, der kaum zwanzig Jahre alt war, ein richtiges, bartloses Kindergesicht. „Ihr könnt gleich rein", sagte er in unserer Muttersprache. Da er direkt neben mir stand, fasste ich mir ein Herz und sprach ihn an. „Was ist da drinnen?", fragte ich und zeigte auf die Bretterbude. „Banja", sagte er, und als ich ihn fragend ansah, da ich das Wort nicht verstand, ergänzte er lachend: „Baden, alle Frauen baden."

Ein Jubel brach unter uns aus. „Baden! Welch ein Luxus!" „Heute 1. Mai – Stalin sehr gut." Mein Gott, wir hatten schon den 1. Mai, und hier lag noch Schnee. „Werden wir nach dem Baden wieder in die Waggons verladen?" Der Russe nickte. „Wohin fahren wir eigentlich?" Ein Achselzucken. „Kann nicht sagen. Weiß nur Kommandant. Befehl von oben – Kreml." „Sie sprechen so gut deutsch. Haben Sie das in der Schule gelernt?" „Njet. Sind meine Eltern Deutsche von Wolga. Ich bin Russe", ergänzte er stolz. Also war er ein Wolgadeutscher, darum sprach er so gut deutsch.Ich fragte ihn nach seinem Namen. „Sascha", erwiderte er und wandte sich abrupt weg. Wahrscheinlich tat es ihm schon leid, dass er sich mit einer Feindin unterhalten hatte. „Du hast vielleicht Courage", meinte Tante Ida, die schweigend unserem Gespräch gelauscht hatte. „Warum? Russen sind doch auch nur Menschen, genau wie wir. Wir stehen heute nur auf der falschen Seite."

Eine Gruppe strahlender Frauen kam heraus, und wir mussten rein. „Wieviel Tote habt ihr schon?" „Fünf", flüsterten wir. „Wir schon sieben." Das war alles, was wir an Information austauschen konnten. Es ging alles zu schnell. Im Vorraum mussten wir uns ausziehen und unsere Sachen zu Bündeln packen. Meine Unterhose wollte ich mit reinschmuggeln, um sie zu waschen. Sie war von meiner Periode noch ganz verschmutzt. Aber die Russin, die das Bündel entgegennahm, hatte Röntgenaugen. Ich flehte sie an, mir meine Hose zu lassen, doch sie ließ sich nicht erweichen. Ein Glück, dass der nette Sascha draußen geblieben war, ich hätte mich sonst zu Tode geschämt.

Wir stürzten uns wie die Wilden unter die Brausen und drehten das kalte Wasser auf. Wir tranken, tranken, tranken, bis wir nicht mehr konnten. Dann duschten wir und rieben den Dreck mit den Händen ab. Seife gab es nicht und Handtücher natürlich auch nicht. Sehr schnell war unser Spaß vorbei. Draußen nahmen wir unsere Sachen in Empfang, die inzwischen in der Entlausung waren. Wie meine einzige Unterhose jetzt aussah, spottete jeder Beschreibung.

In unserem Waggon waren wir peinlich darauf bedacht, Tag für Tag den Läusen den Garaus zu machen. Schließlich wussten die meisten von uns, dass die Kleiderlaus Überträger des Flecktyphus war. „Das kann doch nicht wahr sein!" Tante Ida schlug sich mit der geballten Faust an die Stirn, als zweifelte sie an ihrem Verstand. „Hilde, schau dir das an!" „Hab's schon gesehen", nickte ich, „jetzt haben wir zumindest echt russische." Es wimmelte nur so von Kleiderläusen in unseren frisch entlausten Klamotten. Man trieb uns zur Eile an, denn draußen wartete die nächste Gruppe. Diesmal waren wir es, die fragten, wieviel Tote. „Neun!", flüsterten sie. „Wir fünf." „Mein Gott, neun Tote von 40, das ist ja kaum zu fassen. Und die Fahrt ist noch nicht zu Ende." Tante Ida schüttelte bekümmert den Kopf. „Gnade uns Gott! Jetzt geht es wirklich ums nackte Überleben."

Wieder im Waggon ging die Jagd auf das lästige, ekelhafte Ungeziefer los. Wir fuhren erst am späten Abend weiter. An dem Geschrei und dem Gelächter draußen merkten wir, dass unsere Russen ganz schön blau waren. Wir fuhren die ganze Nacht, den ganzen Tag, bis zum späten Abend durch. Da erst bekamen wir wieder Wasser und das getrocknete Brot.

Einen Tag später wollte ich auch mal Wasser holen. Wusste ich doch, dass man sich an der Wasserleitung satt trinken konnte. Ich stolperte mit den beiden Zinkeimern in der langen Reihe der Wasserholer mit. „Dawai! Dawai!" Die Russen trieben zur Eile. Der Weg kam mir endlos lang vor. Jetzt erst sah ich, wie lang unser Zug war. Ich selbst befand mich im drittletzten Waggon. Automatisch zählte ich die Waggons, ungefähr bei 60 gab ich auf. Meine Beine wollten nicht mehr. Ich knickte laufend ein.

Zwei Lokomotiven zogen unseren Zug, eine allein schaffte es wahrscheinlich nicht. Noch ein ganzes Ende weiter, dann blieben wir stehen. Ich musste warten, bis ich an die Reihe kam.

Einige Schulkinder lungerten auf dem anderen Gleis und bestaunten uns wie das siebente Weltwunder. „Gitler kaputt! Gitler kaputt!", kam es in kurzen Abständen im Chor. Mit den Händen zeigten sie eine würgende Bewegung zum Hals. „Sie meinen Hitler", sagte ein Mann, der seine Eimer schon mit Wasser gefüllt hatte. „Sie haben Hitler erwürgt." „Wer?" „Na, wer schon. Die Russen natürlich." Ich wusch mir erst kurz die Hände und dann trank ich direkt aus der Leitung. Herrgott, war das gut!

Als die letzten ihre Eimer voll hatten, ging es wieder zurück. Alle zwei Meter blieb ich stehen, die gefüllten Eimer waren mir zu schwer. Die anderen waren schon ein Stück weg, und ich blieb immer weiter zurück. Der Russe hinter mir spielte verrückt, einige Male spürte ich sein Gewehr im Rücken. Mein Gott, und ich war noch nicht einmal bei der Lokomotive. Meine Arme wurden immer länger und länger, ich heulte vor Wut über meine Schwäche. Als ich wieder das Gewehr im Rücken spürte, diesmal richtig schmerzhaft, blieb ich stehen und schüttete aus beiden Eimern etwas Wasser ab. Die Eimer wurden aber nicht leichter. Wie ich bis zu unserem Waggon gekommen bin, weiß ich nicht mehr. In jedem Eimer befand sich nur noch knapp die Hälfte des Wassers.

Ich musste mir noch eine Tirade russischer Flüche anhören, dann zogen mich unsere Frauen in den Waggon hinein. Betroffen starrten alle auf das lebensnotwendige Nass. „Ist das alles?", fragte eine der Frauen. Ich nickte. Ich sah nur noch drohende Gesichter, und da lag ich schon auf dem Boden. Sie hätten mich totgeschlagen, wenn Tante Ida sich nicht dazwischen geworfen hätte. Alle Knochen taten mir einzeln weh. Mit einem blauen Auge und dem Verlust einer Handvoll Haare kam ich davon. Jedenfalls meine Zähne hatte ich noch, die hatten sie mir nicht ausgeschlagen. Wie hätte ich denn sonst das steinharte Brot kauen können? Ich war ihnen nicht böse, die Frauen hatten ja recht. Es ging um das nackte Leben. Ich konnte es mir selbst nicht verzeihen, dass ich so jämmerlich versagt hatte. Natürlich verzichtete ich auf meinen Anteil Wasser. Ein paar Stunden später gab es zur Abwechslung die kleinen, gesalzenen Fische, und das diesmal drei Tage hintereinander. Es gab sogar für jeden von uns vier. Vor lauter Elend habe ich Tante Ida nichts von den russischen Kindern und Hitler erzählt. Ich hatte es total vergessen.

In den nächsten Tagen litt ich regelrecht an Halluzinationen. Überall sah ich Wasser, ich trank aus der Konservendose, die leer war. Ich blickte durch die Ritzen nach draußen und dachte wirklich, wir fahren übers Meer. Ich sah das Wasser zum Greifen nahe und kam nicht ran. Schließlich zweifelte ich an meinem Verstand. Brot gab es jetzt genug. Viele Frauen aßen es nicht mehr, waren zu schwach, die

Steine zu kauen, lebten nur noch vom Wasser. Inzwischen waren wir nur noch zweiunddreißig – also acht Tote insgesamt. Und dann hielten wir wieder einmal auf freier Strecke. Wir waren am Ziel.

In sowjetischen Lagern

Ankunft im ersten Lager

Mit unseren ganzen Habseligkeiten mussten wir alle den Waggon verlassen. Jeder Waggon wurde einzeln abgezählt, und dann krochen wir wie eine Herde altersschwacher Schafe zu einem freien Platz hinter unserem Güterzug. Vor uns lag das Lager. Von hier aus sah es sehr riesig aus. Mehrere Reihen weißgekalkter Wellblechbaracken, umgeben von einem drei Meter hohen Holzzaun, der oben am Abschluss mit Stacheldraht gekrönt war. Vier hohe Wachtürme, die alles überragten, in jeder Ecke einer. Da die Gleise höher gelegen waren als das Lager, hatten wir eine sehr gute Sicht. Es sah neu und sauber aus.

Zum ersten Mal sah ich die vielen Menschen auf einem Haufen. Ihre grauen, abgemagerten Gesichter drückten eine entsetzliche Trostlosigkeit aus. Die meisten von ihnen konnten nicht mehr stehen – sie setzten sich auf den nassen Boden. Die Schneeschmelze musste erst vor kurzer Zeit eingesetzt haben, denn stellenweise sah man noch hier und da schmelzenden Schnee. Tante Ida und ich setzten uns auf einen der Steine, die haufenweise hier herumlagen. „In Sibirien sind wir nicht", stellte ich erleichtert fest. Ich hatte die feste Vorstellung, dass in Sibirien ewiger Schnee lag. Tante Ida blickte mich nachdenklich an. „Vor etwa drei Tagen sind wir durchs Gebirge gefahren. Es kann nur der Ural gewesen sein. Auf jeden Fall befinden wir uns auf

asiatischem Gebiet, ich schätze in Westsibirien."
„Ich habe aber keine Berge gesehen", erklärte ich
entschieden. „Natürlich nicht, Kindchen. Du hast
ja die Berge für das Meer gehalten." Ach ja, ich
erinnerte mich. „Hoffentlich lassen sie uns hier
nicht allzu lange schmoren. Sobald wir im Lager
sind, stürz' ich mich auf die Wasserleitung." Meine
Gedanken kreisten nur ums Wasser.

Inzwischen räumten die Soldaten den Zug leer.
Was hatten die Russen aus Beuthen alles mitgeschleppt! Die teuersten Möbel, Sessel, Teppiche,
Bilder und sogar ein Flügel wurden ausgeladen.
Wem das wohl alles mal gehört hatte? „Das ist ja
nicht zu fassen!", staunte Tante Ida, „die hätten lieber mehr Proviant für uns laden sollen, dann hätten
wir heute nicht so viele Kranke. Von den vielen
Toten ganz zu schweigen." Sie machte mit der
Hand einen Umkreis. „Sieh dir das an, Hilde!" Fast
die Hälfte aller Gefangenen lag lang im Schlamm,
zu schwach sogar zum Sitzen.

Endlich waren alle Waggons ausgeladen. Im Moment ließen sich die Russen viel Zeit. Das ewige
„dawai" hatte jetzt am Ziel auch aufgehört. Fast
gemütlich wurden wir in Gruppen zu je einhundert
abgezählt und weggeführt. Tante Ida, Maria und ich
waren die einzigen aus unserem Waggon, die mit
der nächsten Gruppe weggeführt wurden.

Wir gingen durch das Tor und hielten vor einer
Baracke. Ein kleiner Flur, rechts und links eine Tür,
die offen stand. Die Tür in der Mitte war zu. Wir
kamen auf die linke Seite. Ein riesiger Raum, der

rechts und links völlig von zwei Reihen gewaltiger Brettergestelle ausgefüllt war. Keine Bettstellen, keine Matratzen oder Strohsäcke, keine Kopfkissen oder Decken, nur die rohen Bretter. Ich sah mich enttäuscht um. Was hatte ich denn anderes erwartet? Vielleicht ein frischbezogenes Bett mit einem Nachttisch, eigenem Spind oder ähnlichem?

Als hätte Tante Ida meine Gedanken erraten, schüttelt sie mit einem kleinen Lächeln den Kopf. „Gar nicht so übel", meint sie, „wenigstens sind die Bretter noch neu. Das garantiert uns keine Flöhe und Wanzen." Ja, die Bretter waren neu und feucht. Wir stellten es fest, als wir uns auf der oberen Etage in der Nähe der Tür einrichteten. Ohne uns gegenseitig zu verständigen, langten wir gleichzeitig nach unseren Konservendosen und machten uns auf die Suche nach Wasser. Innerhalb des Lagers konnten wir uns frei bewegen. Wir suchten verzweifelt, wir fragten herum, doch eine Wasserleitung fanden wir nicht. Nach einer Stunde wussten wir genau, dass es im ganzen Lager kein Wasser gab. Man hatte vergessen, eine Leitung zu legen. Ich drehte fast durch vor Durst. Den anderen ging es genauso. Einige lagen auf dem Boden und leckten aus den Pfützen die unsaubere, lehmige Flüssigkeit.

„Die können doch 3 000 Menschen oder noch mehr nicht einfach verdursten lassen. So etwas gibt es doch nicht. Wozu haben sie uns dann bis hierher geschleppt, wenn sie uns jetzt verrecken lassen?" Ich war einer Panik nahe. Meine Zunge leckte über die verkrusteten Lippen. „Das werden sie auch nicht. Denn schließlich sind sie genauso betroffen." Tante Ida hatte wieder einmal recht. Den Russen ging es auch nicht besser. Doch woher wollten die das Wasser für die vielen Menschen herholen? Wir waren mitten in einer Wildnis. Außer unserem Lager weit und breit nichts als unbebautes Land. Der einzige Weg in die Zivilisation waren die Bahnschienen. Der einzige Weg in die Freiheit, doch leider nicht für uns. Das Lagertor war geschlossen, und die vier Wachtürme inzwischen mit Posten besetzt. Die Toilette fanden wir hinter der letzten Baracke. Eine tiefe Grube mit dicken Holzbrettern ausgelegt, von vorn und von hinten je zehn Löcher. Nicht so winzige wie im Waggon, sondern so große, dass man bequem durchrutschen konnte. „Im Dunkeln möchte ich aber nicht drauf", murmelte Tante Ida, „das ist ja lebensgefährlich." Die Männertoilette war gleich nebenan, durch eine Trennwand mit unserer verbunden. Den ganzen Komplex umgab ein hoher Bretterzaun.

Ich weihte gleich die Toilette ein. Während der langen Bahnfahrt hatte ich nie Gelegenheit, länger als eine Minute das Loch zu benutzen. Doch es klappte auch hier nicht. Wahrscheinlich störten mich die vielen Frauen um mich herum, die ein- und ausgingen. Meine Verstopfung blieb. Ich sehnte mich nach unserer Toilette zu Hause, wo ich den Schlüssel herumdrehen konnte. Tante Ida, Maria und ich gingen wieder in unsere Baracke zurück. Wir legten uns auf das Holzgestell und warteten auf ein Wunder.

Ich musste eingenickt sein. Tante Ida versetzte mir mit dem Ellenbogen einen leichten Stoß, der mich sofort hellwach werden ließ. „Hilde, hörst du das?" Dumpfes Grollen, dazwischen zuckten Blitze. Wir sahen uns an und hatten beide den gleichen Gedanken. Wir griffen nach unseren Konservendosen und rutschten vom Holzgestell herab. Als wir an der Haustür waren, regnete es schon. Es goss geradezu wie aus Kannen. Das Dach der Baracke war tief. Wir brauchten uns nur mit unseren Büchsen darunter zu stellen und konnten gemütlich aus jeder einzelnen Rinne des Wellblechdaches das Wasser auffangen. Im Nu war das Gefäß voll. Wir tranken, füllten aufs neue – tranken, tranken ... „Lieber Gott, ich danke dir", betete ich in Gedanken. Jetzt glaubte ich wieder aus tiefstem Herzen an Gott. Für mich war das Gewitter das größte Wunder, das es überhaupt je gab. Später erfuhr ich von Einheimischen, dass sich keiner erinnern konnte, jemals in dieser Jahreszeit ein Gewitter erlebt zu haben. Meistens lag um diese Zeit noch Schnee. Also doch ein Wunder.

Das Gewitter hatte uns körperlich und seelisch erfrischt. Wir machten zu dritt einen Rundgang durchs Lager. Zuerst suchten wir die Küchenbaracke. Die war in der Mitte des Lagers untergebracht. Wir beobachteten einen Haufen unserer Männer mit Holzfässern, an denen Stangen angebracht waren, die unter Bewachung zum Tor herausmarschierten. Je vier Mann ein Fass. „Die holen jetzt bestimmt das Wasser für die Küche", meinte Tante

Ida, „dann gibt es auch bald etwas zu essen." Wir schliefen schon alle, als wir geweckt wurden. Wir mussten mit unseren Dosen zur Küchenbaracke. Wir konnten es kaum abwarten, dass man uns zu essen gab. Außer den gesalzenen Fischen während der letzten drei Tage hatten wir nichts Warmes mehr gehabt. Und die letzte Portion Fische lag schon dreißig Stunden zurück.

In der Küchenbaracke gab man uns nur Tee. Tante Ida, die vor mir dran war, nahm einen Schluck und spuckte das ganze Zeug wieder aus. „Pfui Teufel, das ist ja bitter wie Galle." Tatsächlich, die Brühe war ungenießbar. „Die haben bestimmt statt Tee Arsen rein getan, um uns alle auf einmal auszurotten", schimpfte sie aufgebracht. So wütend hatte ich sie noch nie erlebt. Wir kippten das Zeug weg. Die meisten von den Leuten taten das. Am nächsten Tag blieb uns nichts anderes übrig, als das gallenbittere Gesöff zu trinken.

Die armen, entkräfteten Wasserholer schleppten abwechselnd Tag und Nacht das Wasser aus dem sechs Kilometer entfernten See heran. Ich hätte weinen können, wenn ich die total erschöpften Männer kommen sah. „Bestimmt ist das Salzwasser", mutmaßte Tante Ida, „und wenn man das kocht, wird das so bitter."

Am nächsten Morgen wurden wir sehr früh geweckt. „Antreten zum Appell!", lautete der Befehl. Alles, was kriechen konnte, musste raus, nur die Bewusstlosen blieben liegen. Als das Lager versammelt war, wurden wir gezählt. Man verglich die Listen mit den Zahlen der Schwerkranken und den Toten dieser Nacht. Es stimmte. Keiner war in der vergangenen Nacht abgehauen. Die Fritzen waren noch alle vorhanden.

Fritz war der Name für uns Deutsche, dafür nannten wir die Russen ja auch Iwan. Jetzt erst sahen wir die komplette russische Wachmannschaft, die auf uns aufpassen musste. Eine kleine Armee. In der Mitte des Platzes war ein Podium errichtet, das jetzt ein kleiner, unscheinbarer Offizier betrat. Er erinnerte mich an Napoleon, so stellte ich ihn mir jedenfalls vor. Es war der Kommandant unseres Lagers. Er begrüßte uns in drei Sprachen, in russisch, polnisch und deutsch. Anschließend teilte er uns wieder in drei Sprachen mit, dass wir seit zwei Tagen, also seit dem 8. Mai, Waffenstillstand hätten. Hitler sei tot, habe Selbstmord begangen.

Bei der russischen Ansprache klatschten und trampelten die Iwans wie verrückt. Bei der polnischen hörte man keinen Laut. Nach der deutschen Übersetzung hörte man ein tiefes Aufatmen, das fast wie ein Stöhnen klang. „Der Krieg ist aus, jetzt müssen sie uns nach Hause schicken", jubelte ich. „Abwarten!", bremste mich Tante Ida. „Du vergisst, mein Kind, dass wir den Krieg verloren haben, wir sind für die da", sie zeigte mit dem Kinn in Richtung Podium, „jetzt Freiwild." „Aber es gibt eine Genfer Konvention", beharrte ich trotzig, „das dürfen sie nicht." „Wir wollen es hoffen, obschon ..." Was sie noch sagen wollte, weiß ich nicht. Wir durften jetzt den Platz verlassen.

Arbeit im Lazarett

Die vielen Durchfallkranken vertrugen das Wasser nicht, sie starben wie die Fliegen. Die Toten wurden nackt auf einen Stapel gelegt und Nacht für Nacht mit einem Lkw weggefahren. Ja, wir hatten jetzt einen Lkw, der tagsüber das Wasser transportierte und nachts die Leichen fuhr. Am fünften Tag unserer Ankunft kam ein Offizier in die Baracke und fragte nach Krankenschwestern. Ich meldete mich sofort und zeigte auf Tante Ida. „Hier ist noch eine Krankenschwester", sagte ich zu dem Offizier. „Mitkommen!" Er brachte uns in eine Baracke, in die man die Schwerkranken gelegt hatte.

„Wenn das man gut geht", flüsterte Tante Ida, „ich bin doch nur Hebamme. Von Krankenpflege versteh' ich nicht viel." „Na und? Du hast doch auch Wöchnerinnen gepflegt, also verstehst du doch was davon", flüsterte ich zurück. „Vor allen Dingen bleiben wir zusammen." Ein grauhaariger Mann im weißen Kittel stellte sich in unserer Muttersprache vor. „Ich bin Dr. Rosenbaum. Man hat mich als Arzt in dieses Lager gebracht, da sich unter den Gefangenen kein Arzt befindet. Uns alle erwartet hier viel Arbeit." Ein kluger Blick aus seinen kurzsichtigen Augen auf Tante Ida und mich machte ihn nachdenklich. „Eigentlich gehört ihr beide als Patienten hierher", stellte er fest. Insgesamt meldeten sich sechs Schwestern und zwei Medizinstudenten. Wir fingen sofort mit unserer Arbeit an.

Die Kranken lagen wie wir auf dem blanken Holz. Keine Matratzen, keine Decken, nur die Kla-

71

motten auf ihren Körpern. Viele von ihnen waren schon bewusstlos. Viele lagen im eigenen Kot, zu schwach, auf den Holzkübel zu gehen. Es war ein Bild des Grauens. Wir verteilten Kohletabletten und Aspirin, die einzigen Medikamente, die wir besaßen. Tage später bekamen wir Kampfer und Vitamintabletten, Ichthyolsalbe und Verbandszeug. „Damit kann ich nichts für diese kranken Menschen tun." Dr. Rosenbaum war verzweifelt. Er zeigte mir zwei lange Listen, die er mit seiner sorgfältigen Schrift eng beschrieben hatte. „Das ist nur das Nötigste, was wir brauchen, doch das bekommen wir nicht. Vom Kommandanten einfach abgelehnt."

In den wenigen Tagen habe ich gespürt, dass Dr. Rosenbaum ein Arzt mit Leib und Seele war. Er verstand sein Handwerk. Wir waren für ihn keine Gefangenen, wir waren Menschen. Das erste, was er durchsetzte, war etwas Zusatzkost für das Pflegepersonal. „Es nützt uns allen nichts, wenn ihr auch umkippt. Ihr seid wegen der Infektionskranken besonders gefährdet." Mir steckte er heimlich tagtäglich ein winziges Stückchen gesalzene Butter und eine Scheibe Brot zu. „Damit du bald wieder wie ein Mensch aussiehst", meinte er lächelnd. Später erfuhr ich, dass das seine eigene Ration war. Vitamintabletten musste ich auf seine Anweisung auch schlucken.

Endlich hatten wir Wasser im Lager. Direkt an der Lazarettbaracke hatte man uns auch eine Leitung angebracht. Jetzt konnten wir die Kranken waschen. Doch unsere ganze Mühe half nicht viel. Es starben jeden Tag 80 bis 100 Menschen, einmal waren es sogar 120. In allen Baracken starben sie, nicht nur im Lazarett. Inzwischen hatten unsere Männer einen Erdbunker gebaut, wohin man die Leichen brachte. Schichtweise wurden sie gestapelt, viele waren gelb wie eine Zitrone. Unermüdlich fuhr nachts der Lastwagen mehrere Touren, um Platz für die nächsten Leichen zu schaffen. Wohin brachte man sie? „Ein Glück, dass der Boden nicht mehr gefroren ist, sonst könnten sie noch nicht einmal Gräber schaufeln", sagte Tante Ida zu mir.

In einer ruhigen Stunde vertraute mir Dr. Rosenbaum an, dass er ein polnischer Jude war. „Ich stamme aus Warschau. Meine Frau und meine vier Kinder haben das Ghetto nicht überlebt. Ich selbst habe mich bei den Partisanen in den Wäldern versteckt. Ich konnte mich da nützlich machen, denn ein Arzt wird überall gebraucht. Als die russische Armee Polen überrollte, nahm man mich gefangen. Das hier ist mein drittes Lager. Das einzige Privileg ist, ich kann in meinem Beruf arbeiten." „Sie sind Gefangener? Sie doch nicht, Herr Doktor." Ich konnte das nicht glauben. Dass er Jude war, ahnte ich schon lange. Er hatte ja einen typisch jüdischen Namen. „Sie wird man bestimmt bald freilassen. Dann können Sie wieder in ihrer Heimatstadt praktizieren." „Schön wärs", sagte Dr. Rosenbaum seufzend.

Mit der Zeit gewöhnten wir uns an unser neues Leben. Die kräftigsten Männer von uns marschierten schon nach sieben Tagen Ruhezeit fleißig zur Arbeit in die Bergwerke. Der Lagerkommandant befahl eine ärztliche Untersuchung des gesamten Lagers. Dr. Rosenbaum bekam strengste Anweisungen für die Untersuchungen. Nur im alleräußersten Fall arbeitsuntauglich. Gleichzeitig bekamen wir eine Menge Impfserum, wofür erfuhr ich nie. Keine Beschriftung der Ampullen, ich vermute aber etwas gegen Typhus. Wir Schwestern mussten impfen, nachdem der Arzt die Leute untersucht hatte. Bevor es jedoch soweit war, mussten alle erst mit Sack und Pack in die Banja duschen und entlausen. Da wir jetzt Wasser im Lager hatten, funktionierte auch das Bad. Erst badeten die Männer, anschließend die Frauen.

Jeder einzelnen wurden erst einmal die Schamhaare abrasiert. Das besorgten unsere Frisöre, von denen etliche im Lager waren. Die ganze widerliche Prozedur fand unter Aufsicht einiger Wachposten statt. Die Köpfe wurden flüchtig nachgesehen, fast alle Männer bekamen eine Glatze. Den Frauen erging es nicht besser. Mehr als die Hälfte verloren ihre Haare. Das Demütigendste für uns Frauen aber war die Rasur der Schamhaare. Tiefer konnte man uns nicht verletzen.

Dann war es soweit. Die berühmte russische Untersuchung begann. Der Kommandant und zwei andere Offiziere saßen im improvisierten Untersuchungsraum und begutachteten die Reihe nackter Männer. Ein Kniff in den Po und der Mann war untersucht.

Dr. Rosenbaum protestierte gegen diese Untersuchung, die nicht er, sondern die Offiziere leiteten, doch er wurde barsch zurechtgewiesen. Es gab mehrere Abstufungen: Gruppe 1 waren die besonders Gesunden und Gutgenährten, die bei dieser ersten Untersuchung nicht vorkamen. Das waren später die Schwerstarbeiter. Gruppe 2 bedeutete Schwerarbeit, und davon gab es bei dieser Untersuchung schon eine ganze Menge. Dr. Rosenbaum schüttelte verzweifelt den Kopf, weil ein Herzkranker mit geschwollenen Füßen zur Gruppe 2 kam. Gruppe 3 waren die Arbeiter über Tage. Dann kam die letzte Gruppe, das war „OK", die russische Bezeichnung für die Arbeitsunfähigen.

Wir Schwestern waren bei dieser Untersuchung dabei. Nie im Leben werde ich den erbarmungswürdigen Anblick dieser Jammergestalten vergessen. Sobald einer untersucht war, musste er geimpft werden. Leider stellte sich heraus, dass von den angeblichen Schwestern keine eine Spritze geben konnte. Tante Ida, einer der Medizinstudenten, der schon als Famulus in einem Krankenhaus gearbeitet hatte und ich mussten diese armen Menschen noch zusätzlich quälen. Auf einem primitiven Spirituskocher sterilisierten wir die Nadeln. Noch nicht mal eine Minute lagen sie im kochendem Wasser, da wir nur wenige davon hatten. Die Russen drängten: „Dawai, dawai!" Es ging ihnen nicht schnell genug, denn fast 3 000 Mann sollten in kürzester Zeit abgefertigt werden. Die Gruppen 1, 2 und 3 mussten morgens früh raus, zur Arbeit in die

Bergwerke. Als die Männer fertig waren, kamen die Frauen dran. Denen ging es nicht besser. Frauen, die vor Schwäche kaum laufen konnten, wurden für arbeitsfähig erklärt. Ein Kniff in den Po genügte. Die Nächste ....

Abends um zehn Uhr kippte ich um. Ohne Pause, ohne Essen, das war zu viel. Dr. Rosenbaum ordnete sofortige Unterbrechung an. Er und die Russen schrien sich an, leider verstand ich kein Wort. Jedenfalls setzte sich Dr. Rosenbaum durch. Alle wurden in die Baracken geschickt und für den nächsten Tag bestellt.

In dieser Nacht starben wieder 68 Menschen, davon zwölf von den untersuchten Schwerarbeitern der Männer und vier von den Frauen der Gruppe 2. Am nächsten Tag ließen sich die Russen bei der Untersuchung nicht sehen. Dr. Rosenbaum schrieb niemanden, weder Männer noch Frauen, arbeitsfähig. Am Abend kam der Kommandant und maulte ein wenig über die vielen Kranken, doch er wagte es nicht, einzugreifen. Ein großer Teil der arbeitsfähigen Männer und Frauen landete in den nächsten Tagen sowieso bei uns im Lazarett. Das hatte Dr. Rosenbaum vorausgesehen, doch die Russen wussten es ja besser.

Die Schwerarbeiter bekamen zwar etwas mehr von dem klitschigen dunklen Brot, doch das Essen für alle war miserabel und ungenügend. Wir litten alle Hunger. Und das Sterben ging weiter. Wir meldeten unsere Toten erst nach dem Frühstück. Denn die abgezählte Tagesration Brot gab es immer morgens. Wir verteilten das Brot auch an die Leichen. Die kranken Menschen waren uns dankbar, denn so kamen sie zu einer Zusatzration. Es dauerte eine ganze Weile, bis die Iwans dahinter kamen.

Morgens und abends war Zählappell, das Lazarett war befreit. Das Pflegepersonal brauchte nicht bei Wind und Wetter raus. Das hatten wir Dr. Rosenbaum zu verdanken. Eines Morgens, wie üblich, kam ein Wachhabender, um die genauen Zahlen zu holen. Ich erkannte den netten Sascha vom 1. Mai sofort. „Guten Tag Sascha", begrüßte ich ihn freundlich. Er erkannte mich nicht wieder. „Am ersten Mai an der Banja, da haben wir uns lange unterhalten", erinnerte ich ihn. Da funkte es plötzlich bei ihm. „Du siehst ja ganz anders aus, nicht mehr so mager." „Und ich dachte, du bist längst mit dem Zug wieder zurück nach Deutschland, nach Beuthen. Dir hat doch Beuthen so gut gefallen." „Beuthen sehr schöne Stadt", bestätigte er noch einmal. „Schade, nie wieder zurück." „Warum?" „Ach, nitschewo ..." Darauf brach er die Unterhaltung ab. Er fragte nach der Anzahl der Toten, der Patienten und des Personals. Ich gab ihm den Zettel. Er grüßte und ging. Als ich später Tante Ida von der Begegnung und unserer Unterhaltung erzählte, meinte sie: „Vielleicht hast du bei ihm einen wunden Punkt berührt."

Viel später erzählte mir Sascha, dass er strafversetzt hier in unserem Lager gelandet sei. Er hatte in Beuthen den Zapfenstreich um eine Stunde überschritten. Eine harte Strafe für den jungen Sascha.

Eines Tages lief die Parole durchs Lager, ein Transport ginge nach Deutschland. Alle redeten davon. „Stimmt das, Dr. Rosenbaum?" Er blickte mich lange nachdenklich an. „Es stimmt", bestätigte er, „doch nur OK kommt nach Deutschland zurück." „Herr Doktor, können Sie mich nicht auch OK schreiben?", flehte ich ihn an, „das fällt doch bei den vielen Leuten gar nicht auf. Sie allein haben die Macht dazu." „Jetzt hab' ich dich fein herausgefüttert, und jetzt willst du mich schnöde verlassen", lachte er. Doch gleich darauf wurde er ernst. „Zweihundert dürfen nur mit. Weißt du überhaupt, wie schwer das für mich wird, die Auswahl zu treffen? Mindestens dreimal so viel müssten aus diesem verfluchten Lager weg!" Er wischte sich die Stirn, als wollte er trübsinnige Gedanken verjagen. „Und du willst einem armen Menschen den Platz wegnehmen?", sagte er barsch und war nicht mehr ansprechbar.

Am 1. Juni 1945 war es soweit. Die Schwerstkranken wurden in den Zug verladen. Es war das erste Mal seit unserer Ankunft, dass ich das Lagertor von der anderen Seite sah. Ich half mit allen Kräften, die Todkranken in die Waggons zu bringen. Diesmal waren die Bettregale dick mit Stroh ausgelegt. Die Waggons waren schon zum größten Teil mit anderen Kranken aus verschiedenen Lagern der weiten Umgebung belegt. Und ich hatte geglaubt, wir wären die einzigen Deutschen weit und breit, hier am Ende der Welt. Dann nahm ich Abschied von Dr. Rosenbaum. Kurzfristig hatte er den Befehl bekommen, als Transportarzt den Zug zu begleiten. „Passen Sie auf sich auf, Herr Doktor", sagte ich und drückte ihm die Hand, „und kommen Sie gesund wieder." Diesmal wurden die Waggons von draußen nicht verriegelt. Ich habe Dr. Rosenbaum, den Arzt mit dem großen Herzen für alle Kranken, nie wiedergesehen. Als ich Sascha viel später nach ihm fragte, zuckte er nur mit den Schultern und sagte: „Dr. Rosenbaum sitzt in Moskau im Gefängnis und wartet auf seine Verurteilung." „Um Gottes Willen – warum denn?" „Wegen Unfähigkeit. Auf dem Transport nach Deutschland ließ er 70 Prozent sterben. Schlechter Arzt. 25 Jahre Straflager in der Taiga sind ihm sicher." Ich war erschüttert. Ich war davon überzeugt, dass Sascha felsenfest glaubte, die Strafe wäre auch noch gerecht. Als ich die Geschichte Tante Ida erzählte, sagte sie nur: „Diese Schweine! Laden Sterbende in primitive Viehwaggons und wundern sich dann, wenn sie wirklich sterben. Das hätte Dr. Rosenbaum ihnen vorher sagen können. Natürlich brauchten sie für diese Schweinerei einen Schuldigen." „Unseren Dr. Rosenbaum", erwiderte ich leise. „Genau." In dieser Nacht konnte ich nicht schlafen. Ich flehte meinen Herrgott an, diesen herzensguten, armen Mann zu schonen. Er hatte doch schon so viel Leid hinter sich.

Wir bekamen einen neuen Arzt. Einen Deutschen aus einem der vielen Kriegsgefangenenlager - einen ehemaligen Oberleutnant. Er fiel schon durch seine Kleidung auf, denn er war in voller

Uniform. Maßgeschneidert, versteht sich. Voller Verachtung blickte er auf uns zerlumpte Zivilisten, gab uns zur Begrüßung noch nicht mal die Hand. „Ich bin Dr. St. Was ich bis jetzt gesehen habe, erfüllt mich mit Abscheu. Es wird Zeit, dass mit diesem Saustall hier aufgeräumt wird. Ab sofort werde ich für Zucht und Ordnung sorgen!" Uns verschlug es die Sprache. Die Erste, die sich davon erholte, war Tante Ida. „Schön, Herr Dr. St., ich bin auch für Sauberkeit und Ordnung. Fangen wir doch gleich damit an. Hier ist eine Aufstellung über notwendige Sachen und Medikamente. Bitte sorgen Sie dafür, dass wir alles bekommen!" Sie gab ihm die Liste, die Dr. Rosenbaum schon vor längerer Zeit angefertigt hatte. „Der Lagerkommandant wohnt da drüben." Sie zeigte ihm die Baracke neben dem Lagertor. Er nahm zögernd die Liste und studierte sie. Sie war zweisprachig geschrieben. „Ist das alles?", fragte er, „damit kann ich nichts anfangen. Ich werde die Angaben vervollständigen." „Tun Sie das, Herr Doktor", nickte Tante Ida. Zwanzig Minuten später stapfte er zum Kommandanten. „Der wird sich wundern!", lachte Tante Ida. „Zucht und Ordnung! Er glaubt wohl, er ist noch bei den Nazis und kann mit uns so umspringen." Sie war außer sich. „Hilde, ich glaube, wir kriegen noch viel Arbeit mit diesem Herrn. Wir müssen ihm Manieren beibringen." Zehn Minuten später war Dr. St., hochrot im arroganten Gesicht, wieder bei uns. Er starrte uns wütend an, sagte aber kein Wort. Ich muss gestehen, dass ich richtig schadenfroh war. Ich gönnte ihm diese Abfuhr. Später ordnete er große Visite an. Zu dritt mussten wir die Verordnungen schreiben, die er gab. „Ich glaube, der Mann spinnt", flüsterte ich Tante Ida ins Ohr, „der denkt doch etwa nicht, dass das hier ein Privatsanatorium für Oberbonzen ist."

Es kam noch schlimmer. Er verlangte von uns, dass wir ihm seine Oberhemden wuschen, seine echten Lederstiefel putzten. Jetzt platzte Tante Ida der Kragen. „Sie hätten ihren Burschen mitbringen sollen, Herr Doktor. Hier in diesem Lager ist jeder selbst für sich verantwortlich. Wir sind hier alle gleich, keinem wird eine Extrawurst gebraten."

Am nächsten Tag, dem 16. Juni, hatte ich Geburtstag. Ich wurde 19 Jahre alt. Alle bereiteten mir eine kleine Freude. Von Tante Ida bekam ich einen nagelneuen Schlüpfer. Den hatte sie für eine Tagesration Brot bei jemandem mit viel Gepäck eingetauscht. Ich freute mich irrsinnig darüber. Maria hatte mir eine Armbinde mit einem roten Kreuz darauf genäht. „Damit jeder erkennt, dass du im Lazarett arbeitest." Die anderen opferten je ein Stückchen ihrer Brotration. Ein Patient schenkte mir sogar einen rotkarierten Wollschal. Ich war überwältigt. Noch nie hatte mir ein Geburtstag so viel Freude bereitet. Ich weinte vor Glück über die Geschenke. Nur Dr. St. gratulierte mir nicht. Das war wohl unter seiner Würde.

Wir bekamen das Essen aus der Küche nur für unsere Patienten. Wir selbst bekamen Marken und mussten uns das Essen am Schalter dreimal täglich abholen, morgens ein Stück klitschiges Brot und eine halbe Dose Tee. Mittags eine Vierteldose Kascha (Maisbrei), nur im Salzwasser gekocht, und abends eine Kelle dünne Suppe mit ein paar Kohlblättern drin. Der Maisbrei schmeckte widerlich, doch wir aßen ihn heißhungrig auf. Hunger hatten wir immer. Am Schalter teilte ein deutsches Mädchen das Essen aus. Erika hieß sie und erinnerte mich an meine tote Freundin Käthi. Diese Erika war das freundlichste Wesen im ganzen Lager. Die Männer himmelten sie alle an. „Na ja, ich finde, dass ist kein Wunder. Sie sitzt ja auch an der Quelle", meinte Tante Ida trocken. „Ich glaube kaum, dass sie immer so freundlich lachen würde, wenn sie unseren Fraß hätte."

Eines Tages befahl mir unser selbstherrlicher Doktor, dass ich ihm sein Essen mitbringen sollte. Warum auch nicht? Er gab mir seine Marke und sein Kochgeschirr mit, und ich marschierte mit Tante Ida los, meine Armbinde mit dem roten Kreuz hatte ich stolz über den Mantelärmel gestreift. „Du arbeitest im Lazarett?", fragte mich Erika am Schalter. Ich nickte. Viel Zeit hatten wir nicht zu einer Unterhaltung, denn die Schlange hinter mir wurde immer länger. Ich reichte ihr meine rostige Konservendose durch den Schalter, und als ich sie entgegennahm, sah ich, dass meine Portion Maisbrei doppelt so groß war wie gewöhnlich. „Und das ist das Kochgeschirr vom Doktor." Seine Portion war normal. Ich dankte Erika leise und trat zur Seite, um Tante Ida vorzulassen. Gemeinsam beeilten wir uns auf dem Rückweg, damit das Essen nicht so schnell abkühlte. Es war immer noch kalt draußen.

Als ich dem Doktor sein nobles Kochgeschirr gab, blickte er nur ganz kurz auf sein Essen. Um so länger verweilte sein Blick auf meiner Riesenportion. Mein Gott, den trifft gleich der Schlag, dachte ich, als ich ihn blau anlaufen sah. Ich hätte ihm bestimmt keine Träne nachgeweint. „Wissen Sie, was man mit Ihnen noch vor drei Monaten gemacht hätte?", brüllte er in voller Lautstärke. „Man hätte Sie sofort erschossen. Kameradendiebstahl nennt man das!" Ich sah ihn nur ganz entsetzt an, ich begriff nicht sofort, was er eigentlich von mir wollte. Hilflos blickte ich auf Tante Ida. Die hatte natürlich, wie immer, sofort geschaltet. „Jetzt reicht es, Herr Dr. St.! Sofort entschuldigen Sie sich bei diesem Mädchen. Wissen Sie überhaupt, was Kameradschaft bedeutet? Sie, Sie ... Ekel! Seit Sie hier sind, gibt es nur noch Streit. Was bilden Sie sich eigentlich ein, wer Sie sind? Sie sitzen im gleichen Boot mit uns, Sie sind genauso ein Gefangener wie wir hier alle." Er versuchte, Tante Ida zu unterbrechen, doch sie ließ ihn gar nicht erst zu Worte kommen. Sie war gerade so schön in Fahrt. „Und an Ihrer ärztlichen Fähigkeit zweifle ich schon die ganze Zeit. Wahrscheinlich saßen Sie in irgendeinem Nazibüro und haben Todesurteile unterschrieben oder etwas Ähnliches. Das traue ich Ihnen ohne weiteres zu. Ihr ganzes Benehmen deutet ja darauf hin." Er schnappte wie ein Fisch nach Luft.

Dann stürzte er plötzlich wie ein Wahnsinniger mit erhobenen Fäusten auf Tante Ida zu.

„Stoi!" (Halt!) Ein russischer Befehl. Unbeachtet hatte der nette Sascha schon eine Weile im Raum gestanden und der Auseinandersetzung zugehört. Natürlich hatte er alles mitbekommen, da er ja gut deutsch verstand. Dr. St. überfiel Sascha sofort mit Anklagen gegen uns. Sascha gebot ihm scharf zu schweigen. „Ich weiß Bescheid, Doktor." Dann wandte er sich an Ida und mich. „Hier sind Ampullen mit Serum. Sobald die Frühschicht im Lager ist, fangt ihr sofort mit der Impfung an." „Das ganze Lager wieder?", fragte ich. „Nein, nur die Neuen."

Ich wunderte mich schon seit einiger Zeit, dass nach all unseren Toten das Lager immer noch so voll war. Es stellte sich heraus, dass man schon zweimal das Lager aufgefüllt hatte. In den anderen Gefangenenlagern war die Sterblichkeitsquote genauso hoch wie bei uns. Wenn nur noch wenige übrig blieben, wurde das Lager geschlossen und die Überlebenden kamen zu uns oder woandershin. So einfach war das.

Wir waren schon fleißig beim Impfen, als Dr. St. mitsamt seinem Lederkoffer von einem russischen Soldaten abgeholt wurde. Zurück in sein altes Lager, irgendwo bei Tscheljabinsk.

„Er gönnte dir die Portion Maisbrei nicht", meinte Tante Ida. „Die werden sich in seinem Lager freuen, wenn sie ihn wiederhaben. Mag ja sein, dass in einem Soldatenlager andere Sitten herrschen", räumte sie ein, „doch wir sind keine Soldaten, sondern nur Zivilisten, die nichts getan haben", ergänzte sie leise. „Mensch, wenn ich jetzt einen Schnaps hätte, würde ich mich betrinken. Aber was soll's, Wasser tut es auch." Sie nahm einen kräftigen Schluck aus ihrer Büchse. „Prost! Auf die Zukunft ohne Dr. St.!"

Genau drei Wochen war der feine Pinkel bei uns gewesen. Am nächsten Tag kam ein neuer Arzt, diesmal ein Russe. Das ganze Lager wurde umgekrempelt. Fünfzig Frauen der Gruppe 3 kamen auf eine Kolchose. Ich war die einundfünfzigste und musste die Gruppe als Schwester begleiten. Bitterlich weinend nahm ich von Tante Ida Abschied. „Du kommst ja wieder, Hilde. Du bleibst höchstens drei Monate weg, länger dauern die Sommer hier nicht. Und im Winter gibt es auf einer Kolchose nichts zu tun."

Sommer auf einer Kolchose

Am 1. Juli 1945 ging es los. Wir wurden auf einen Laster verladen und fuhren ins Unbekannte. Das einzige Mädchen, welches ich kannte, war Maria aus unserem Waggon. Wir fuhren fast zwei Stunden durch Birkenwälder und Wildnis. Die Birken zeigten ihr erstes Grün, es roch wunderbar. Die Fahrt war herrlich, sie vermittelte uns ein Gefühl von Freiheit. Wir standen gedrängt auf der Ladefläche, zum Sitzen war kein Platz. Zwischen uns zwei bewaffnete Posten, ein dritter saß vorn beim Fahrer. Straßen gab es nicht, nur aufgeweichte Lehmwege durch wildes, unbebautes Land. Darum brauchten wir auch fast zwei Stunden für nur zwölf Kilometer. Ich sah auf der ganzen Fahrt nicht ein einziges Haus – keinen Menschen. Wir hatten alle das Gefühl, mutterseelenallein auf der Welt zu sein. Ringsherum grenzenlose Stille.

Die Kolchose (staatliche Domäne) bestand aus strohgedeckten Lehmbunkern, zwei kleinen Holzbaracken und einem Haus, welches aus groben Steinen errichtet war. Seitlich befand sich eine große Scheune aus Holz. Man führte uns in einen der Lehmbunker. Die Einrichtung bestand aus den bekannten Zweietagenregalen rechts und links, sonst nichts. Allerdings gab es dünne, durchgelegene Strohsäcke. Kein Fenster in dieser Höhle, aber elektrisches Licht. Zwei armselige Funzeln erhellten unsere neue Bleibe. Ich suchte mir einen Platz oben, Maria besetzte den Platz daneben. Wir rutschten runter und gingen hinaus. Der Lastwagen mit unseren Bewachern war schon fort. Ein junger Russe sprach mich in deutscher Sprache an. Da er mich an der Armbinde erkannte, wusste er, wer ich war. „Komm mit", sagte er und führte mich über den freien Platz gegenüber zur Scheune.

Etwa 50 zerlumpte Jammergestalten lagen auf dem nackten, harten Lehmboden. Ein wirklich trostloser Anblick. „Die sind gestern Abend gekommen, alle krank." Obwohl ich den Anblick solcher Wracks gewöhnt war, erschütterte es mich immer wieder aufs Neue. „Die sind doch nicht etwa zum Arbeiten hier?", fragte ich entsetzt. „Doch", erwiderte eine grauhaarige, abgemagerte Frau, die vorn an der Scheunentür lag. „Unser Lager ist aufgelöst, die meisten sind gestorben. Die Männer kamen in ein neues Arbeitslager, und uns brachte man hierher." „Warum lässt man diese kranken Frauen hier in der kalten Scheune liegen?", fragte ich aufgebracht den Russen. „Anordnung vom Direktor. Sind eine Woche befreit von der Arbeit. Dann für sie einen anderen Platz finden." „Das glauben Sie doch selbst nicht, dass sich diese Frauen hier in diesem Stall so schnell erholen. Die gehören alle sofort in ein Lazarett, und das für längere Zeit." „Ich weiß", sagte der Russe leise, „aber gegen Befehl kann man nichts machen." „Ich möchte sofort den Direktor sprechen", erklärte ich ihm und wandte mich an die Frauen. „Ich werde sehen, dass ihr ins Lager kommt. Immerhin habt ihr dort ärztliche Betreuung." Die Frauen nickten ergeben.

Es war Mittagszeit – wir warteten aufs Essen. Doch für uns war nichts da, denn man hatte uns erst am Abend erwartet. Die Frauen in der Scheune bekamen auch nichts, so nach dem Motto: Wer nicht arbeitet, braucht auch nicht zu essen. Der Direktor, der in dem Steinbau wohnte, kam erst am späten Nachmittag. Ich erklärte ihm, dass die Frauen aus der Scheune sofort zurück ins Lager müssten. Der junge Russe von vorhin dolmetschte. „Arbeiten können die auf keinen Fall, da wären sie nur eine Belastung für die Kolchose." Ich staunte, dass mir der Direktor recht gab. Damals wusste ich noch nicht, dass jeder Direktor, ob dieser oder einer vom Bergwerk, immer mit einem Fuß im Gefängnis oder einem Straflager stand. Alle diese hohen Herren hatten Angst zu versagen. Sie kannten nur ein Ziel: Ausbeutung aller Arbeiter, um ihr Soll zu erfüllen. Und dieses Soll wurde vom Kreml festgesetzt. Klar, dass sich der Direktor die unnötigen Fresser, die laut Liste als vollwertige Arbeiter galten, vom Hals schaffen wollte. Drei Tage später wurden sie abgeholt. Allerdings fuhren vier Leichen mit.

Maria und ich machten einen Rundgang durch die Kolchose. Keine Zäune, keine bewaffneten Posten, wir fühlten uns frei. „Hier auf dem Land gibt es bestimmt besseres Essen als im Lager. Meinst du nicht auch?" „Ganz bestimmt, Maria. Hoffentlich", fügte ich leise hinzu. Dann suchten wir die Toilette. Eine Gruppe von Frauen stand davor, baff vor Staunen. „Schau dir das an, Hilde! Hast du schon so etwas gesehen?", riefen sie mir grinsend zu. „Müssen wir da etwa ...?", fragte ich verblüfft. Die Mädchen nickten. „Das gibt es doch nicht", rief Maria entsetzt, „das ist ja wie im tiefsten Mittelalter!" Diese Toilette war aber auch ein Bild für die Götter. Eine rechteckige tiefe Grube, am Rand davor zwei unbefestigte Bohlen, die hin und her wackelten. Darüber eine Stange in Gesäßhöhe, und das Ganze direkt hinter den Wohnbunkern ohne Zaun und Dach.

Jetzt stapfte doch tatsächlich ein älterer Russe mit Schlitzaugen und Pockennarben im Gesicht heran, verscheuchte uns wie die Hühner und erledigte, auf der Stange sitzend, vor unser aller Augen sein Geschäft. Zum Schluss putzte er sich mit einem Büschel Gras seinen Hintern ab. „Wenn ich das später mal zu Hause erzähle, glaubt mir doch kein Mensch", sagte ich kopfschüttelnd. „Tatsache ist, dass mich niemand auf diese Hühnerstange kriegt." Wir beschwerten uns bei dem deutschsprachigen Russen über dieses Klo. „Wir gehen doch auch alle drauf", meinte er verständnislos. „Ich kann ja die Bretter festnageln, damit keiner reinfällt."

Der arme Mann, der auf dieser Kolchose geboren wurde, kannte nichts anderes. Seine Eltern, Wolgadeutsche, waren hierher verbannt worden. Sie waren seit einigen Jahren tot. Darum sprach dieser Grischa so gut deutsch, obwohl er nie eine Schule besucht hatte.

Wir erledigten unsere menschlichen Bedürfnisse in der näheren Umgebung hinter Bäumen und Sträuchern und des Nachts einfach hinter unserer Villa. Wir taten es solange, bis es den Russen zu dumm wurde. Man errichtete uns ein Häuschen mit einem richtigen Sitz, so wie man es bei uns manchmal auf dem Lande findet. Ein Witzbold hatte uns sogar ein Herz in die Tür geschnitzt. Der einzige Nachteil war, dass wir mindestens 100 Meter dahin laufen mussten, in der Nacht ein Weg voller Abenteuer.

Am nächsten Tag fingen wir mit der Arbeit an. Zentnerweise mussten wir Kartoffeln in vier Teile schneiden. Aufpassen musste man, dass jedes

Stückchen Kartoffel mindestens ein Auge besaß. Sonst kam keine neue Pflanze aus dem Boden, das Stück Kartoffel verfaulte. Ich wusste nur, dass meine Mutter in unserem Schrebergarten eine ganze Kartoffel in die Erde legte. Aber man lernt nie aus, die Russen waren eben wirtschaftlich sparsamer als wir.

Dann waren wir draußen in den unendlichen Feldern. Nirgendwo habe ich auf der Welt so einen tiefschwarzen, glänzenden Boden gesehen. Wir setzten Kartoffeln, pflanzten Kohl und Tomaten, steckten Maiskörner und Sonnenblumenkörner in den Mutterboden. Wir konnten förmlich sehen, wie alles wuchs. Inzwischen hatten wir über Nacht den herrlichsten Sommer. Innerhalb von wenigen Tagen blühten die wunderschönsten wilden Blumen auf den Wiesen und an den Wegrändern. Ich hatte so etwas Schönes nicht für möglich gehalten. Diese Schönheit der Natur tat richtig weh und trieb mir Tränen in die Augen. Das Essen war das gleiche wie im Lager. Allerdings war die Kohlsuppe am Abend etwas dicker. Kartoffeln gab es nicht, die steckten im Boden. Wir litten weiter Hunger.

Wir kämpften jeden Tag gegen Läuse und nachts gegen Flöhe. Ich hatte das Gefühl, es müssten Millionen dieser Tierchen in den feuchten Strohsäcken stecken, die vor uns von russischen Sträflingen benutzt worden waren. Mit dem herrlichen Sommer kamen auch die Mücken. Doppelt so groß wie bei uns und genauso ausgehungert wie wir. Sie fraßen uns förmlich auf.

Eines Morgens, noch vor dem Wecken, hörte ich Maria stöhnen. „Was hast du?", fragte ich und beugte mich zu ihr herüber. Sie hatte Schüttelfrost, ihre Zähne schlugen klappernd aufeinander. „Ich glaube, ich bin krank", wimmerte sie leise. Ich fühlte mit der Hand ihre Stirn. Auch ohne Thermometer wusste ich, dass sie hohes Fieber hatte. Ich versorgte sie mit Aspirin, denn etwas anderes hatte ich nicht. Dann machte ich ihr feuchte Wadenwickel mit einem Stück Mull aus meiner Apotheke und blieb bei ihr im Bunker. Meine Arbeit auf dem Feld war freiwillig, ich hatte nur für Kranke da zu sein. Außer einem Pflaster ab und zu und ein paar Kohletabletten für den Durchfall hatte ich bis heute keinen ernsten Krankheitsfall. Die Mädchen gingen auch lieber aufs Feld hinaus. Dort gab es frische Luft und Sonne und im Bunker nur Flöhe.

Am Nachmittag ging es Maria etwas besser. Da kam auch schon die Nächste vom Feld mit Schüttelfrost heim. Als in der Nacht auch noch eine Dritte erkrankte, dachte ich an eine Epidemie.

Ich zerbrach mir den Kopf, was es sein könnte. Alles, was ich gelernt hatte, konnte ich hier nicht verwenden. Die Symptome waren ganz anders, ich kannte sie nicht. Am nächsten Morgen ging es meinen Patienten besser, außer Maria. Die kämpfte wieder mit Schüttelfrost. Ich war ratlos. Ich meldete es Grischa. „Das ist Malaria. Geh zum Direktor, er hat Chinin. Dann sind sie schnell wieder gesund." Das Chinin wirkte tatsächlich. Zwar wiederholten sich die Anfälle noch jeden zweiten Tag, doch waren sie von Mal zu Mal weniger heftig. Ich hatte immer angenommen, Malaria wäre eine Tropenkrankheit. Nie hätte ich vermutet, dass man sie auch in Sibirien bekommen konnte. Man lernt eben nie aus.

Einmal in der Woche war Badetag, und zwar am Sonntagnachmittag. Allerdings gab es nur eine baufällige Sauna, die einsam in einem der Felder stand. Erst waren die Russen dran. Die meisten von ihnen waren schlitzäugig mit gelblicher Haut und Pockennarben im Gesicht. Es waren Tataren, wie uns Grischa erklärte. Wo die alle herkamen, war uns ein Rätsel. Ich dachte immer, dass es weit und breit keine anderen Menschen gab. Wie sich herausstellte, war das ein Irrtum. Diese Leute wohnten alle in Erdbunkern, tief in die Erde gegraben. Man musste schon über so eine Behausung stolpern, ehe man sie als solche erkannte. Alle diese bettelarmen Menschen waren Leibeigene der Kolchose. Der Badetag war für sie ein Festtag. Belustigt sahen wir zu, wie sie sich säuberten. Die ganze Familie, Vater, Mutter, Kinder und Großeltern hatten jeder ein Bündel Reiser in der Hand. Damit schlugen sie sich gegenseitig auf den nackten Körper, bis sie alle krebsrot waren. Das Ganze spielte sich draußen vor der Sauna ab. Es störte sie nicht im geringsten, dass wir sie im Halbkreis staunend mit offenen Mündern begafften. Für die Einheimischen hier am Ende der Welt waren wir Wesen von einem anderen Stern. Wir waren Luft für sie, man beachtete uns nicht.

Als sie sich gegenseitig genug bearbeitet hatten, flitzten alle gemeinsam in die Sauna und kamen später strahlend und glücklich heraus. Es war für sie ein heiliges Ritual – sie freuten sich schon die ganze Woche im Voraus auf diese eine Stunde. Da wir die vorige Woche von Montag bis Samstag und den Sonntagvormittag arbeiten mussten, blieb uns nur der Sonntagnachmittag für unsere Bedürfnisse. Wir wuschen unsere Habseligkeiten so gut es ging, denn wir hatten keine Seife. Natürlich fand auch eine große Entlausung statt. Wir fürchteten alle um unsere Haare. Gegenseitig kontrollierten wir unsere Köpfe und anschließend die Kleidung. Trotz aller Sorgfalt wurden wir die kleinen Biester nicht los. Sie waren einfach nicht auszurotten.

Nach der allgemeinen Reinigung setzten wir uns vor unsere Hütte ins Gras und sangen deutsche Volkslieder. So nach und nach wurden wir von allen Menschen der Kolchose umringt. Andächtig lauschten sie unserem Gesang. Sogar die abweisenden Tataren standen ernst im Hintergrund mit verklärten Augen. Ich habe nie einen Tataren lachen sehen. Kein Wunder bei diesem armseligen Leben, das sie führten.

Wenn ich heute so zurückdenke, war dieser Sommer 1945 eigentlich nicht so übel. Keiner trieb uns mit „Dawai!" an, alle waren freundlich zu uns. Wenn sie uns nur etwas mehr zu essen gegeben hätten, wären wir zufriedener gewesen. Aber alles geht zu Ende, auch dieser wunderschöne, kurze Sommer. Die Felder wurden nun Tag und Nacht von bewaffneten Tataren streng bewacht. An jeder Seite der riesigen Felder stand ein Zelt, das als Unterkunft bei Unwetter für die Wachen diente. Eine kleine Armee war dazu nötig, um alle Felder zu bewachen. Als wir einmal nachts versuchten, ein paar Möhren zu klauen, wurden wir fast erschossen. Da wir schneller waren als die Wächter, erwischte man uns nicht. Klar, dass uns die Wächter dem Direktor meldeten. Am nächsten Morgen wollte er wissen, wer es von uns war. Wir stritten einfach alles ab. Die Sache verlief im Sande, wir waren noch mal davongekommen. Einen zweiten Versuch wagten wir nicht.

Später, als die Ernte anfing, wurden wir jeden Abend abgetastet, ob wir ja keine Kartoffel, Möhre oder Tomate in der Kleidung versteckt hatten. Es drohten schwere Strafen und sofortige Rückkehr ins Lager. Man möchte es nicht für möglich halten, doch trotz Rekordernte bekamen wir keine Kartoffeln zu essen. Ich wusste nicht mehr, wie Kartoffeln schmeckten. „Warum kriegen wir nicht mal Pellkartoffeln zu essen?", fragte ich Grischa, „Wir haben doch so viel davon." Grischa zuckte nur die Achseln. „Erst muss das Soll erfüllt werden. Vielleicht dann ..."

Wir bekamen Tag für Tag das gleiche. Allerdings gab es jetzt seit vierzehn Tagen mittags Hirse statt ungenießbaren Mais. Die Hirse schmeckte wenigstens nicht so bitter. Abends gab es die ewige Sauerkrautsuppe aus dem Silo. Das Silo musste geleert werden, denn die neue Ernte musste hinein. Die Suppe schmeckte scheußlich, denn der Kohl war schon tiefgefroren, als man ihn säuerte. Wenn ich daran dachte, dass wir so viel herrliches Gemüse auf den Feldern hatten und nichts davon bekamen, hätte ich vor Wut schreien können.

„Wenn wir nicht hier wären, wer würde dann für euch arbeiten?", fragte ich aggressiv. „Allein schafft ihr das doch nicht." „Strafgefangene gibt es genug. Kommen alle vom großen russischen Land hier zu uns. Wir hätten für euch fünfzig doppelt so viele Sträflinge haben müssen", gab Grischa zu. „Deutsche Frauen arbeiten sehr gut." „Siehst du, Grischa, ihr hättet hundert Menschen ernähren müssen", hakte ich sofort nach, „warum kriegen wir dann nicht die doppelte Ration, wenn wir doppelte Arbeit leisten?" Grischa schaute mich mitleidig an, als ob er eine Schwachsinnige vor sich hätte. „Essen auf Kolchose gut. Russische Strafgefangene kommen gern hier arbeiten. Russland lässt niemanden verhungern. Gleiches Essen für alle." „Meinst du damit, dass Stalin auch so eine stinkende Kohlsuppe isst?", fragte ich spöttisch. Grischa musterte mich verachtungsvoll wegen meiner Unkenntnis und spuckte im hohen Bogen vor mir aus. Eine Antwort ersparte er sich.

Es wurde jetzt immer früher dunkel. Wir hatten erst Anfang September, doch nachts war es schon bitter kalt. Der Sonntagnachmittag war jetzt nicht mehr frei. Wir mussten jetzt Tag für Tag bis zur Dunkelheit aufs Feld. Mehr als die Hälfte der Kartoffeln waren noch im Boden drin, ein großer Teil der Möhren und die ganze Kohlernte. Tagsüber schien noch die Sonne, doch nachts regnete es fast ununterbrochen. Die Felder waren eine einzige Schlammmasse. Wir blieben mit unseren leichten Schuhen im Dreck stecken. Abends sahen wir aus wie Schweine, die sich im Schlamm gesuhlt hatten.

Wir beschwerten uns bei Grischa wegen des weiten Weges zu unserem Häuschen. Im Regen war das eine wirkliche Zumutung. Grischa sorgte dann für Abhilfe. Er stellte uns für die Nacht einen Holzkübel rein. Morgens mussten abwechselnd zwei Frauen das Ungetüm ausleeren. Es war zwar keine ideale Lösung, doch immerhin besser als unsere nächtlichen, nasskalten „Spaziergänge". Die Frauen hatten alle keine warme Kleidung und Unterwäsche, kein Wunder, wenn die Blase erkältet war.

Eines Abends, als wir durchgefroren und todmüde vom Feld kamen, fühlte ich mich nicht wohl. Ich verzichtete sogar aufs Abendessen, das alarmierte mich geradezu. Das war kein gutes Zeichen bei meinem ewigen Hunger. Ich gab Maria meine Essensmarke und legte mich sofort auf meinen Strohsack. Nachts bekam ich Schüttelfrost und hohes Fieber. Jeder Atemzug tat mir weh, ich hatte das Gefühl, als ob meine Lunge platzte. Ich musste auf den Kübel, runter ging es noch, aber ich kam nicht mehr auf meine Pritsche hoch. Ich musste eins von den unten liegenden Mädchen wecken, damit sie mir half. Doch sie schaffte mich nicht, ich benötigte tatsächlich vier, die mich hoch zerrten.

Am nächsten Morgen hatte ich noch immer 40 Grad Fieber. Ich war von dem einen Tag so geschwächt, dass ich auch nicht mehr allein zum Kübel kam. Ein Mädchen von unten tauschte dann mit mir. Als zwei Mädchen die Tür nach draußen öffneten, um den Kübel zu leeren, trauten sie ihren Augen nicht. Mindestens einen Meter hoch lag der Schnee vor der Tür. Wir waren mitten im Winter und das am 12. September. „Die schönen Kartoffeln", stöhnte Maria, „alles futsch. Jetzt wird der Direktor wieder sein Soll nicht erfüllen, und Kartoffeln gibt es für uns auch keine mehr", sagte eine andere und weinte fast. „Vielleicht doch, die gefrorenen", sagte ich leise zwischen zwei Hustenanfällen, „den gefrorenen Kohl haben sie uns ja auch gegeben."

Trotz des Schnees mussten die Mädchen raus. Man wollte retten, was zu retten war. Ich blieb liegen und fühlte mich hundeelend. Am Abend ging es mir so schlecht, dass Grischa sogar den Direktor alarmierte. Er versprach, einen Arzt zu schicken. Nach einer schlimmen Nacht kam morgens ein älterer Arzt, um nach mir zu sehen. Nach einer oberflächlichen Untersuchung stellte er Pneumonie (Lungenentzündung) auf beiden Seiten fest. Er ordnete an, mich sofort in die Klinik zu bringen.

Da die Mädchen diesen Morgen nicht mehr aufs Feld mussten, zogen sie mich an, packten meine paar Sachen und verfrachteten mich auf den Mistwagen der Kolchose. Allerdings hatte man einen Ballen Stroh als Unterlage in das Gefährt gelegt. Mit meiner Decke deckten sie mich zu. Ich bekam das alles nicht mehr so ganz mit. Zeitweise schwand mir das Bewusstsein. Wie lange wir unterwegs waren, weiß ich nicht. Ich wurde zwischendurch immer mal wach, doch der Karren rumpelte noch immer. Ich hatte angenommen, dass man mich zurück ins Lager brachte. Doch wir fuhren am Lager vorbei, weiter, immer weiter. Endlich blieb der Klepper mit der Mistkarre stehen, wir waren angekommen. Eine uralte, halb verfallene Holzbaracke, mit einem schwarz bemalten, stolzen Schild: **Klinik.**

Schwerkrank im Lazarett

Es war eine Krankenstation mit russischem Personal, doch die Patienten waren deutsch. Ich durfte mein Gepäck nicht mit hineinnehmen, alles musste wieder zurück zur Kolchose. Nur die Sachen, die ich anhatte, durfte ich behalten. Ich wurde ausgezogen und in die Badewanne gesteckt. Eine richtige Badewanne gab es da! Ich hatte immer geglaubt, in Russland gäbe es so etwas nicht. Meine Sachen kamen in einen Abstellraum unter Verschluss.

An die nächsten Stunden kann ich mich nicht erinnern. Ich weiß noch nicht mal, wie ich ins Bett gekommen bin. Als ich wach wurde, hörte ich eine Stimme in deutscher Sprache. Ich fror entsetzlich oben am Kopf. Meine Hände tasteten nach dem Haar, fühlten noch einmal, irgendwas stimmte da nicht. Es fühlte sich so komisch an. „Meine Haare sind weg!", stöhnte ich, begriff immer noch nicht ganz, dass ich jetzt eine Glatze hatte. „Na endlich!", sagte ein Mädchen in einem groben, weißen Hemd oder war es ein Junge, ich wusste es nicht. Am Haar konnte ich nichts erkennen, denn die Person hatte eine Glatze. „Wo bin ich?", fragte ich und versuchte, mich aufzurichten. „Im russischen Lazarett, schon seit neun Tagen. Hätte nicht geglaubt, dass du das überstehst. Du warst ganz schön fertig. Übrigens heiß' ich Gertrud, kannst mich aber Trudi nennen, wenn du willst." „Was haben sie mit meinem Kopf gemacht, fühlt sich alles so komisch an." „Nimm's nicht tragisch, wir haben hier alle eine Glatze. Wächst wieder nach." „Eine Glatze!" Erst jetzt begriff ich. Dieses Begreifen kann man nicht beschreiben, es war ein Gefühl der tiefsten Demütigung. Man ist ohnmächtig der Willkür anderer ausgeliefert. Man stelle sich vor: Ein neunzehnjähriges Mädchen mit einer Glatze! Man muss so etwas selbst erlebt haben, um das nachzuempfinden. Ich jedenfalls fand das viel schlimmer als Hunger und Durst, im Augenblick jedenfalls. Ich brauchte lange, um das zu verkraften. Einen Knacks habe ich zurückbehalten, mein Selbstbewusstsein war gebrochen.

Für die fünf Mädchen in diesem Krankenzimmer bedeutete mein hohes Fieber eine Extraration. Sie hatten sich mein Essen in all den Tagen getreulich geteilt. Auch in den nächsten Tagen fiel etwas für sie ab. Noch war mein Appetit nicht zurückgekehrt. Als die russische Krankenschwester ins Zimmer kam, um Fieber zu messen, bat ich sie um ein Glas heiße Milch. Ich hatte ein unmenschliches

Verlangen danach und konnte an nichts anderes mehr denken. Ich lag wach und träumte nur von heißer Milch. Meine ganze Seligkeit hing davon ab. Es dauerte mindestens zehn Minuten, bis ich ihr begreiflich machen konnte, was ich wollte. Sie verstand kein deutsch. Als sie kapierte, lachte sie mich aus. Milch war in Sibirien rar, ja unerschwinglich.

Mein Lebensmut sank in die tiefsten Tiefen. Ich hatte mich so auf die Milch fixiert, dass für mich eine Welt zerbrach. Auch diese Phase ging vorbei. Dann stand ich das erste Mal auf und knickte sofort um. Ich konnte nicht mehr gehen, ich musste es erst nach und nach wieder lernen. Trudi war mir eine große Hilfe. Sie erzählte mir später, dass ich während des hohen Fiebers ganz schön phantasiert hätte. „Einmal haben wir alle auf dem Bauch gelegen und unter den Betten nach Möhren gesucht. Du hast fest behauptet, ein Grischa habe einen Sack voll für dich abgegeben. Du warst so fest davon überzeugt, dass wir alle darauf reinfielen. Was glaubst du, wie enttäuscht wir waren, als wir merkten, dass du wieder einmal spinnst." „Tut mir leid", murmelte ich, „ich kann mich aber nicht erinnern."

Und dann bekam ich wieder Appetit. Ich hätte einen Ochsen verschlingen können. Leider gab es als Tagesration nur eine Scheibe Brot, mittags einen Löffel von dem bekannten Hirsebrei und abends die Kohlsuppe. In ganz Sibirien gab es überall das Gleiche. Bei der kargen Kost konnten wir uns nicht erholen. Sogar die beiden Mädchen mit dem Bauchtyphus bekamen die Kohlsuppe. Kein Wunder, dass sie ihren Durchfall nicht los wurden. Normalerweise hätten die gar nicht bei uns im Zimmer liegen dürfen.

Jeden Morgen kam eine russische Ärztin für eine halbe Stunde ins Lazarett. Mich horchte sie jedesmal ab und schüttelte besorgt den Kopf. Was sie dort hörte, erfuhr ich nie. Hatte ich was an der Lunge oder am Herzen, ich erfuhr es jedenfalls nicht. War mir im Moment auch egal. Ich hatte einfach keinen Mumm mehr.

Irgendwann Ende Oktober wurden wir alle aus dem Lazarett entlassen. Wir bekamen unsere Sachen aus dem Abstellraum und mussten uns anziehen. Meine Schuhe und die schönen Wollstrümpfe waren verschwunden. Die Strümpfe, die ich geschont hatte, waren noch von Tante Ida. Den ganzen Sommer war ich barfuß gelaufen, nur um Schuhe und Strümpfe zu schonen. „Ich kann doch nicht barfuß gehen, bei dem Schnee", jammerte ich und heulte erbärmlich.

Die Schwestern taten unschuldig, dabei hatten nur sie allein Zugang zu dem verschlossenen Abstellraum. In dem Gerümpel fanden sich dann ein paar Männerarbeitsschuhe, die das Stehlen nicht wert waren. Die Absätze fehlten, die Spitzen bogen sich ganz nach oben und sie hatten im Leder Risse. Wahrscheinlich hatte sie ein Maurer zu Zementarbeiten getragen und dann fortgeworfen. Man gab mir ein Stück Schnur, weil die Schuhbänder fehlten. Das Problem mit den Strümpfen löste man auf echt russische Weise. Ich bekam ein paar Fußlappen, gebraucht natürlich. Trotz der stinkenden Lappen rutschten mir die knochenharten Schuhe von den Füßen. Kein Wunder bei dieser Schuhgröße, mindestens 44. Ich hatte schmale Füße, Größe 37. Man machte sich auf die Suche nach alten Lumpen, die man dann vorn hineinstopfte. Gut für die Löcher, hielt die Kälte ab. Meinen kahlen Kopf bedeckte ich mit einem kunstvoll gebundenen Turban. Ich besaß ja den rotkarierten Wollschal, den mir ein Patient zu meinem 19. Geburtstag geschenkt hatte. Es wäre für mich eine Katastrophe gewesen, wenn man mir diesen auch geklaut hätte.

Wir marschierten los, ohne Begleitung. Warum auch? Wir liefen bestimmt nicht davon. Drei Kilometer waren es zum Lager, immer an den Schienen entlang. Kein Mensch kann sich vorstellen, wie lang sich drei armselige Kilometer ziehen können, wenn man solch ein Wrack ist. Wir hakten uns unter, um uns gegenseitig zu stützen. Fiel eine hin, riss sie die anderen mit zu Boden. Bald waren wir mehr unten als oben. Trotz meiner nackten Beine, ich hatte ja nur die Fußlappen, spürte ich eigenartigerweise den starken Frost nicht. Es mussten mindestens 25 bis 30 Grad unter Null gewesen sein. Das war hier normal um diese Jahreszeit. Wir gingen, fielen, rappelten uns hoch, gingen, fielen ... Weit hinten auf den schnurgeraden Schienen sah ich einige Gestalten auf uns zukommen. „Da kommt der liebe Gott", sagte ich noch und dann weiß ich nichts mehr. Das weitere weiß ich nur von Trudi, die mir später alles erzählte. Tatsächlich waren drei deutsche Männer aus dem Lager unterwegs, um uns aus dem Lazarett abzuholen. Man hatte uns zwei Stunden früher entlassen, obwohl es mit der Lagerleitung anders verabredet war. „Diese gemeinen Ziegen, die wollten nur das Mittagessen an uns sparen. So etwas nennt sich Krankenschwester, dass ich nicht lache. Das wäre bei uns in Deutschland nicht passiert." Ich fand das auch gemein, vor allen Dingen, dass sie uns Halbtote den weiten Weg allein losschickten.

Einer von den drei jungen Männern war Helmut P., der deutsche Lagerleiter. Er besaß das volle Vertrauen der Russen und konnte sich frei außerhalb des Lagers bewegen. Man packte mich huckepack und trug mich zum Lager. Es war nicht mehr weit, etwa 300 Meter. Als man mich absetzte, kam ich zu mir. Wir befanden uns in der Kantine. Alles war mir fremd. Das Lager hatte sich in den vier Monaten total verändert. Die Küche mit der Kantine befand sich direkt am Zaun neben dem großen Tor. Das Essen wurde jetzt am Schalter innen im Raum ausgegeben.

Wir mussten uns auf eine Bank setzten und warten, bis der russische Arzt mit dem Arbeitsoffizier erschien. Die sollten dann entscheiden, was mit uns geschehen sollte. Ich war grenzenlos erleichtert, dass der martervolle Weg ein Ende hatte. Ich hatte sogar ein wenig das Gefühl, wieder zu Hause zu sein. Meine nackten Beine mussten wohl unterwegs Frost abgekriegt haben, denn sie schmerzten entsetzlich. Ich sehnte mich danach, mich ganz hinzulegen. Es war ein wenig viel für den heutigen Tag.

Den anderen ging es auch nicht besser. Edith und Margot hatten noch Durchfall, alle zehn Minuten mussten sie nach draußen rennen. Die blieben immer lange weg, denn das Klo befand sich am Ende des Lagers. Die beiden Mädchen taten mir richtig leid.

Wir warteten und warteten, kein Mensch kam. Wenigstens war es warm im Raum. Wir hatten Hunger und hofften auf ein verspätetes Mittagessen. Geschlossen marschierten wir zum Schalter und verlangten zu essen. Die freundliche Erika war noch immer an der Ausgabe, für sie hatte sich in den vergangenen Monaten nichts geändert. Sie erkannte mich nicht. Als ich sie ansprach, schaute sie mich nur ganz verwundert an. „Ich darf ohne Genehmigung kein Essen ausgeben. Außerdem gibt es kein Mittagessen mehr. Gleich teilen wir die Abendsuppe aus."

Endlich, nach Stunden, erinnerte man sich an uns. Ein russischer Arzt mit einem Offizier erschien, musterte uns kurz und sagte nur: „Lazarett 2." Das war's. Da kam auch schon Helmut und führte uns ins Lazarett 2. An diesem Tag bekamen wir nichts mehr zu essen. Wir zählten erst ab morgen wieder zum Lagerinventar.

Im Lazarett 2

Das Lazarett 2 wurde im Lager nur die Sterbebaracke genannt. Da kamen nur diejenigen hin, die man schon abgeschrieben hatte. Ich wusste das natürlich nicht, als ich jetzt mit den anderen den Saal betrat. Vorn an der Tür drei große Kübel, alle besetzt. Die durchgehenden Regale waren durch andere Schlafgestelle ersetzt worden. Nun waren je zwei Doppelpritschen übereinander, dazwischen ein schmaler Gang. Wie ich mit einem Blick feststellte, waren die oberen Kojen spärlich belegt. Wir gingen langsam bis nach hinten und suchten einen Platz auf einem der unteren Betten. Mir wäre oben ja lieber gewesen, aber ich besaß keine Kraft, mich hochzuziehen. Den anderen ging es ebenso. Rund um den Ofen saßen einige Elendsgestalten und blickten noch nicht mal hoch, als wir uns vorbeiquetschten. Hinten am Fenster waren noch einige Plätze frei.

Trudi und die anderen Mädchen machten sich sofort auf den Weg in ihre ehemaligen Baracken, um ihre persönlichen Sachen abzuholen. Meine waren auf der Kolchose, für mich unerreichbar. Ich legte mich sofort hin, denn ich war vollkommen erschöpft. So gut es ging wickelte ich mich in meinen Mantel. Ich fror entsetzlich. Ich wand mich hin und her wie ein getretener Wurm. Die Bretter drückten auf meine Hüftknochen, denn ich war sehr dünn geworden, sodass ich keine Ruhe fand. Noch heute verspüre ich in den Hüften den Schmerz, wenn ich daran denke. Und es sind schon so viele Jahre vergangen, über 40 Jahre.

Wenn ich nur wüsste, in welcher Baracke Tante Ida steckte, die hätte mir bestimmt geholfen. Ob sie überhaupt noch im Lager war, wusste ich nicht.

Keiner von den Kranken hier kam in meine Ecke. Alle hatten mit sich selbst zu tun. Es dauerte lange, bis Trudi und die anderen Mädchen mit ihrem Gepäck zurück kamen. Sie hatten wenigstens Decken. Trudi übersah mit einem Blick meine missliche Lage. „So geht das nicht, Hilde", sagte sie. „Ich zieh' nach unten und du gehst in die Mitte. Margot und ich geben dir dann jede ein Stück von unserer Decke ab." Margot, meine Bettnachbarin, rutschte etwas zur Seite, und wir drei hatten prima Platz auf der unteren Doppelpritsche. Kalt war es jetzt auch nicht mehr, denn wir wärmten uns gegenseitig durch die Enge. Margot musste zwar die ganze Nacht auf den Kübel rennen und ich wurde jedesmal davon wach. Doch es machte mir nichts aus, es war immer noch besser, als allein zu liegen und zu frieren.

Am nächsten Morgen brachte man uns Essensmarken, und wir durften uns unser Frühstück in der Küche abholen. „Ich bring dir dein Essen mit", sagte Trudi zu mir, „denn du kannst doch mit deinen nackten Beinen nicht raus." Da fiel mir ein, dass ich noch nicht einmal mehr eine Konservenbüchse besaß. Da war guter Rat teuer. Weiter hinten im Saal wurde es jetzt laut. Zwei Frauen balgten sich auf dem Boden und beschimpften sich gegenseitig. Es ging um ein Stück Brot. Trudi lief hin und wollte sich aus der Nähe das Schauspiel ansehen. Als sie wiederkam, hielt sie triumphierend eine leere Konservendose mit einem Drahthenkel in der Hand. „Der Mann, der neben dem Ofen liegt, ist heute

Nacht gestorben. Die beiden zankten sich wegen seiner heutigen Brotration. Ich hab' mir jedenfalls seine Büchse genommen, die braucht er nicht mehr." Lächelnd überreichte sie mir die Dose. „Keine Sorge, Hilde, ich reib' sie draußen gründlich mit Schnee ab", sagte sie schnell, als sie meinen Blick sah. Die Dose war von innen total verschmutzt. Wasser gab es nur in der Küche und in der Banja. Die anderen Leitungen waren alle zugefroren. Durst brauchten wir trotzdem nicht zu leiden, denn es gab Unmassen von blütenweißem Schnee draußen.

Es kümmerte sich tatsächlich keiner um uns Kranke im Lazarett 2. Wer kein Essen holen konnte, musste verhungern. Den Toten holten sie auch erst nach Stunden ab. Die ganze Zeit lag er neben dem warmen Ofen. Mit Heizmaterial wurden wir von unseren Leuten, die im Bergwerk arbeiteten, versorgt. Jeder war verpflichtet, heimlich ein Stück Kohle mitzubringen, durfte sich aber auf dem Schacht nicht erwischen lassen. Wer erwischt wurde, wurde im Lager mit Karzer bestraft. Obschon der Befehl, Kohle mitzubringen, von der Lagerleitung kam, bestrafte die Lagerleitung nicht fürs Klauen, sondern fürs Erwischenlassen. Dämlichkeit musste bestraft werden!

Das gesamte Lager wurde mit geklauter Kohle geheizt, einschließlich Küche, Lazarett und Banja. Jeden zweiten Tag war Visite bei uns im Lazarett. Der Arzt, ein junger Russe, und der Arbeitsoffizier, Leutnant Kusnerow, betraten den Raum, hielten sich die Nasen zu, im Eilschritt ging es die Betten entlang. Mit der gleichen Eile wieder zurück. Das war's. Fiel jemand auf, der etwas zu Kräften gekommen war, musste er mitkommen. In einem Nebenraum der Baracke wurde er dann untersucht und für arbeitsfähig erklärt. Solche Fälle kamen zwar sehr selten vor, doch ab und zu gab es auch so etwas.

Ich wusste nicht, was mit mir los war, ich erholte mich überhaupt nicht. Obschon ich regelmäßig meine ganze Ration aß, wurde ich immer schlapper. Ich zwang mich aufzustehen und auf und ab zu gehen. Hier und da versuchte ich, eine Unterhaltung mit jemandem zu führen, doch die meisten legten keinen Wert darauf. Sie waren abweisend, manche sogar bösartig. Streit gab es ununterbrochen – immer ging es ums Essen. Das Schlimmste an der Sache war, dass es keinen von draußen bekümmerte, wir waren abgeschrieben, schon so gut wie tot.

Was Trudi und mich am meisten störte, war die Art und Weise, wie man die Toten hinauszerrte. Sie wurden ganz entkleidet, und Leutnant Kusnerow ließ alle persönlichen Sachen der Leiche einsammeln. Es waren vollgefüllte Rucksäcke und sogar Koffer dabei. Warum waren sich hier die Menschen nicht einig und teilten die Sachen gerecht an Bedürftige auf, anstatt sie den Russen in den Rachen zu werfen? Nein, stattdessen wurde bei jedem Toten gestritten und sich geschlagen. Jeder wollte nur das haben, was gerade der andere wollte. Zum Schluss bekam niemand etwas, einer verpetzte den anderen. Derjenige, der schon etwas hatte, musste es dann herausrücken. Leutnant Kusnerow grinste nur. Ich hasste ihn richtig deswegen. Was der wohl über uns dachte?

Uns gegenüber, auf der anderen Flurseite, befand sich das andere Lazarett. Einmal gelang es mir, einen Blick hineinzuwerfen. Mir verschlug es den Atem, wie nobel es dort war. Es gab keine zweistöckigen Kojen, sondern einzelne, freistehende Pritschen mit Strohsäcken, Bettlaken und Decken. Sogar ein Kopfkissen besaß jeder, zwar mit Stroh gefüllt, aber immerhin. Alle sahen so sauber aus, hatten weiße Hemden aus grobem Nessel an. Sie bekamen jeden Tag warmes Waschwasser und regelmäßig ihr Essen gebracht. Wir dagegen, nur durch einen schmalen Flur getrennt, hatten Tag und Nacht unsere Klamotten an, wuschen uns nie und schliefen auf nackten Brettern. Welch ein Unterschied!

Zwei deutsche Schwestern, die ich nicht kannte, versorgten die Kranken. Ich fragte hoffnungsvoll nach Tante Ida, konnte ja sein, dass sie immer noch im Lazarett arbeitete. Doch man schüttelte nur den Kopf, Tante Ida war ihnen unbekannt. Ungeduldig versuchte mich Schwester Marta aus der Tür zu verscheuchen, mein Anblick war ihr wahrscheinlich nicht geheuer. Die einzige, die ein wenig freundlich zu mir war, war Schwester Gretel. Enttäuscht, dass ich Tante Ida nicht finden konnte, ging ich wieder zurück. Trudi musste jeden Augenblick mit dem Mittagessen da sein. Trudi kam zurückgehumpelt, gestützt von zwei Männern. Sie war unterwegs auf dem gefrorenen Schnee ausgerutscht und hatte sich den Knöchel verstaucht. Die Männer hatten sie im Schnee gefunden und ihr geholfen. Wahrscheinlich hatten sie noch nie das Lazarett von innen gesehen, denn kaum hatten sie Trudi abgeliefert, waren sie wie ein Blitz weg. Das ging so schnell, dass sich Trudi noch nicht einmal bedanken konnte. Ein Glück, dass es nur einen Klecks Hirsebrei gab, den hatte Trudi noch retten können. Bei Suppe wäre es schon schwieriger gewesen.

Margot ging es immer schlechter. Sie schaffte es kaum noch auf den Kübel. Ich fand das so gemein, dass man sie ohne Hilfe ließ. Noch nicht einmal Kohletabletten hatte man für sie übrig. Der Knöchel von Trudi wurde auch immer dicker. Ich fasste mir ein Herz und ging noch einmal ins Lazarett hinüber, um Hilfe zu erbitten. „Wir sind nicht fürs Lazarett 2 zuständig", sagte Schwester Marta, „aber ich werd's dem Doktor sagen. Das heißt, wenn er noch heute kommt." Entweder hatte sie es vergessen oder der Doktor war auch nicht zuständig, jedenfalls warteten wir vergeblich.

Niemand von den anderen wollte uns unser Abendessen mitbringen. Alle waren so entsetzlich gleichgültig geworden. „Gut, dann versuche ich es selbst", sagte ich zu Trudi und Margot. „Das geht nicht mit deinen erfrorenen Beinen, es ist zu kalt draußen. Das Thermometer ist wieder gefallen und

110

glatt ist es auch." Trudi war unglücklich über ihre Hilflosigkeit. Margot richtete sich ächzend auf und zog mühevoll ihre Strümpfe aus. Die waren noch einigermaßen gut, aus reiner Wolle. Sie besaß noch ein Paar Kniestrümpfe in ihrem Rucksack, die ich ihr jetzt anzog. „Nimm die Strümpfe, Hilde. Ich brauch' sie hier im Bett nicht."

Wortlos zog ich die noch körperwarmen Strümpfe an. Ich hatte ja keine andere Wahl. Ich bekam noch den Schal von Trudi, den ich mir um Nase und Mund band. Dann zog ich mit den drei leeren Büchsen los. „Sei vorsichtig, Hilde", rief mir noch Trudi nach, „es ist sehr glatt draußen!" Ich ging langsam und vorsichtig mit meinen Ozeanriesen von Schuhen und schaffte es tatsächlich, ohne einmal hinzufallen. Es gab sogar Graupensuppe an diesem Abend. Der ewige Kappes war bestimmt jetzt alle. Von da an holte ich regelmäßig unser Essen, bis es Trudi mit ihrem Fuß besser ging.

Eines Morgens hatte ich ein unbehagliches Gefühl, meine linke Seite fühlte sich ganz kalt an. Ich tastete nach Margot und erschrak zutiefst. Sie lag leblos neben mir, die Leichenstarre musste schon vor Stunden eingetreten sein. Ich rüttelte Trudi wach. „Margot ist tot", flüsterte ich ihr ins Ohr. Trudi bekam große Augen vor Schreck. Ihre Hand tastete über mich hinweg, überzeugte sich selbst, dass ich recht hatte. „O Gott", stöhnte sie leise, „eine nach der anderen. Arme Margot! Sie war doch erst 18." Wir weinten beide in uns hinein. Jede von uns dachte an ihr eigenes Schicksal. Trudi fasste sich zuerst. Sie erhob sich, legte den Finger auf den Mund, machte: „Pst." Ich verstand. Es sollte noch niemand erfahren, dass Margot tot war. „Ich hol' jetzt das Frühstück für uns drei", sagte sie laut, nahm die drei Konservendosen und machte sich auf den Weg.

Ich rückte ein Stück von Margot ab; es war ein komisches Gefühl, neben einer Toten zu liegen. Als Trudi mit dem Frühstück kam, tranken wir nur den Tee. Das Brot kriegten wir nicht runter. „Du behältst Margots Decke", sagte Trudi, „du sagst einfach, es ist deine." Leutnant Kusnerow kam erst gegen Mittag ins Lazarett. Wir meldeten Margots Tod. Sofort stürzte er sich wie ein Habicht auf ihren Rucksack. Zwei Männer, die neben dem Ofen saßen und sich wärmten, mussten Margot auf den Boden legen und sie ausziehen. Trudi und ich drehten uns um. Wir schämten uns für diese unwürdige Handlungsweise. Kusnerow ließ Margots Sachen bündeln, die beiden Männer mussten sie ihm hinterher tragen. „Herr Leutnant, die Decke haben sie vergessen. Die gehört der Toten." Ich hätte die Frau umbringen können, die das gerufen hatte. Es war die gleiche, die sich immer mit allen anlegte und prügelte. „Das ist nicht wahr", widersprach Trudi erregt, „die Decke gehört der Hilde." Kusnerow kam zurück, blieb breitbeinig vor unserer Pritsche stehen. Grinsend blickte er auf Trudi, dann auf mich. „Das stimmt nicht, Herr Leutnant, die Decke gehört der nicht." Die Petzliese zeigte mit den Finger auf mich. Kusnerow sagte nichts, sein Grinsen vertiefte sich. Er schnippte mit dem Finger, bedeutete den Männern, die Decke zu dem Bündel zu packen. Margot ließ er auf dem Fußboden liegen. Sie wurde später abgeholt und in den Leichenkeller geschafft. „Das miese Schwein", schluchzte Trudi auf. Meinte sie nun Kusnerow oder die Frau, die eine Deutsche war und eigentlich unsere Kameradin sein sollte. Wahrscheinlich meinte sie alle beide.

Margots Tod ging uns sehr nahe. Wir brauchten Tage, um darüber hinweg zu kommen. Mir schlug es auf den Magen, ich bekam Durchfall. „Wir müssen etwas tun, damit du nicht so endest wie Margot", sagte Trudi verzweifelt. Tage waren vergangen, mein Durchfall wurde immer schlimmer. Mir war alles egal. Nun saß Trudi am Ofen und röstete in der heißen Asche für mich das Brot. „Du darfst das klitschige Brot nicht essen, Hilde. Das Röstbrot ist besser." Sie zwang mich, verkohltes Holz zu kauen, als Ersatz für Kohletabletten. Nichts half, mein Durchfall wurde immer schlimmer. Ich verschwieg Trudi, dass seit zwei Tagen mein Stuhl blutig war.

Ich saß wieder mal auf dem Kübel, als die Tür geöffnet wurde und wir hohen Besuch bekamen. Ich erkannte Napoleon, unseren kleinen Lagerkommandanten. Der ist also auch noch da, dachte ich und machte, dass ich auf die Pritsche kam. Hinter dem Kommandanten ein ganzes Gefolge, der Arzt, Kusnerow, zwei andere Soldaten und Helmut, der deutsche Lagerleiter. Erregt lief Napoleon durch den Saal und palaverte ohne Pause. Zwei

Worte konnte ich verstehen: Kommission und Moskau. Für uns konnte es nur etwas Gutes bedeuten. Plötzlich blieb er vor meiner Pritsche stehen, zeigte auf mich, ging weiter und suchte noch fünf andere aus. Der Arzt nickte nur ergeben zu seinen Worten. Ein Jammer, dass ich nichts verstand. So plötzlich, wie sie auftauchten, waren sie alle wieder verschwunden.

„Vielleicht geht ein Transport nach Hause", meinte Trudi hoffnungsvoll. „Das wäre zu schön", seufzte ich sehnsüchtig, „doch ich glaube nicht daran. Ich hab' von einer Moskauer Kommission gehört, aber ich kann mich auch irren." Wir brauchten uns nicht lange den Kopf zu zerbrechen. Der Arzt kam mit Helmut wieder und erteilte Befehle, Helmut übersetzte. Wir sechs, die der Kommandant ausgesucht hatte, mussten uns sofort anziehen und unser ganzes Gepäck mitnehmen. Für mich eine Kleinigkeit, ich hatte ja nur die Konservendose. Trudi weinte herzzerreißend, als ich mich von ihr verabschiedete. „Pass auf dich auf! Und komm gesund wieder. Allein halte ich das hier nicht aus." Ich nickte. „Danke für alles, Trudi. Ohne dich ..." Meine Stimme versagte vor Schmerz. Wir umarmten uns noch schnell, denn Helmut trieb zur Eile.

„Ihr kommt ins andere Lazarett 1", sagte er uns im Flur, „aber erst geht ihr zur Entlausung und unter die Dusche." In der Banja bekamen wir sogar jeder ein winziges Scheibchen Kernseife. Schwester Gretel war schon dort und passte auf, damit wir nicht umkippten. Eine knappe Stunde später lag ich schön sauber in einem weißen Hemd auf einem richtigen Strohsack. Ich fühlte mich wie im Himmel. Am Abend bekam ich hohes Fieber. Man gab mir eine Kampferspritze. Doch die half mir nicht, das Fieber hielt an. Ich döste am nächsten Vormittag vor mich hin, als mich jemand sacht am Arm zupfte. „Na, du machst vielleicht Sachen", sagte Trudi, „dich kann man wirklich nicht allein lassen." „Wie kommst du denn hierher?", fragte ich erfreut und erstaunt zugleich. Besuch war hier im Lazarett streng verboten. „Da staunst du?!" Trudi strahlte vor Freude. „Die suchten Freiwillige zum Putzen, da hab' ich mich gemeldet. Ich hatte inzwischen erfahren, dass du hier liegst. Ich wollte doch wissen, wie es dir geht. Anders wäre ich ja hier nicht reingekommen." Ich freute mich riesig. Trudi war ein wirklicher Schatz.

Bewaffnet mit einem Eimer warmen Wassers aus der Banja machte sich Trudi an die Arbeit. Mit einer Glasscherbe musste sie Meter um Meter den Boden abkratzen, bis er schneeweiß wurde. Trudi ließ sich natürlich viel Zeit dabei, besonders in der Nähe meiner Pritsche. „Morgen wird tatsächlich eine Kommission aus Moskau erwartet", erzählte sie, „daher der ganze Aufwand. Sogar wir im anderen Lazarett bekommen Strohsäcke, das weiß ich von Helmut." Das war vielleicht eine Neuigkeit. So eine Kommission sollte öfter mal ins Lager kommen.

Das Fieber machte mir schwer zu schaffen, ich döste wieder ein. Plötzlich wurde ich unsanft geweckt. Man stellte mein Bündel mit meinen Klamotten vor die Pritsche und befahl mir, mich schnell anzuziehen. Wir sechs aus dem Lazarett sollten in ein russisches Krankenhaus kommen. Trudi half mir beim Anziehen, damit es schneller ging. „Die wollen euch nur quitt werden, damit euch die Kommission nicht zu sehen kriegt", flüsterte mir Trudi ins Ohr, „ihr seid wirklich kein Renommee für den Doktor. Aber es ist wirklich besser für dich, Hilde. Dort helfen sie dir bestimmt."

Eigentlich war mir alles egal, wohin sie mich verfrachteten. Ich wollte im Augenblick nichts anderes als schlafen und nochmals schlafen. „Nimm mein Stück Brot, Trudi. Ich kann es doch nicht essen. Und verwahr' mir meine Büchse, bis ich wieder zurückkomme." Vor unserem Lazarett stand ein Lastwagen, der uns in die Stadt bringen sollte. Man hob uns hinauf und ab ging's. „Komm gesund wieder", rief mir Trudi nach.

Es war fürchterlich kalt da oben auf der Ladefläche. Wir sechs kauerten uns vorne am Fahrerhaus und suchten Schutz vor dem eisigen Wind. Wir fuhren ungefähr acht Kilometer. Mehr tot als lebendig kamen wir dort an. Das war eine andere Klinik als die, in der ich schon mal gelegen hatte. Man brachte uns in einer Isolierbaracke unter.

An diese Zeit in der Isolierabteilung fehlt mir jegliche Erinnerung. Die Rückfahrt von der Klinik ins Lager ist mir gut im Gedächtnis geblieben. Als einzige Frau saß ich zwischen drei entlassenen

116

Männern oben auf der Ladefläche, und wir froren um die Wette. Die Männer durften nach der Ankunft ins Lager in ihre Baracken zurück, ich landete wieder im Lazarett.

Trudi war nicht mehr da. Ich kauerte mich direkt vorn in die Nähe der Kübel auf die erste Pritsche. Ich wollte allein sein. Strohsäcke gab es jedenfalls noch immer keine. Mir war alles so egal. Ich fühlte, dass es jetzt endgültig mit mir zu Ende ging. Ein innerer Frieden erfüllte mich. Ich träumte mit offenen Augen. Alles war auf einmal so hell, so leicht, so warm, ich fühlte mich glücklich. Vielleicht war ich sogar schon im Himmel, ich wusste es nur noch nicht. Ich wünschte, dass dieser Zustand, in dem ich mich befand, immer und ewig anhalten sollte. „Hilde! Hilde!" Unwillig über die Störung öffnete ich die Augen und blickte direkt in das Gesicht meiner Mutter. „Hilde, du stehst sofort auf, ziehst dich an und gehst in die Küche, dein Essen holen." Ich kniff mir ganz fest in meinen linken Oberarm, wollte wissen, ob ich wach war oder nur träumte. Ich war hellwach, denn der Arm tat mir vom Kneifen weh. „Steh sofort auf, Hilde!"

Gehorsam stand ich auf, zog meine Schuhe an, band meinen verrutschten Turban neu, zog den Mantel über und nahm meine Konservendose in die Hand. Ich wunderte mich noch, wieso die Büchse auf meiner Pritsche lag. Ich zog los. Als ich aus der Barackentür trat, rannte ich direkt in Trudi hinein. Die blieb vor mir stehen und starrte mich wie einen Geist an. „Du lieber Himmel! Wo willst du denn hin, mitten in der Nacht?" „In die Küche, mein Essen holen." Ungläubig schüttelte sie ihren Kopf, konnte nicht fassen, was sie sah. Tränen kollerten dick ihre Wangen herab. Dann umarmte sie mich so stürmisch, dass mir die leere Büchse aus der Hand rutschte. Sie weinte und lachte und konnte sich nicht beruhigen.

„Hilde, ich freu' mich ja so", schluchzte sie, „du ahnst nicht, wie sehr ich mich freue. Komm, wir gehen zusammen in die Küche." Sie fasste mich unter und zog mich glücklich mit. „Deine Marken stecken in der rechten Manteltasche." Ich tastete danach und fühlte sie zwischen den Fingern. Ich fragte nicht, wieso sie so gut Bescheid wusste, so weit konnte ich noch nicht denken. Ich stand noch immer ganz unter dem Einfluss, den der Befehl meiner Mutter auf mich ausübte. In dieser Nacht aß ich meine ganze Tagesration auf einmal auf.

Von da an holte ich mir regelmäßig meine Zuteilung in der Küche ab und aß sie auch auf. Es ging mir mit jedem Tag ein wenig besser. Ich konnte mich jetzt auch wieder mit Trudi unterhalten, ohne dass ich im nächsten Augenblick alles vergaß. Trudi arbeitete schon seit Wochen in der Banja. Da die Banja jetzt jeden Tag benutzt wurde, hatte sie viel zu tun. Täglich kam eine andere Baracke mit Baden dran, und entlaust wurde auch dabei. Nach 18 Uhr gehörte die Banja den Russen.

Trudi wohnte jetzt in der letzten Baracke gegenüber der Banja, in der so genannten OK-Baracke. Regelmäßig nach Arbeitsschluss kam Trudi zu mir ins Lazarett. Wir hatten uns ja so viel zu erzählen. Sie hatte eine Heidenangst um mich ausgestanden. Jeden Tag hatte sie Helmut gefragt, ob jemand aus der russischen Klinik entlassen wurde. Wenn ein Transport kam, war sie sofort ins Lazarett gerannt, ob ich mich darunter befand. Als sie die Hoffnung schon aufgegeben hatte, kam ich dann doch noch zurück. „Aber in welchem Zustand! Nie hätte ich geglaubt, dass du es noch mal schaffst. Jeden Tag holte ich dir dein Essen, doch ich kriegte dich nicht richtig wach. Ab und zu nahmst du einen Schluck Tee, das war alles."

„Wie lange war ich denn fort?" „Genau zwei Monate. So lange haben sie noch nie jemanden da behalten. Sechs Wochen war das Äußerste, das weiß ich vom Helmut. Ich habe wirklich geglaubt, du wärst gestorben." Ich dachte einen Augenblick nach. „Trudi, was für ein Datum haben wir eigentlich? Ich weiß überhaupt nichts mehr." „Heute haben wir den 24. März." Wieder brauchte ich eine Weile, um nachzudenken. „Das kann nicht stimmen", sagte ich überzeugt, „wir hatten noch kein Weihnachten." Trudi sah mich ganz sonderbar von der Seite an. Wahrscheinlich dachte sie, ich hätte jetzt auch noch meinen Verstand verloren. „Am Heiligen Abend ist Margot gestorben. Ich wollte dich nicht an Weihnachten erinnern, dann wäre der Schmerz noch größer gewesen." „Ach so."

Schweigend dachten wir beide an Margot. Meine Hand fuhr sacht über die Strümpfe, die ich noch immer trug und die mal Margot gehört hatten.

„Was sagst du, den Wievielten haben wir heute?"
„Den 24. März." Ich rechnete nach. „Seit einer
Woche bin ich jetzt auf. Dann war das der
17. März, als meine Mutter mich zur Küche schickte. Auf den Tag genau vor einem Jahr habe ich
meine Mutter zuletzt gesehen. Trudi, glaub mir, das
ist mehr als nur Zufall." Trudi nickte ernsthaft. Sie
kannte die Geschichte, die ich ihr schon am ersten
Abend erzählt hatte. Ich begleitete Trudi noch bis
zu ihrer Baracke. Direkt daneben befand sich das
Klo. Da wollte ich jetzt hin. Seit gestern benutzte
ich die Kübel im Lazarett nicht mehr.

Am nächsten Tag sah ich mir das Lager genauer
an. Es hatte sich hier in den paar Monaten viel verändert. Vorn die ersten drei Baracken, wo nach
unserer Ankunft das Lazarett mit Dr. Rosenbaum
war, waren vom Lager abgetrennt. Den Zaun hatten sie versetzt. Mir fiel auf, dass keine Posten mehr
oben auf den Wachtürmen standen. Ich schlenderte
zur Banja, denn Trudi hatte mir gestern versprochen, dass ich duschen könnte. „Ich werde dich
einfach dazwischen schmuggeln. Fällt keinem auf.
Morgen ist eine Baracke mit Frauen dran." Es
klappte tatsächlich. Ich fühlte mich danach wie
neugeboren. Sogar ein Scheibchen von der Kernseife fiel für mich ab.

„Ich weiß nicht, wie ich dir danken soll, Trudi."
Überschwenglich umarmte ich sie, das Herz voller
Dankbarkeit. „Morgen kommt dein Pullover dran,
Hilde. Wird langsam Zeit, dass wir ihn waschen.
Hoffentlich fällt das gute Stück beim Waschen

nicht auseinander." Nach und nach kam ein Teil ums andere dran, zuletzt mein Schal, der meine Glatze als Turban bedeckte. „Du kannst solange meinen haben, bis deiner trocken ist", bot mir Trudi an. Sie nahm ihren Schal vom Kopf und ich staunte Bauklötze. „Mensch Trudi, du hast ja schon einen richtigen Scheitel!" Neidisch fuhr ich mit den Fingern über meinen kahlen Schädel. Mehr als einen Zentimeter waren die Stoppeln noch nicht gewachsen. „Die haben dich bestimmt noch ein zweites Mal in der Isolierbaracke rasiert. Sonst wären deine Haare auch schon länger. Mach' dir nichts draus, Hilde. Wenn es Sommer wird, kannst du ohne Turban rumlaufen." Na ja, bis zum Sommer dauerte es noch was. Zu Hause in Deutschland hatten wir schon Frühling, doch hier ...

Seit Tagen fragte ich jeden, dem ich begegnete, nach Tante Ida. Alle schüttelten nur den Kopf. Ob sie noch im Lager war? Irgendwann musste ich ihr ja begegnen, das wäre doch gelacht. An einem Morgen, ich war gerade beim Frühstücken, kam Leutnant Kusnerow ins Lazarett. Er suchte nach Freiwilligen für irgendeine Arbeit. Ich verstand, dass das Lazarett eine Hilfe brauchte. Sofort meldete ich mich. Ich war zwar noch geschwächt, doch mein Lebenswille war wieder so groß, dass ich nichts mehr scheute. Er musterte mich abschätzend, ja fast skeptisch, doch dann zuckte er mit den Schultern und bedeutete mir, mitzukommen. Als ich ohne Mantel losrennen wollte, hielt er mich zurück und verlangte, dass ich mir den Mantel überzog. Ich wunderte mich etwas, doch ich tat ihm den Gefallen. Draußen im Flur steuerte ich auf die gegenüberliegende Tür zu. Doch Kusnerow stieß mich zur Haustür raus. Ich konnte mit meinen Supermodellschuhen kaum Schritt mit ihm halten. Er ging den Weg Richtung Banja.

O Gott, dachte ich, jetzt ist es aus. Der hat erfahren, dass ich ohne Befehl geduscht habe. Jetzt führt er mich zur Trudi hin. Um mich hatte ich weniger Angst, doch Trudi tat mir leid. Für ihre Gutmütigkeit musste sie jetzt büßen. Dem Kusnerow traute ich sowieso alles zu. Ich schwitzte vor Aufregung, trotz 20 Grad Kälte. Doch Kusnerow blieb vor dem Klo stehen. Er drückte mir eine Schippe in die Hand und zeigte mir, was ich zu tun hatte. Zwanzig Löcher waren dick mit Kot beschmiert, und die Haufen waren festgefroren. Die sollte ich mit der Schaufel beseitigen. Was war ich doch für ein Idiot, dass ich mich dazu auch noch freiwillig gemeldet hatte! Ich hätte mich selbst ohrfeigen können.

Das war keine leichte Arbeit, nach dem zweiten Loch war ich schon total erschöpft. Das hartgefrorene Zeug musste ich erst mit der Schaufelkante zerhacken, ehe es sich abkratzen ließ. Außerdem riss der Betrieb auf dem Klo nicht ab. Ich schluckte die spöttischen Bemerkungen runter, heulte fast vor Wut.

„Na, du Gerippe, pass bloß auf, dass du nicht reinfällst", das war noch harmlos. Als mir eine während ihrer Sitzung auf dem Loch zurief: „Seht euch mal unseren Scheißhausmeister an! Die haben sie bestimmt von da unten herausgefischt", da verlor ich meine Nerven. „Wenn du nicht sofort deine Klappe hältst, spalt' ich dir den Schädel!" Drohend hob ich meine Schaufel. Der mörderische Blick in meinen Augen ließ sie einlenken. „Hab' ja nur Spaß gemacht", murmelte sie, „war nicht so gemeint." Nun heulte ich wirklich los, vor Schwäche und Selbstmitleid.

Das Mädchen war inzwischen fertig, blickte scheu zu mir herüber und ging hinaus. An der Tür überlegte sie es sich dann doch anders, machte kehrt und nahm mir wortlos die Schaufel aus der Hand. Im Handumdrehen machte sie ein Loch nach dem anderen sauber. Ich dankte ihr, noch immer heulend. „Das hätte ich nie allein geschafft. Weißt du, ich war lange krank, mir fehlt noch die Kraft." „Aus welcher Baracke kommst du?" „Lazarett 2", antwortete ich. „Ach so." Mehr sagte sie nicht, nickte mir nur zu und verschwand. Ich ging wieder ins Lazarett zurück. Jedenfalls, das passierte mir nicht noch einmal, dass ich die russische Sprache so missverstand. Das sollte mir für die Zukunft eine Lehre sein. Mich schmierte jedenfalls der Kusnerow nie wieder so an. Ich beschloss, russisch zu lernen.

Verbissen machte ich mich auf die Suche nach einem Bleistift. Ich brauchte unbedingt etwas zum Schreiben, doch im Lazarett suchte ich vergeblich. Niemand von den Kranken besaß auch nur einen winzigen Stummel. Als ich Trudi von meinem Plan erzählte, wusste sie sofort Rat. „Ich habe in der

Entlausung zwei Bleistifte gefunden. Müssen jemandem aus der Tasche gefallen sein. Der eine davon ist fast noch neu. Gefragt hat bis jetzt noch niemand danach. Kannst du haben, wenn du willst." Und ob ich wollte! „Danke Trudi, du bist ein Engel."

An Papier zu kommen, war aussichtslos, doch da hatte ich eine Idee. Auf den Brettern über meiner Koje konnte ich prima schreiben. Ich schrieb sämtliche russischen Wörter auf, die ich aufschnappte - natürlich mit der deutschen Übersetzung dazu. Das bereitete mir große Schwierigkeiten, denn keiner konnte übersetzen. Ich hatte keine andere Wahl, als dem deutschen Lagerleiter aufzulauern und ihn zu löchern. „Warum willst du unbedingt russisch lernen?", wollte er wissen. „Blöde Frage; du kannst es ja auch." „Ich kann es von daheim. Wir hatten russische Kriegsgefangene auf unserem Hof. Aber du hast meine Frage noch nicht beantwortet." „Ich möcht' es gerne lernen, um mich zu verständigen. Ich muss doch wissen, was man von mir will."

Dann erzählte ich ihm die Geschichte mit dem Klo. Helmut lachte. „Wenn das so ist, dann hast du vollkommen recht. Übrigens erwarten wir heute einen neuen Arzt, direkt aus Moskau. Deswegen spielt Kusnerow verrückt." „Und was wird mit unserem Arzt?" „Der ist schon seit zwei Tagen fort." „Gott sei Dank, getaugt hat der ja nicht viel, der war doch immer blau. Morgens schon stank der nach Schnaps." „Behalt' das für dich, ist besser so." Ich nickte. „Hoffentlich ist der neue Arzt besser und kümmert sich mehr um die Kranken. Einen

Arzt wie Dr. Rosenbaum bekommen wir wohl nie wieder."

Dr. Kabanowa

Am späten Nachmittag lernte ich dann den neuen Doktor kennen. Es war eine Ärztin in russischer Uniform, im Rang eines Oberleutnants. Sie ließ es sich nicht nehmen, noch am Ankunftstag Visite zu machen. Sie war eine vollschlanke, kleine Frau, ein mütterlicher Typ. Mit hocherhobenem Kopf marschierte sie durch das Lazarett, neben ihr der Kommandant und natürlich der widerliche Kusnerow. Obschon er die Ärztin um fast eine ganze Kopflänge überragte, wirkte er jetzt wie ein begossener Pudel neben ihr. Die Frau sprach ununterbrochen in voller Lautstärke auf ihn ein. Es klang nicht sehr schmeichelhaft, was sie zu ihm sagte. Sogar einige Flüche waren darunter, die ich schon ganz gut verstand. Fluchen war überhaupt das Erste, was ich auf russisch konnte. Ich gönnte Kusnerow diese Abfuhr, ja, ich war direkt schadenfroh. Das mit dem Klo würde ich ihm so schnell nicht verzeihen.

Eine Stunde später bekamen wir im Lazarett neue Strohsäcke, die wir sogar behalten durften. Damals, als die Kommission aus Moskau kam, blieben die Strohsäcke nur einen Tag im Lazarett liegen. Direkt nach der Abfahrt wurden sie den Kranken sofort wieder weggenommen und zwar auf Befehl von Kusnerow. Das hatte mir Trudi erzählt.

Zwei Tage später kam wieder einmal Leutnant Kusnerow ins Lazarett 2 und suchte eine Freiwillige. Diesmal ging es um die Ambulanz, die geputzt werden sollte. Ich stand grade neben der Tür, er rannte mich fast um. Vorsichtshalber fragte ich zurück, ob ich auch richtig verstanden hatte. Kusnerow nickte. Er schien mir ein wenig verblüfft zu sein; mir tat es richtig gut, dass ich meine neuen Sprachkenntnisse ausgerechnet an ihm ausprobieren konnte. Er hat mich verstanden, dachte ich voller Genugtuung und war restlos mit mir zufrieden. Das Pauken hatte sich also doch gelohnt. Es waren zwar nur einzelne Worte, die ich radebrechte, aber man verstand mich. Ich ging mit ihm zur Ambulanz.

Die neue Ärztin hatte sich gegenüber unserem Lazarett eingerichtet. Die beiden kleinen Zimmer in der Mitte der Baracke waren dafür bestens geeignet. Der erste Raum ohne Fenster war das Wartezimmer. Dort hatte man rechts und links lange Bänke aufgestellt. Der dahinterliegende Raum war das Behandlungszimmer. Ich bekam von Kusnerow einen Eimer und einen Putzlappen in die Hand gedrückt und fort war er. Erst besorgte ich mir heißes Wasser von Trudi aus der Banja. Ein Mann half mir sogar tragen, als er sah, wie ich mich damit abquälte. Es ging doch noch nicht so ganz, wie ich es gerne gewollt hätte.

Das Sprechzimmer war fast fertig geputzt, als die Ärztin mit einer russischen Schwester erschien. Sie blieb vor mir stehen und musterte mich von oben bis unten. Am längsten blieb ihr Blick auf meinen Schuhen haften. Wahrscheinlich hatte sie so etwas Originelles noch nie gesehen. Sie lachte auf einmal los, lachte und lachte, bis ihr die Tränen liefen. Ganz plötzlich hörte sie damit auf, dann fluchte sie auf Teufel komm raus, dass ich es mit der Angst bekam. Sie sagte etwas zu der russischen Schwester, dass sich wie „Kusnerow soll sofort zu mir kommen" anhörte. Die Schwester lief sofort los.

Die Ärztin, die noch immer vor mir stand, reichte mir spontan die Hand und drückte sie fest. „Ich heiße Anastasia Kabanowa und bin die neue Lagerärztin. Wie heißt du?" „Hilde", sagte ich total aus der Fassung geraten. „Gilda", nickte sie, „gut, Gilda, mach weiter." In diesem Augenblick hatte ich die großartigste Frau der ganzen Sowjetunion kennen gelernt. Viele unserer Gefangenen verdanken ihr das Leben. Keiner könnte das besser beurteilen als ich. Ich putzte noch das Wartezimmer und hatte meine Arbeit gerade beendet, als die Schwester mit Kusnerow im Schlepptau erschien. Also hatte ich doch richtig verstanden. Ich war richtig stolz auf meine Sprachkenntnisse.

Die Ärztin empfing ihn mit einem Wortschwall, stürzte ins Wartezimmer, nahm mich bei der Hand und zerrte mich vor den Leutnant. Sie zeigte auf meine Schuhe und fluchte dabei wie ein Dockarbeiter. Kusnerow nickte, dann sagte er finster zu mir: „Komm mit", und jagte davon, ich hinter ihm her. In der Banja waren zwei abgeschlossene Räume mit Sachen von unseren Toten. Er schloss den einen

Raum auf und bedeutete mir, mit reinzukommen. Ganze Berge von Schuhen und Kleidung lagen da. Er suchte ein Paar noch einigermaßen gute Halbschuhe aus und warf sie mir vor die Füße. „Danke", sagte ich. Mein Blick fiel auf einen Pullover, der oben auf einem Stapel lag. „Kann ich den auch haben?", fragte ich ihn, und mir fiel das Herz fast in die Hose vor Angst. Mehr als nein sagen kann er nicht, machte ich mir selbst Mut. Er gab mir den Pullover. Mir war fast schwindlig vor Freude. Ich fegte förmlich davon, bevor er es sich anders überlegte.

Erst lief ich zur Trudi, die sich ein paar Türen weiter befand. „Bitte Trudi, wasch mir den Pullover, wenn du Zeit hast", bat ich sie und fiel ihr vor Freude um den Hals. „Mensch, wie bist du bloß an die Sachen gekommen?", staunte sie, und ich merkte, wie sie sich mit mir freute. Ich erzählte ihr die ganze Geschichte. Bei Trudi wechselte ich auch die Schuhe. „Was mach ich bloß mit den Museumsstücken?" „Gib her, ich werf' sie in die Heizung. Gibt mindestens zwei Liter heißes Wasser."

Wieder Krankenschwester

Glücklich ging ich wieder in die Ambulanz zurück und zeigte der Ärztin die Schuhe. Ich fühlte, dass sie sich mit mir freute. Auch Marussia, die russische Krankenschwester, freute sich. Eigentlich hätte ich jetzt gehen müssen, denn mit der Arbeit war ich fertig. Doch ich blieb, war neugierig, was weiter geschah. Niemand schickte mich fort. Ich machte mich nützlich, wo ich nur konnte. Mit der Zeit wurde ich ein Mädchen für alles. Während der Sprechstunde glänzte ich sogar mit meinen mühsam erworbenen Sprachkenntnissen. Es klappte jedenfalls großartig. Alle 24 Stunden wechselten die Schwestern, wir hatten insgesamt drei. Schwester Gretel und Schwester Marta aus dem Lazarett 1 gab es nicht mehr. Jetzt herrschten nur noch die russischen Schwestern.

Wir zogen um. Von heute auf morgen wurde das gesamte Lazarett verlegt. Ein Lazarett 2 gab es auch nicht mehr. Sieben von den Schwerkranken wurden ins Lazarett 1 übernommen, die anderen, darunter auch ich, kamen in den Saal gegenüber. Es war die OK-Baracke, in der auch Trudi wohnte. Wieder war ich mit Trudi zusammen. Die Brettergestelle verschwanden, wir hatten jetzt jeder eine eigene Pritsche. Die paar Männer, die wir noch hatten, wurden auf die anderen Männerbaracken verteilt. Endlich waren wir Frauen unter uns. Jetzt brauchten wir auch nicht mehr verschämt in die hinterste Ecke zu kriechen, wenn wir Jagd auf Kleiderläuse in unserer Unterwäsche machten. Wir fühlten uns ohne Männer irgendwie freier.

Im Lazarett gab es jetzt zwei Abteilungen, vorne die für Männer, hinten die für Frauen. Geteilt wurde der Raum durch ein paar zusammengenähte Bettlaken. Ein Glück, dass der große Saal vorne und hinten Fenster hatte, sonst hätte in einer Abteilung Dunkelheit geherrscht. Wir befanden uns jetzt alle in der letzten Baracke, vor uns lagen die Banja und das Klo. Jetzt hatte ich zum Putzen das Wasser direkt vor der Nase. Auch das Waschwasser für die Kranken kühlte bei dieser kurzen Strecke nicht so schnell ab. Nur zur Küche hatten wir es jetzt doppelt so weit. Die Ambulanz wurde in den beiden kleinen Zimmern eingerichtet. Der Umzug dauerte kaum eine Stunde. Wir brauchten deswegen die Sprechstunde nicht abzusagen. Hinweisschilder zeigten unseren Patienten den neuen Weg.

An diesem Tag herrschte in der Ambulanz ein großer Andrang. Eine neue Krankheit war ausgebrochen, die Furunkulose. Eine endlos lange Reihe von Patienten wurde mit Ichthyolsalbe behandelt. Einige Eitergeschwüre, die an allen möglichen Stellen auftraten, wurden ohne Betäubung geschnitten, die anderen mit dieser schwarzen Salbe behandelt. Die Ärztin schrieb die Patienten alle krank. Kusnerow tobte, die Arbeitskräfte fehlten ihm. Doch gegen Dr. Kabanowa aufzumucken, traute er sich doch nicht so ganz. An diesem Tag hatte Schwester Schura Dienst. Die Eiterbeulen der Patienten setzten ihr so zu, dass sie erbrechen musste. Ich übernahm für sie das Verbinden.

Eine Stunde später als üblich ging ich zur Küche, um mein Mittagessen zu holen. Als ich mit meiner Büchse Kascha (Brei) in die Ambulanz kam, war die Ärztin noch immer da. Sie stand auf, als ich hereinkam und wollte den Inhalt der Büchse sehen. „Ist das alles?", fragte sie. Ich nickte. „Bekommt ihr jeden Tag diese Menge?" „Ja." „Hast du davon schon gegessen?" Ich schüttelte verneinend meinen Kopf. „Die verdammten Teufel! Komm mit!" Sie packte meine Konservendose und rannte los, Richtung Küche, ich hinterher.

Die Ärztin wog meine Portion Brei in der Küche nach. Es stellte sich heraus, dass man uns alle um die Hälfte betrogen hatte. Außerdem stand jedem von uns ein Esslöffel Öl täglich zu. Dabei hatten wir noch nie auch nur ein einziges Gramm Fett seit unserer Ankunft gesehen. Der russische Küchenchef hatte zentnerweise unsere Lebensmittel verschoben, uns hungern und sterben lassen. Ein Feuerwerk von Flüchen ergoss sich über den russischen Koch und seine Helfer. Ich fühlte ihre giftigen Blicke, als ob ich die Schuld an allem hätte.

Der Krach in der Küche blieb nicht unbemerkt. Kusnerow und die anderen von der Wachmannschaft hatten sich eingefunden, hielten sich aber im Hintergrund. Ich bin sicher, dass sie alle unter einer Decke steckten. Dr. Kabanowa verlangte nach dem Kommandanten. Kusnerow ging selbst los, ihn zu holen. Spannend verfolgte ich die weitere Auseinandersetzung. Das Resultat: eine doppelte Portion Brei mit Öl und ein neuer Küchenchef. Ich profitierte sofort davon. Von nun an war unsere Ärztin mittags und abends in der Küche und überwachte die genaue Menge der Lebensmittel, die uns rechtmäßig zustanden.

Eines Abends, etwa eine Stunde vor der Sprechstunde, kam ein russischer Soldat in die Ambulanz. Der Soldat fragte nach der Ärztin. Ich war gerade dabei, die gewaschenen Binden aufzuwickeln. Ich blickte auf und erkannte Sascha. „Sascha!" Ich sprang hoch und wäre vor Aufregung fast gestolpert. „Ich habe geglaubt, dich hätten sie schon längst nach Hause geschickt!" Sascha grinste von einem Ohr zum anderen. Auch er hatte mich sofort erkannt. „Ich denke, du auf Kolchose", sagte er und schüttelte erstaunt seinen kurzgeschorenen Kopf. „Ich bin schon seit Oktober wieder im Lager", erwiderte ich.

Sascha sah mich ungläubig an. „Ich habe dich nie hier im Lager gesehen. Ich kenne doch fast alle Leute hier. In welcher Baracke wohnst du?" „Jetzt in OK, vorher Lazarett 2." „Ach so. Dann warst du krank, sehr krank, wenn Lazarett 2." Ich nickte. „Du sagst, du kennst alle Leute im Lager. Weißt du vielleicht, ob Tante Ida noch hier ist?" „Wer ist das?" „Die große, ältere Frau, die damals mit mir im Lazarett gearbeitet hat." Sascha dachte kurz nach, dann erinnerte er sich. „Die ist in Baracke 43." „Und wo ist das?" „Direkt neben dem Lazarett, eine Tür weiter." „Danke, Sascha." Ich ließ die Binden liegen und sauste davon. Sollte doch Maria weiter rollen, die drückte sich sowieso vor jeder Arbeit.

Da wohnten wir fast eine Woche in unmittelbarer Nähe zusammen, und eine wusste von der anderen nichts. Ungeduldig öffnete ich die Haustür der nächsten Baracke. Wohnte sie nun im linken oder im rechten Saal? Ich versuchte es erst links. Der Raum schien leer zu sein. Ganz hinten am Fenster sah ich eine Gruppe von Frauen, die sich anscheinend angeregt unterhielten. Zögernd schob ich mich zwischen den doppelstöckigen Bettgestellen hindurch. Keine von den Frauen nahm Notiz von mir. Gebannt starrten sie alle auf die unterste Pritsche. „Herz-König bedeutet die große Liebe und die Kreuz-Zehn hier sagt, dass du bald nach Hause kommst. Das ist die große Reise, weißt du. Hier das Kreuz-As bedeutet Geld, viel Geld. Du wirst im Geld schwimmen, Rosi." „Danke, Tante Ida. Jetzt ist mir bedeutend leichter."

Da war sie also, meine Tante Ida. Ich wusste nicht, ob ich lachen oder weinen sollte. Ich drängte mich zwischen die Frauen und stellte mich dicht an ihr Bett. Tante Ida war so vertieft beim Kartenmischen, dass sie mich nicht bemerkte. „Legst du mir auch mal die Karten?", fragte ich leise. Sie blickte hoch, die Karten fielen ihr lose aus der Hand. „Hilde!" Im nächsten Augenblick lagen wir uns in den Armen und heulten Rotz und Wasser. Stillschweigend verkrümelten sich die anderen auf ihre Plätze. „Lass' dich anschauen, Kindchen." Sie musterte mich von oben nach unten. „Erholt siehste aber nicht aus. Oh Gott, was haben sie denn mit deinem Kopf gemacht?" „Ach, die sind doch schon ganz schön gewachsen." Ich riss mir den Turban vom Kopf. „Schau, mindestens schon zwei Zentimeter", sagte ich stolz und strich mir über die Stoppeln. „Nächsten Monat kann ich bestimmt schon einen Scheitel ziehen." Tante Ida nickte wortlos. Fast eine Stunde blieb ich bei ihr. Wir hatten uns ja so viel zu erzählen. „So, jetzt weißt du alles von mir. Und was machst du?" „Ich arbeite Übertage auf Schacht 43. Diesen Monat habe ich Nachtschicht." „Du im Bergwerk? Schaffst du das überhaupt?" „Ach, weißt du, man gewöhnt sich an alles. Ich sitze am Band und suche die Steine aus der Kohle. Das Schlimmste ist nur die Nachtschicht, daran gewöhn' ich mich nie. Morgens ist es in der Baracke immer so unruhig." Wir verabredeten uns für den nächsten Tag und ich lief schnell zur Ambulanz zurück. Die Abendsprechstunde war schon in vollem Gang.

Einkaufen in Kopesk

Eines Tages schickte Dr. Kabanowa Schwester Marussia mit einer langen Liste zur Hauptapotheke. Diese befand sich mitten in der Stadt Kopesk, etwa acht Kilometer von unserem Lager entfernt. „Gilda, du gehst mit, kannst Marussia tragen helfen." Ich war aufgeregt, als ich das hörte. Kam ich doch zum ersten Mal aus dem Lager heraus. Kusnerow persönlich begleitete uns zum Tor und sagte der Wache Bescheid, dass sie mich hinausließ. Marussia konnte kommen und gehen, wann sie wollte – aber ich?

Es war ein unbeschreibliches Gefühl, ohne Wachposten draußen in der Freiheit. Wir marschierten die Schienen entlang, kamen nach drei Kilometern an der Klinik vorbei, in der ich damals lag. Jetzt erst sah ich, dass die Klinik nur eine einzelne Baracke eines großen, halb verfallenen Lagers war. „Leben hier auch Gefangene?", fragte ich Marussia. Sie schüttelte verneinend den Kopf. „Früher waren hier Sträflinge untergebracht, doch seit zwei Jahren steht das Lager leer."

Wir mussten jetzt die Bahnschienen verlassen und gingen auf einem Trampelpfad weiter. Ich sah im Schnee viele Fußspuren, die alle in eine Richtung führten. Weit und breit kein Haus, kein Lebewesen. „Ist das noch weit?" Marussia lachte. „Mehr als die Hälfte haben wir schon hinter uns. Gleich kommen wir am Basar vorbei." Ich steckte meine Hände tief in die Manteltaschen, denn ich hatte keine Handschuhe. Marussia war besser dran, sie hatte Filzstiefel und eine wattierte Jacke an. Um den Kopf trug sie ein riesiges weißes Kopftuch aus Wolle, hinten geknotet.

Jetzt begegneten wir auch den ersten Menschen. Die Frauen waren alle wie die russische Schwester gekleidet, Filzstiefel, Wattejacke, weißes Wolltuch. Alle starrten mich an, ich fiel durch meine Kleidung auf. Ganz plötzlich lag der Basar vor uns. Da wimmelte es vor Menschen, jeder hatte etwas zu verkaufen. Manche boten ihre Ware an kleinen Tischen feil, viele hatten ihre Sachen im Schnee ausgebreitet. Ich konnte nur staunen, was es alles zu kaufen gab. Meine Augen blieben auf goldgelben, ovalen, in Öl ausgebackenen Kuchen hängen. Die sahen himmlisch aus und rochen auch so. Der Geruch stieg mir so in die Nase, dass mir schlecht wurde. Mein Magen krampfte sich schmerzhaft zusammen, ich würgte, dass mir die Tränen liefen. Marussia merkte von alldem nichts. Freundlich grüßte sie hier und da und präsentierte mich stolz als siebentes Weltwunder. Alle bestaunten mich wie einen seltenen Affen im Zoo. Sie befühlten meinen Mantel, meinen Turban, fassten nach meinen Händen, meinem Gesicht. „Njemka" (Deutsche), sagten sie freundlich und lachten mich an. Ich ließ willenlos alles mit mir geschehen. Im Stillen flehte ich zu meinem Herrgott, dass der Spuk doch endlich aufhören möge. In Wirklichkeit meinte ich nicht die harmlosen Leutchen, sondern die gut riechenden, goldgelben Kuchen, die mir so zu schaffen machten. Plötzlich hatte Marussia einen Geistesblitz. Vielleicht hat mir auch mein stilles Gebet geholfen, denn sie fragte mich: „Willst du eine Pirogge haben?" Ich nickte. Sie kaufte für sechs Rubel den goldgelben Kuchen und drückte ihn lächelnd in meine klammen Finger. Warm fühlte es sich an, die Füllung bestand aus Weißkohl. Nie im Leben habe ich etwas Köstlicheres gegessen als diese Pirogge.

Als wir endlich den Basar hinter uns hatten, musste ich mich heftig übergeben. Der goldgelbe, warme Kuchen ist mir nicht bekommen. Danach fühlte ich mich wohler. Jetzt waren wir mitten in der Stadt, in Kopesk. Hier gab es sogar Bürgersteige, etwa 30 Zentimeter höher als die Straße. Sie waren aus purem Holz, sauber vom Schnee gereinigt. Stolz zeigte mir Marussia ein einstöckiges Steinhaus, geschmückt mit etlichen roten Fahnen und einem übergroßen Stalin aus Gips. „Unser Kulturzentrum", erklärte sie. „Voriges Jahr war sogar das Bolschoi-Theater bei uns zu Gast." Ich konnte mir nichts darunter vorstellen. Wie sollte ich auch? Über die russische Kultur wusste ich rein gar nichts. In der Schule hatten wir nur von den russischen Untermenschen gehört, gegen die wir den Krieg führten.

Die meisten Häuser dieser Stadt waren aus Holz. Viele waren baufällig, andere sahen gepflegt aus. Sogar ein Kino gab es. Jede zweite Woche würde der Film gewechselt, berichtete Marussia. Sie versäumte nie einen neuen Film. Wir kamen an der Poliklinik vorbei, einem zweistöckiges Gebäude aus Stein.

„Alles Spezialisten, vom Chirurgen angefangen bis zum Zahnarzt", sagte Marussia, und ich bemerkte, wie stolz sie auf ihre Stadt war. Endlich kamen wir in der Apotheke an. Eine langgestreckte Holzbaracke, von außen verkommen, innen alles primitiv, doch sehr sauber. Fast eine halbe Stunde mussten wir warten, bis unsere Pakete mit den Medikamenten verpackt waren. Die beiden Apothekerinnen waren zu mir sehr freundlich. Die eine konnte sogar einige deutsche Wörter, worüber ich sehr erstaunt war. Sie wollte von mir wissen, wie das Leben in Deutschland sei, ob wir auch staatliche Apotheken besäßen, wie die Mode jetzt sei, ob es stimme, dass es bei uns kussechte Lippenstifte gäbe, und vieles mehr. Woher sollte ich wissen, ob die Lippenstifte kussecht waren? Ich hatte ja nie einen besessen. „Ein deutsches Mädchen schminkt sich nicht", Ausspruch von Hitler. Oder wie die Mode jetzt in der Heimat war, das interessierte mich nicht besonders. Ich war doch schon mehr als ein Jahr von zu Hause fort, ich wusste vom heutigen Deutschland überhaupt nichts. Viel wichtiger war für mich die Frage: Hatte meine Mutter genug zu essen? Essen war überhaupt das Wichtigste in meinem jetzigen Leben. Im ganzen Lager gab es nur ein Thema: Essen. Jeder malte sich aus, was er essen würde, wenn er wieder zu Hause war.

Ich bestätigte der netten Apothekerin, dass es selbstverständlich kussechte Lippenstifte in Deutschland gab. Innerlich hoffte ich sehr, dass ich die Wahrheit sagte. Und wenn nicht, sie würde es ja doch nicht nachprüfen können. Marussia und ich hatten schwer an den Paketen zu schleppen. „Was ist da eigentlich drin?", fragte ich neugierig. „Serum." „Schon wieder eine Impfung?" „Natürlich, da kannst du sehen, was Stalin für euch tut, damit ihr gesund bleibt."

Stalin sollte mal für besseres Essen sorgen, dachte ich bitter. Da nützten alle Impfungen nichts, wenn man nicht satt wurde. Langsam kam mir der Verdacht, dass man uns als Versuchskaninchen benutzte. Man testete das Serum an uns aus, ehe es dann allgemein verwendet wurde. Diesen Verdacht wurde ich nie los, er verdichtete sich von Mal zu Mal. Denn bei keiner der vielen Impfungen war eine Ampulle beschriftet gewesen. Trotz bohrender Fragen erfuhr ich nie, gegen was eigentlich geimpft wurde.

Ich hatte die Nase voll von meinem ersten Ausflug in die Freiheit. Ausgehungert, blaugefroren und total erschöpft kam ich im Lager an. Marussia hatte die stundenlange Tour nichts ausgemacht. Lachend und frisch wie am Morgen schäkerte sie mit dem Wachhabenden am Tor.

Impfungen und ihre Folgen

Schon am nächsten Tag begannen die Impfungen. Wieder musste der alte Spirituskocher her, um die Nadeln zu sterilisieren. Wir besaßen jetzt ein stolzes Dutzend davon. Ein großer Fortschritt für uns.

Marussia wurde am nächsten Morgen von Schura abgelöst. Schwester Schura war immer so ernst, nie habe ich sie lachen gesehen. Dr. Kabanowa saß am Tisch und schrieb die Namen in die Listen, zwischendurch untersuchte sie ab und zu einen ambulanten Patienten. Schura und ich impften. Diesmal mussten wir das Serum in den Rücken spritzen. Zwei Tage dauerten die Impfungen, bis das ganze Lager durch war. Am zweiten Tag, kurz vor dem Ende, stand ein großer blonder Junge in der Reihe, der mir auffiel. Ich musterte ihn genauer, er erinnerte mich an jemanden aus vergangenen Zeiten. Erst als er der Ärztin seinen Namen nannte, wusste ich, dass ich mich nicht geirrt hatte.

„Ernst!" Ich verschluckte mich fast vor Freude. Der Junge stutzte und dann erkannte er mich auch. „Hilde!" Im gleichen Augenblick lagen wir uns in den Armen. Ernst war mein Jugendfreund und

Sportkamerad und kam auch aus Beuthen. Jahrelang waren wir im Beuthener Schwimmverein, trainierten fast täglich in unserem Hallenbad und siegten oft bei Wettkämpfen. Was waren das für unbeschwerte, glückliche Zeiten gewesen! Eine Ewigkeit lag dazwischen. „Ich hätte dich fast nicht erkannt. Du hast dich sehr verändert, siehst erwachsener aus", sagte ich zwischen Weinen und Lachen.

„Ich bin ja auch zwei Jahre älter geworden. Komisch, dass ich dich noch nie im Lager getroffen habe, dabei komme ich fast überall rum." Wir hatten uns so viel zu erzählen, das Herz lief uns fast über. Fast jeder Satz begann mit: „Weißt du noch …" Ernst ging es hier im Lager nicht schlecht. Er galt als Spezialist, wohnte mit einem zweiten Spezialisten in einem der kleinen Zimmer, die sich in jeder Baracke befanden.

„Was für ein Spezialist bist du eigentlich?", fragte ich interessiert. „Elektriker!" „Ja aber, ich dachte immer, du wolltest dein Abitur machen und anschließend studieren?" „Abitur habe ich gemacht, im Januar '45, ein so genanntes Notabitur", lachte er, „und studieren werde ich auch, wenn ich wieder daheim bin." „Jetzt versteh' ich gar nichts mehr. Wann bist du denn Elektriker geworden?" „Na hier! Die suchten Spezialisten und da hab ich mich gemeldet. Und ich bin ein guter Elektriker", fügte er stolz hinzu. Sein Vater besaß ein Elektrogeschäft. Ernst hatte schon als kleiner Junge seinem Vater beim Arbeiten zugeschaut. Da er sehr geschickt war und schnell begriff, war die Arbeit hier für ihn ein Kinderspiel. Jedenfalls reparierte er sämtliche Kurzschlüsse auf dem Schacht 42 und hier im Lager, auch außerhalb des Zaunes in den Baracken unserer Bewacher.

Ernst bedeutete für mich ein Stückchen Heimat. Durch ihn erfuhr ich, dass Kusnerows Frau mit dem zweijährigen Sohn hier im Lager lebte. Das heißt, die Familie wohnte in einer der Baracken außerhalb des Zaunes. Als ich das Tante Ida erzählte, meinte sie, das wäre nicht so gut. „Wenn er seine Familie hier nach Sibirien nachkommen lässt, dann bedeutet das, dass er sich für eine längere Zeit hier einrichtet. Weißt du, was das für uns heißt?" Ich nickte betroffen. „Man wird uns hier festhalten." „Genau." Unsere Hoffnung hatte wieder einmal einen Knacks bekommen.

Drei Tage nach der letzten Impfung kam der erste Patient mit einem beginnenden Abszess an der Einstichstelle. Ausgerechnet unseren deutschen Lagerleiter Helmut musste das erwischen, und ich hatte ihn geimpft. „Du hast vielleicht Murks gemacht. Schau dir das an!" Ich kriegte einen Schreck, als ich die faustgroße, rot entzündete Schwellung sah. So etwas war mir noch nie passiert.

Dr. Kabanowa sagte nichts, doch ich merkte, dass sie böse war. Helmut bekam ein Pflaster mit Ichthyolsalbe und Bettruhe verordnet. Er war sauer auf mich, grüßte noch nicht einmal, als er ging. Als die Sprechstunde drei Stunden später beendet war, hatten wir genau achtzehn Patienten mit solch einem Abszess. In der Abendsprechstunde waren es nochmals 23. Das ging wirklich nicht mit rechten Dingen zu. Mein Verdacht war also doch richtig, wir waren für die Russen nur die Versuchskaninchen, man testete das Serum an uns. Von der Ärztin war ich enttäuscht. Ich hätte ihr nie zugetraut, dass sie dabei mitmachte. Doch ich sollte mich irren. Nach der Sprechstunde befahl sie Schwester Schura, den Lagerkommandanten und den Kommissar in die Ambulanz zu holen.

Dass wir jetzt einen Kommissar im Lager hatten, hatte ich schon gehört. Doch gesehen hatte ich ihn noch nicht. Ich wusste auch nicht, welche Funktion er ausübte. Die Ärztin lief wie ein gereizter Tiger hin und her, bis die hohen Herren endlich kamen. Ich verdrückte mich heimlich in den Flur. Schwester Schura wagte sich auch nicht hinein, blieb draußen bei mir stehen. „Ist das der neue Kommissar?", fragte ich sie. „So neu ist der nicht mehr. Er ist damals mit Dr. Kabanowa zusammen aus Moskau gekommen. Die beiden leben zusammen." Ich hatte ihn nur ganz kurz gesehen, aber mir schien er bedeutend jünger zu sein als die Ärztin. Wir schielten ängstlich nach der Ambulanztür, hörten aber nur leises Gemurmel. Die Ärztin schien erst tüchtig Luft zu holen, denn urplötzlich brach das von uns erwartete Gewitter los. Sie fühle sich von der Lagerleitung hereingelegt, und so lange sie hier als verantwortlicher Arzt das Sagen hätte, käme keine Impfung mehr in Frage. So jedenfalls verstand ich das als unfreiwilliger Lauscher. Ich hatte richtig gehört, denn tatsächlich gab es im Lager keine Impfungen mehr. Dafür hatten wir an der letzten Impfung genug zu leiden. Am nächsten Morgen riss der Strom der Erkrankten nicht ab. Nach drei weiteren Tagen war das halbe Lager erkrankt. Die Schwestern mussten fast täglich zur Apotheke in die Stadt, um neues Verbandszeug zu holen. Die Ärztin stand von morgens bis abends in der Ambulanz, schnitt die reifen Abszesse auf, wühlte praktisch im Eiter. Vor lauter Abszessen verpasste ich meinen 20. Geburtstag. Erst acht Tage später fiel mir das auf. Doch was sollte es, Hauptsache, ich lebte. Jedenfalls war ich diesmal davongekommen, man hatte vergessen, mich zu impfen.

Die Kohle wurde im Lager knapp, denn nur wenige gingen noch zur Arbeit. Doch Gott hatte ein Einsehen mit uns, über Nacht setzte die Schneeschmelze ein. Jetzt wusste ich auch, warum in der Stadt die Bürgersteige mindestens 30 Zentimeter höher lagen als die Straße. Die ungepflasterten Straßen und Wege waren ein einziger Morast. Im Lager war das nicht anders. Ich verlor einen meiner Schuhe im Schlamm, als ich auf dem Weg zur Küche war. Trotz verzweifelter Suche blieb mein Schuh verschwunden.

Nach einer Woche, als der Spuk zu Ende war, fand ich ihn wieder. Mein Gott, was war ich glücklich, dass ich meinen Schuh wieder hatte! Die Ambulanz sah vielleicht aus! Obwohl alle die Schuhe im Vorraum auszogen und barfuß hineinkamen, musste ich den Dreck hinterher mit der Schippe abkratzen. Und dann hatten wir plötzlich wieder Sommer.

Alltag in der Ambulanz

Jetzt konnte ich schon ohne Turban gehen, ich hatte den tollsten Herrenschnitt. Trudi hatte Geschick im Frisieren, sie legte mir jeden Tag die schönsten Wasserwellen. Meine Frisur machte im Lager sogar Mode, jede wollte wie ich die Haare tragen.

An einem Nachmittag, kurz vor der Abendsprechstunde, kam die Ärztin früher als sonst in die Ambulanz. Sie befahl mir, mit ihr mitzugehen. Sie führte mich aus dem Lager heraus in ihre Wohnung. Man hatte die großen Säle in kleine Zimmer umgebaut. Unsere Ärztin bewohnte mit ihrem Mann zwei dieser Räume. Die waren spartanisch möbliert, aber irgendwie wirkten sie gemütlich. Wahrscheinlich wegen der Mullgardinen, die vor den Scheiben hingen. Jetzt lernte ich auch ihren Mann, den Kommissar, kennen.

„Das ist Gilda", stellte mich die Ärztin vor. Ihr Mann begrüßte mich in meiner Muttersprache ohne Akzent, reichte mir sogar die Hand. Vor Verlegenheit brachte ich kein Wort heraus. Warum sprach der so gut deutsch? War er vielleicht sogar Deutscher? Als könne er Gedanken lesen, erwiderte er: „Auch in unserem Land gibt es gute Schulen. Goethe und Schiller sind für uns ein Begriff. Kannst du mir vielleicht einen von unseren großen russischen Schriftstellern nennen?" Mir fiel nichts ein. In der Schule hatten wir über russische Literaten nie gesprochen. Errötend schüttelte ich den Kopf. „Siehst du, das habe ich mir gedacht. So überlegen ist eure deutsche Kultur nicht, wie ihr immer alle behauptet. Auch wir haben große Männer hervorgebracht, nicht nur ihr Deutsche."

Die Ärztin unterbrach unser Gespräch, denn sie verstand kein Wort deutsch. Sie drückte mir ein großes Paket in die Hand, das ich zur Ambulanz tragen sollte. Es waren verschiedene Medikamente drin, die sie selbst am Nachmittag aus der Apotheke geholt hatte. Sie nahm auch ein Paket, das war sogar noch etwas größer. Gleich neben der Barackentür war ein Fenster, das ich beim Hinweg nicht beachtet hatte. Ich blieb wie angewurzelt jetzt davor stehen, ich konnte nicht glauben, was ich sah. Das Fensterbrett war voll von den schönsten, dunkelroten Geranien. Nie im Leben habe ich solch herrliche, großblumige Geranien gesehen. „Sind die schön!"

Plötzlich tauchte eine junge, blonde Frau am Fenster auf. Die Ärztin blieb neben mir stehen und winkte die Frau heran. Die beiden flüsterten miteinander, die junge Frau verschwand wieder. Kurz darauf kam sie mit einem Ableger heraus und schenkte ihn mir. Ich bedankte mich überschwenglich. Die Ärztin sah meine Freude und strahlte mit mir. Ich erfuhr, dass das die Frau von Kusnerow war.

In einem Anbau der Banja befand sich die Heizung. Sie war Tag und Nacht in Betrieb, sodass immer genug heißes Wasser da war. Die Heizung versorgte ein älterer Mann. Er war mit seinen 56 Jahren der Älteste im ganzen Lager. Alle nannten ihn Onkel Hans. Ich hatte ihn durch Trudi kennen gelernt und mochte ihn auf Anhieb. Onkel Hans bastelte mir aus Holz einen tollen Blumenkübel für meinen Ableger. Erde gab es genug im Lager.

Nun konnte ich täglich beobachten, wie die Pflanze größer und größer wurde. Tagsüber stellte ich sie vor unsere Barackentür auf die oberste Stufe, nachts holte ich sie rein. Es dauerte nicht lange, da zeigten sich die ersten Knospen. Jeder, der zur Banja ging oder zur Ambulanz kam, blieb stehen und bewunderte meine herrliche Geranie. Es war ja auch wie ein kleines Wunder, denn in unserem Lager gab es keine Blumen oder Bäume, sondern nur Gras. In vielen von uns weckte die Pflanze Erinnerungen, Sehnsucht und Heimweh.

Eine Parole lief wieder im Lager um. Es hieß, dass ein Transport nach der Heimat gehen würde. Überall in den Baracken pendelten Eheringe an einem Faden hin und her. Bin ich dabei? Muss ich hier bleiben? Der Ring wurde befragt, pendelte er von links nach rechts, war man dabei. Schwang er von vorn nach hinten, musste man dableiben. Es war wie eine Massensucht, man glaubte fest daran. Komischerweise pendelte der Ring bei den meisten von links nach rechts. Also fuhren wir gemeinsam nach Hause.

Die Hoffnung stärkte uns wieder, gab uns neuen Lebensmut. Wenn ich Sascha irgendwo im Lager begegnete, fragte ich ihn jedes Mal, ob er von einem Transport wüsste. Und jedes Mal bekam ich die gleiche Antwort von ihm: „Vielleicht bald!" Mehr erfuhr ich nicht. Unsere Ärztin zuckte nur mit den Achseln. „Kann sein, kann nicht sein. Weiß der Teufel!" Keine genaue Auskunft, aber die bekam man ja von den Russen nie. Doch man hoffte und hoffte, man klammerte sich förmlich daran. Jede kleinste Veränderung im Lager wurde wahrgenommen und mit einem Transport in Verbindung gebracht. Ohne Hoffnung wären wir schon alle tot.

Inzwischen riss der Strom zur Ambulanz nicht ab. Die Furunkulose behandelten wir jetzt mit Eigenblut. Zehn Kubikzentimeter Blut wurden aus der Armvene gezapft und in den Rücken gespritzt. Jeden zweiten Tag wurde die Prozedur wiederholt. Tatsächlich stellten sich mit der Zeit die ersten Erfolge ein. So nach und nach verschwand die Furunkulose aus dem Lager, doch dafür mehrten sich die TBC-Kranken. Wer noch vor wenigen Wochen Untertage schwer geschuftet hatte, war heute mit dem typischen Husten, erhöhter Temperatur, Nachtschweiß und Gewichtsverlust im Lazarett.

Die Ärztin fühlte sich hilflos. Bestimmt dachte sie das Gleiche wie ich, sagte es aber nicht. Uns fehlten besseres Essen, etwas Fleisch, Fett, Eiweiß und Vitamine. Monat für Monat bekamen wir die gleiche Kost, zum Leben zu wenig und zum Sterben zuviel. Auch die Malariakranken schüttelte es wieder. Gott sei Dank besaßen wir genügend Chinin, damit konnten wir etwas helfen. Ein bis zwei Tote, manchmal auch mehr, hatten wir immer noch Woche für Woche. Mal starb ein TBC-Kranker, mal versagten die Nieren oder die Leber oder es starb jemand mit einem schweren Herzfehler. Geschwollene Füße und oft auch Bauchwassersucht hatten die meisten, bevor sie starben. Gott sei Dank hatten die Ruhr und auch der Typhus aufgehört. Diese Epidemie hatten wir besiegt.

Nun hatten wir die ersten Schwangeren in unserem Lager. Beide Mädchen hatten ein Verhältnis mit Russen angefangen. Die eine außerhalb des Lagers im Bergwerk, die andere mit einem Wachhabenden, der Iwan hieß und immer betrunken war. Jetzt im Sommer lief er noch immer mit seinem Schafswollmantel, der ihm bis an die Knöchel reichte, herum. Er sah ungepflegt und verkommen aus, wechselte nie seine Kleidung. Trudi hatte ihn noch nie in der Banja gesehen. Ich machte immer einen großen Bogen um ihn, weil ich ihn fürchtete. In seiner Trunkenheit war Iwan unberechenbar.

Ausgerechnet mit diesem schmutzigen Kerl hatte sich Gerda eingelassen. Wir konnten das alle nicht verstehen. Dabei war Gerda ein hübsches Mädchen von 22 Jahren, und sie liebte diesen Trunkenbold wirklich. Den Russen war es streng verboten, sich mit deutschen Frauen einzulassen. Doch über Iwans Verhältnis mit der Deutschen lachten die Russen, sie nahmen ihn nicht für voll.

Gerda war schon im fünften Monat, als die Ärztin es bei der monatlichen Reihenuntersuchung feststellte. Iwan bekam eine saftige Abreibung von ihr. Hinterher kippte er eine Literflasche Wodka in sich hinein und blieb besinnungslos neben dem

Leichenkeller liegen. „Man müsste den verdammten Analphabeten da unten einsperren", meinte unsere Ärztin wütend. Im Leichenkeller lagen zur Zeit zwei Tote.

Iwan konnte tatsächlich weder lesen noch schreiben. Da er nicht zur Roten Armee gehörte und nur Zivilist war, sah man großzügig über seine Eskapaden hinweg. Er hatte Narrenfreiheit.

Jede freie Minute suchten Trudi, Tante Ida und ich auf den freien Grasflächen zwischen den Barackenzeilen nach Löwenzahnblättern und jungen Brennesseln. Das Grünfutter wurde dann kleingehackt und in die Suppe getan. „Wir brauchen das", sagte Tante Ida, „sonst fallen uns unsere Zähne raus." Auch die anderen kamen auf die Idee, das Grünzeug zu sammeln und so wurde es knapp. Wenige Tage später konnte man viel eher ein vierblättriges Kleeblatt draußen finden, doch kaum ein einziges Blättchen Löwenzahn. Aus war es mit den schönen Vitaminen.

Über Nacht bekam ich auf beiden Händen Warzen. Ich war entsetzt, denn es sah verboten aus. Was sollte ich nur tun? Wie kriegte ich die hässlichen Dinger bloß wieder weg? Tante Ida wusste wie immer Rat. „Du zählst die Warzen und bindest die gleiche Anzahl Knoten in einen Zwirnsfaden. Bei Vollmond, genau um Mitternacht, vergräbst du den Faden dann in die Erde. Du wirst sehen, sobald der Faden verfault, bist du deine Warzen los. Du musst nur ganz fest daran glauben." Gesagt, getan. Jeden Abend schaute ich nach dem Mond. Dann war es endlich so weit. Ein Vollmond, so richtig für Verliebte, funkelte mir entgegen. Die genaue Uhrzeit hatte ich nicht, doch ungefähr konnte ich Mitternacht abschätzen. Tante Ida und Trudi begleiteten mich nach draußen. Mit klopfendem Herzen vergrub ich den Faden mit den einunddreißig Knoten und war ehrlich überzeugt davon, dass diese Prozedur helfen würde. Sechs Wochen später war ich meine Warzen über Nacht los. Es klingt wie Hokuspokus, doch ich glaube noch heute daran.

Der Sommer hatte kaum begonnen, da war er schon wieder vorbei. Es regnete ununterbrochen, die Nächte waren schon bitterkalt. Wenn kein Wunder geschah, stand uns wieder ein unendlich langer, eisig kalter Winter bevor.

Anfang Oktober ging dann doch ein Transport Richtung Heimat. Erst unmittelbar davor erfuhren wir davon. Man wollte im Lager eine Panik vermeiden. Ungefähr 200 Glückliche waren dabei. Aber waren sie wirklich glücklich? Chronisch krank, abgemagert bis auf die Knochen, bedauernswerte Menschen, die kaum eine Überlebenschance hatten. Sollte ich sie beneiden oder bedauern?

Trotz allem, jeder einzelne von uns wäre gern dabei gewesen. Die beiden einzigen gesunden Frauen, die mit dem Transport mitfuhren, waren die werdenden Mütter. Unsere Ärztin begleitete den Transport nach Deutschland. Ich weinte hemmungslos, als sie sich von mir verabschiedete. Würde es ihr genauso ergehen wie Dr. Rosenbaum? Tante Ida, der ich von meinen Ängsten erzählte, schüttelte nur mit dem Kopf. „Du bist verrückt, Hilde, so etwas passiert Dr. Kabanowa nicht. Die setzt sich auch gegen den Teufel durch, aber das brauch' ich dir nicht erst zu sagen. Auch wenn alle unterwegs draufgehen, die bringt es fertig und klagt sogar den Kreml an."

„Aber Dr. Rosenbaum ..." Tante Ida unterbrach mich. „Du vergisst ganz, dass Dr. Rosenbaum Jude war. Nicht nur die Nazis waren Judengegner, die Russen sind es auch. Dr. Rosenbaum ist der beste Beweis. Der arme Mann hatte doch gar keine Chance." Nur wenig getröstet ging ich in meine Baracke. Wieder war ich um eine Hoffnung ärmer. Wer wusste schon, wann der nächste Transport in die Heimat gehen würde? Vielleicht in einem Jahr oder zweien ... Ich durfte nicht daran denken. Ein Jahr konnte so lang sein, so unendlich lang. Die Ungewissheit ist eine grausame Bürde, ein schweres Los, man kann daran zerbrechen.

So niedergeschlagen wie in den folgenden Tagen war ich schon lange nicht mehr. Nachts heulte ich in die Decke, starb fast an Heimweh. Trudi, die neben mir lag und mich hörte, heulte mit. „Ich möchte lieber sterben, als noch ein ganzes Jahr hier bleiben", schluchzte ich verzweifelt und fühlte mich so elend und allein. Der Regen, der schon tagelang das Lager überschwemmte, trug sicherlich zu meiner depressiven Stimmung bei.

Das Lazarett war auch wieder voll. Fast alles Fieberkranke mit Grippe, Lungenentzündung, Nierenbeckenentzündung usw. Einen Ersatz für unsere Ärztin bekamen wir nicht. Die jeweils diensthabende Schwester war berechtigt, für einen Tag krank zu schreiben oder bei längerer Krankheitsdauer den Patienten ins Lazarett zu legen. Kusnerow war wie ein Teufel hinter jedem Kranken her, 38 °C mussten es mindestens sein, bei 37,9 blieb er arbeitsfähig. Dass morgens das Fieber meistens niedriger als am Abend war, das konnte man ihm nicht klarmachen.

Wäre doch bloß unsere Ärztin wieder hier! Ich weiß nicht, wie oft ich diesen Seufzer ausgestoßen habe, bis es mich selbst erwischte. Diesmal war es anders als bei der Lungenentzündung, viel schmerzhafter. Ich vermutete eine Rippenfellentzündung, eine genaue Diagnose gab es nicht, denn wir waren ja ohne Arzt. Im Lazarett war kein Platz mehr frei, alles war überbelegt. Kurzerhand schob Schwester Marussia den kleinen Tisch, der direkt an der Tür stand, unter das Fenster und schob meine eigene Pritsche auf den leeren Platz. Da lag ich nun und wollte wieder einmal sterben. Was hatte ich damals meiner Mutter auf den Zettel mit dem 20-Reichmark-Schein geschrieben? Unkraut vergeht nicht!

Nach drei Wochen war ich fieberfrei, ich erholte mich wieder. Jeden Tag bekam ich von einer der Schwestern Gläser auf meinen Rücken gesetzt. Der Rücken wurde mit Vaseline eingefettet, dann nahm man einen Spatel, umwickelte den mit Watte und tauchte ihn in Spiritus, zündete ihn an. Die Flamme wurde kurz unter das kleine, runde Glas gehalten und schnell auf den Rücken gedrückt. Dort saugte sich das Glas in die Haut fest und blieb eine halbe Stunde liegen. Für den ganzen Rücken brauchte man etwa zwanzig solcher Gläser.

Ich lag wieder mal auf dem Bauch, als eine Stimme neben meiner Pritsche auf russisch sagte: „Gilda, was machst du bloß für Dummheiten!" Ich schnellte herum, vergaß ganz die Gläser auf meinem Rücken. Wir hatten unsere Ärztin nach sieben Wochen Abwesenheit wieder. Tagelang erzählte sie uns von Deutschland. Frankfurt an der Oder hatte es ihr besonders angetan. Es war ihre erste Auslandsreise, und für Deutschland hatte sie schon immer eine Schwäche. Stolz packte sie einen großen Karton Ampullen aus. „Habe ich aus Frankfurt mitgebracht. Weißt du, was das ist?" Ich las die Aufschrift: Neo Salvarsan. Das sagte mir nichts, aber gehört hatte ich diesen Namen schon. Ich kam bloß nicht drauf, in welchem Zusammenhang. „Damit helfen wir den Malariakranken", sagte sie, „man spritzt es auch bei Syphilis."

Sie freute sich wie ein Kind zu Weihnachten. Auch eine Menge Hansaplast hatte sie mitgebracht, das sie jetzt stolz präsentierte. Marussia staunte Bauklötze, noch nie im Leben hatte sie Hansaplast gesehen. In Sibirien gab es so etwas nicht. Den größten Schatz, den sie mitgebracht hatte, waren drei Paar Seidenstrümpfe mit schwarzer Naht und ein entzückendes buntes Seidentuch. Gab es so etwas schon wieder in der Heimat zu kaufen? Ich hatte keine Vorstellung vom heutigen Deutschland, von der Nachkriegszeit, von Ostzone und Westzone. Von Politik erzählte die Ärztin nichts. Den Seidenschal legte sie nie mehr ab, ja sie trug ihn sogar auf ihrer Uniform. Ich hatte sie sogar im Verdacht, dass sie ihn sogar über ihr Nachthemd band und damit schlafen ging.

Meine Pritsche stand wieder in der OK-Baracke auf ihrem alten Platz neben Trudis. Rechts auf dem Platz, nur durch einen schmalen Gang getrennt, lag meine zweite Nachbarin Gertrud. Ein schwer nierenkrankes, sehr nettes Mädchen. Sie stammte aus Pommern und war eine Müllerstochter. Ich kannte bereits ihre ganze Familie durch ihre Erzählungen. Sie wusste so viele lustige Sachen zu berichten, ich hörte ihr gerne zu. In den letzten sechs Wochen hatte sich ihre Krankheit verschlechtert. Sie tat mir sehr leid. Trudi bereitete mir auch große Sorgen, sie hatte so einen komischen Husten.

„Muss mich erkältet haben", meinte sie, „wird wieder vergehen." Ich drängte sie, in die Ambulanz zu kommen. „Wenn es dich beruhigt, bin ich morgen da", gab sie nach. Nach der Untersuchung schüttelte die Ärztin nur den Kopf. Sie befahl Schwester Maria, die gerade Dienst hatte, mit Trudi zur Poliklinik zu gehen und eine Röntgenaufnahme zu machen. Am Abend hatten wir dann die Aufnahme. Die ganze rechte Seite war ein schwarzer Schatten, Trudi hatte TBC. „Wär' ich bloß schon vor drei Monaten zur Untersuchung gegangen, dann hätte ich bestimmt mit dem Transport mitfahren können." Sie weinte bitterlich. „Beim nächsten

Transport bist du ganz bestimmt dabei", versuchte ich zu trösten. „Beim nächsten Transport bin ich wieder ganz gesund, du wirst sehen." „Bestimmt", erwiderte ich, doch ich wusste es besser. Wie sollte sie bei dieser Kost gesund werden? In der Banja durfte sie nicht mehr arbeiten. Der Dampf war Gift für sie.

Wieder hatten wir Weihnachten, diesmal hatte ich es nicht vergessen. Trudi und ich bekamen das heulende Elend. Als wir uns genug ausgeheult hatten, erzählten wir uns gegenseitig, wie es Weihnachten bei uns zu Hause gewesen war. „Bei uns gab es immer Karpfen und Sauerkraut am Heiligen Abend. Es ist Tradition in meiner Heimat." „Und bei uns gab es immer Gänsebraten. Heiligabend ohne Gänsebraten kann ich mir nicht vorstellen", sagte Trudi.

Trudi kam aus Ostpreußen, irgendwo bei Allenstein. Wir erzählten und erzählten, bis uns vor Müdigkeit die Augen zufielen. Trudi schlief schon, doch ich konnte und konnte nicht einschlafen. Verzweifelt wälzte ich mich hin und her. Hör auf, ermahnte ich mich. Du darfst dich nicht der Verzweiflung überlassen. Bemüh' dich an etwas Erfreuliches zu denken, zwing' dich dazu, denn es muss sein.

Doch die Ruhe des Gemütes lässt sich nicht erzwingen. Zu Weihnachten wiegt ein Unglück dreifach schwer. Weihnachten hatten wir überstanden. Das neue Jahr begann. Wir hatten jetzt schon 1947. Was würde uns das neue Jahr bringen? Iwan war am

Neujahrstag in seinem Element. Er tanzte und grölte im ganzen Lager, die unvermeidliche Wodkaflasche im Arm. Ob er noch an Gerda dachte? Sein Kind müsste jetzt bald auf die Welt kommen. Wahrscheinlich hatte er Gerda längst vergessen. Spät abends hatten wir dann Iwan als Patienten in der Ambulanz. Schura und ich entfernten ihm die Glassplitter aus seinem Gesicht. Er war im Schnee ausgerutscht und mit dem Gesicht auf seine zersplitterte Wodkaflasche gefallen. Er jammerte erbärmlich, aber nicht wegen seiner Wunden, sondern um seinen schönen Wodka. Sascha trug ihn dann huckepack in seine Behausung.

Kino im Lager

Anfang Februar sollte im Lager eine Kinovorstellung stattfinden. Das ganze Lager sprach davon. Wir konnten es alle kaum erwarten. Mit 14 Tagen Verspätung war es dann soweit. Die Kantine wurde zu diesem Zweck ausgeräumt und die vorhandenen Bänke aufgestellt. Leider bekamen nur sehr wenige einen Sitzplatz, die anderen mussten stehen. Das machte ihnen aber nicht viel aus, Hauptsache, man war dabei. Da das ganze Lager in der Kantine keinen Platz fand, wurde der Film schichtweise vorgeführt. An dem ersten Nachmittag kam die Nachtschicht dran.

Ich hatte dank unserer Ärztin das Glück, bei der ersten Vorführung dabei zu sein. Sogar einen Sitzplatz bekam ich, die Ärztin quetschte mich einfach zwischen das russische Personal. Erwartungsvoll schauten wir auf die Leinwand, gespannt, was da kommen sollte. Und dann haute es mich fast um, als ich den Titel des Filmes las. ,Die Frau meiner Träume' mit Marika Rökk, und das Ganze auch noch in Bunt. Ein Stöhnen ging durch den Raum. Damit hatten wir nicht gerechnet. Wir dachten, dass wir irgend so einen russischen Film zu sehen kriegten, und nun diese Überraschung.

Mucksmäuschenstill war es plötzlich, keiner wagte laut zu atmen, damit ihm ja kein Wort entging. Für die Russen gab es russische Untertitel, da der Film in deutscher Sprache lief. Sascha, der hinter mir saß, stöhnte ab und zu: „Was für eine Frau! Was für eine Frau!" Ich drehte mich nach ihm um und wäre vor Lachen fast geplatzt. Er verdrehte die Augen wie ein verliebter Kater. „Was für eine Frau!"

Ich kannte den Film schon. Er war bei uns zu Weihnachten 1944 im „Intimen Theater" gelaufen. Am zweiten Feiertag hatten meine Mutter und ich uns den Film angesehen. Der erste Buntfilm unseres Lebens und der letzte Film in der Heimat, bevor die Russen einmarschierten. Zwei Stunden hatte ich damals an der Kasse anstehen müssen, bis ich die Kinokarten bekam. Der Film wühlte mich jetzt förmlich auf, so viele Erinnerungen hingen daran. Ich musste mich zusammenreißen, um nicht loszuheulen. Und hinter mir stöhnte Sascha zum Gotterbarmen: „Was für eine Frau!"

Ein Baby im Lager

Trudi arbeitete jetzt im Lazarett mit. Sie putzte, half den Schwerkranken beim Waschen, teilte Essen aus und half überall, wo sie benötigt wurde. Die russischen Schwestern waren von heute auf morgen aus dem Lager verschwunden. Ich war jetzt mit der Ärztin allein. Wir zogen mit der Ambulanz in die Nebenbaracke, im gleichen Flur mit Tante Ida. Das Zimmer, welches durch den Umzug frei wurde, gehörte jetzt Trudi und mir. Doch bald bekamen wir Zuwachs. Rita, ein Mädchen aus der Baracke 41, brachte unter dramatischen Umständen ein Siebenmonatskind zur Welt. Das Baby wurde Untertage im Bergwerk geboren. Kein Mensch hatte geahnt, dass Rita schwanger war. Sogar unserer Ärztin war das entgangen. Auch Rita behauptete, von nichts etwas geahnt zu haben, doch da hatte ich so meine Zweifel, nachdem ich sie näher kennen gelernt habe.

Wer der Vater des Kindes war, erfuhr niemand. „Ich schippte hinter dem Hauer die Kohle auf die Rutsche, da wurde mir plötzlich ganz komisch. Ich hatte das Gefühl, dass irgendetwas aus mir herausdrängte. Ich bekam fürchterliche Bauchschmerzen und da war es auch schon da." „Hast du denn vorher nichts gespürt?", wollte ich wissen. „Nichts, ehrlich. Es war wie immer." Von anderen, die mit ihr zusammen im Stollen waren, erfuhr ich dann Näheres. Rita legte sich plötzlich in dem engen Gang neben die Kohlenrutsche hin und stöhnte fürchterlich. „Das Kind kommt! Das Kind kommt!" Sie riss sich die Hose runter, die voller Blut war. Das Köpfchen war schon draußen und Sekunden später das ganze Baby.

Jemand stellte geistesgegenwärtig die Rutsche ab. Mit der Axt wurde dann die Nabelschnur von einer Russin durchtrennt, die als Mutter von zwei Kindern damit Erfahrung hatte. Mit dem Gummiband aus Ritas Schlüpfer wurde das Ganze abgebunden. Unsere Leute standen hilflos daneben, wussten nicht, wie sie helfen sollten. Einer lief zum Telefon und bat um Hilfe von oben. Rita wurde dann mit einer Trage rausgeholt und mit dem Fahrstuhl nach oben gebracht. Sie landete samt ihrem Baby bei uns im Lazarett. Da das neugeborene Kindchen sehr schwach war, legte es die Ärztin in unser Zimmer. Dort war es wärmer als in dem riesigen Krankensaal. Unser Baby, ein kleiner Junge, hatte jetzt drei Mütter. Ich besorgte jede Menge Mull aus der Ambulanz und wir legten es abwechselnd trocken. Drei Wochen nur überlebte der kleine Robert, dann war er tot. Das ganze Lazarett trauerte. Rita erholte sich als Erste von ihrem Verlust, lachte wieder und erzählte unanständige Witze. Davon hatte sie eine Menge auf Vorrat. Trudi und ich waren froh, als sie wieder in ihre Baracke musste.

Helmut

Neuerdings kam Helmut oft vor oder nach der Sprechstunde auf einen kurzen Sprung in die Ambulanz. Er erzählte mir den neuesten Lagerklatsch, wir lachten viel zusammen. Komisch, mein Herz klopfte dann jedes Mal so laut, dass ich es bis in die Fingerspitzen fühlte. Was war eigentlich mit mir los? So ein Gefühl, es tat manchmal richtig weh, hatte ich noch nie kennen gelernt. Nach drei Wochen wusste ich es: Ich war bis über beide Ohren in Helmut verliebt. Meine erste große Liebe, ausgerechnet hier in Sibirien. Eine Woche vor meinem 21. Geburtstag küssten wir uns zum ersten Mal. „Hilde, ich möchte, dass wir für immer zusammenbleiben. Ewig können sie uns hier nicht festhalten. Eines Tages kommen wir nach Hause, und dann heiraten wir. Damit du siehst, wie ernst es mir damit ist, werden wir uns zu deinem Geburtstag verloben."

Ich war sprachlos vor lauter Glück. Eine richtige Verlobung, so etwas gab es noch nie im Lager. Na ja, ein Lagerleiter hatte ja auch ganz andere Privilegien als ein normaler Sterblicher. Ich war richtig stolz darauf, dass Helmut mich liebte. Er hätte ja jedes andere Mädchen haben können. Ich wusste, dass mindestens ein ganzes Dutzend nach ihm verrückt war. Ich kostete mein Glück richtig aus, verriet weder Trudi noch Tante Ida etwas. Die würden es noch früh genug erfahren.

Wenige Tage später überstürzten sich die Ereignisse. Unsere Ärztin teilte mir mit, dass sie morgen schon das Lager verlassen würde. Sie war Offizier der russischen Armee und hatte einen neuen Marschbefehl bekommen. Der Kommissar verließ mit ihr das Lager. Ich weinte bitterlich bei dieser

Nachricht, denn ich hatte die Ärztin lieb gewonnen. Sie war so ein guter Mensch. Ich spürte, dass ihr der Abschied auch schwer fiel. Sie wünschte mir alles Gute für die Zukunft, drehte sich abrupt herum und verließ mit erhobenen Kopf die Ambulanz. Ich sollte ihre Tränen nicht sehen, denn ein russischer Offizier weint nicht. Schneller als erwartet überwand ich meinen Kummer, denn ich war ja frisch verliebt und Verliebte haben glücklich zu sein.

Schon am nächsten Tag bekamen wir eine neue Ärztin. Eine junge Frau, die mit ihrer Familie in Kopesk wohnte. Sie kam frisch von der Universität. Dieses Lager war ihre erste Stellung. Während der Sprechstunde wirkte sie sehr hilflos, tapfer versuchte sie, das zu überspielen. Sie war vollgestopft mit Theorie, ihr fehlte eben die Erfahrung. Da ich bei Dr. Kabanowa sehr viel gelernt hatte und die Patienten alle gut kannte, half ich ihr nach besten Kräften. Es klappte eigentlich ganz gut.

Dann kam mein Geburtstag, der 16. Juni. Ich wurde 21 und damit volljährig. Früher in meiner Jugend war es nicht anders als heute. Was wollte man nicht alles unternehmen, wenn man erst einmal volljährig war! Man konnte jetzt selber alles planen und bestimmen, ohne auf die Erlaubnis der Eltern zu warten. Was hatte man für hochfliegende Pläne für die Zukunft! Ein wundervolles Gefühl für einen jungen Menschen. Leider hatten in der Gefangenschaft diese herrlichen Gefühle keinen Platz. Man durfte nicht tun und lassen, was man wollte. Man hatte zu gehorchen, und wenn man getreten wurde, durfte man sich nicht wehren, man hatte still zu halten.

Am Abend meines Geburtstages überraschte mich Helmut mit einer Extraration aus der Küche. Tante Ida, Trudi, mein Jugendfreund Ernst und Onkel Hans aus der Banja waren meine Gäste. Helmut hatte niemanden, er besaß nicht einen einzigen Freund. Es wurde alles sehr feierlich. Nach dem Essen hielt Onkel Hans eine gefühlvolle Rede. Danach steckte mir Helmut den Verlobungsring an den Finger. Der Verlobungskuss durfte natürlich nicht fehlen. Nun waren wir verlobt, so richtig mit Ringen aus Messing und eingravierten Namen. Für ein Stück Brot und gute Beziehungen war im Lager alles möglich. Es gab genug Facharbeiter mit allen möglichen Fähigkeiten. Nur die Blumen fehlten, die gab es um diese Jahreszeit noch nicht. Sogar eine Musikkapelle spielte auf. Mit Kämmen und selbstgebastelten Instrumenten bekamen wir ein Ständchen. Gott, was war ich glücklich!

Die neue Ärztin seziert Tote

Mit der neuen Ärztin gab es überhaupt keine Probleme. Ja, ich hatte das unbestimmte Gefühl, dass sie die Sprechstunden langweilten. Das sollte sich aber ändern, als es den ersten Toten für sie gab. Sie wirkte plötzlich richtig aufgekratzt. Sie blieb nach der Vormittagssprechstunde in der Ambulanz, was ich sehr ungewöhnlich fand. Sonst konnte sie nicht schnell genug aus dem Lager rauskommen. Mir befahl sie, nach dem Mittagessen sofort zurückzukommen. Als ich nach etwa einer halben Stunde die Ambulanztür öffnen wollte, war sie von innen verriegelt. „Wer ist da?", hörte ich sie rufen. Ich gab mich zu erkennen. Sie öffnete die Tür einen Spalt und zog mich schnell hinein. Hinter meinem Rücken schnappte der Riegel zu. Vor mir auf einer Pritsche lag die Leiche des Mannes, der heute in den frühen Morgenstunden gestorben war. „Was soll das?", fragte ich befremdet. „Wir werden sezieren", erwiderte sie kurz. Oh Gott, mir drehte sich der Magen um. „Ich kann das nicht, mir wird schlecht." Ich wollte hier raus und zwar sofort. „Unsinn, du bleibst da. Oder soll ich dem Kommandanten melden, dass du nicht fähig bist?" Das war eine glatte Erpressung. Ich hatte keine andere Wahl, als zu bleiben. Mit dem gleichen Skalpell, mit dem in der Ambulanz gearbeitet wurde, wir besaßen ja nur dieses eine, schnitt sie jetzt vom Hals bis zum Unterbauch den Toten auf. Ich wunderte mich, dass kein Blut spritzte. Jetzt glaubte ich jeden Augenblick ohnmächtig zu werden. Mit einer wahren Wollust schnippelte sie an den Organen herum. Ich selbst verstand überhaupt nichts davon. Doch jeder Laie hätte gemerkt, dass die Ärztin nicht fachmännisch vorging. Triumphierend zeigte sie mir das Herz. Es war doppelt so groß oder doch größer als normal. „Jetzt wissen wir, woran der Mann gestorben ist." Das wusste ich auch vorher, denn er war schon lange bei Dr. Kabanowa wegen seines

Herzens in Behandlung. Sie legte alle Organe wieder rein und verlangte von mir, dass ich ihn zunähte. Ich konnte es nicht, wortlos tat sie es dann selbst.

Die Leiche wurde dann mit einem Laken zugedeckt und mitsamt der Pritsche von zwei Männern in den Leichenkeller geschafft. Dass die Verstorbenen jetzt nicht mehr im Leichenkeller auf dem Boden lagen, hatten wir auch Dr. Kabanowa zu verdanken. „Was hier in der Ambulanz geschieht, geht keinen Außenstehenden etwas an. Hast du mich verstanden? Es dient alles zum Zwecke der Wissenschaft und untersteht der Schweigepflicht." Nachts quälten mich schreckliche Träume. Ich war fest davon überzeugt, dass die Ärztin nicht ganz normal war.

Die neue Kommissarin will mich als Spitzel

Wir hatten jetzt auch einen neuen Kommissar im Lager, vielmehr eine Kommissarin. Sie wurde von allen die schöne Tamara genannt. Ich kannte sie bereits, denn nach ihrer Ankunft besichtigte sie das ganze Lager, unter anderem auch das Lazarett und die Ambulanz. Sie sprach genauso perfekt deutsch wie ihr Vorgänger, nur bei ihr klang es etwas härter. Helmut kam an einem Nachmittag ins Lazarett. „Du sollst sofort zu Tamara ins Büro kommen." „Ich? Was will die von mir?" „Weiß ich nicht. Mach' schnell, die wird sonst ungeduldig." Das Büro befand sich in unserer früheren ersten Ambulanz, in der Mitte des Lagers. Tamara begrüßte mich freundlich. Sie erkundigte sich nach meinen Personalien, verglich meine Aussage mit ihrer Liste, ob auch alles stimmte, und dann kam sie endlich zum Kern der Sache. Sie wäre aus Moskau zu uns gekommen, und ihre Aufgabe wäre, für Sicherheit, Ruhe und Ordnung zu sorgen. Sie brauchte zuverlässige Leute, die sie in ihrer Arbeit unterstützten, und sie hätte mich dazu ausgewählt. Vor allen Dingen hätte ich über unsere Unterhaltung hier gegenüber jedermann zu schweigen. Sollte ich auch nur die kleinste Bemerkung fallen lassen, sie würde es jedenfalls sofort erfahren. „Merk dir das, der Verräter schläft nie." Ich nickte. Und dann wurde sie deutlicher, ich erfuhr, dass ich für sie spionieren sollte. Jede Äußerung meiner Kameraden sollte ich ihr melden, sei es über das Essen, die Arbeit oder die Lagerleitung. Vor allem wäre es meine besondere Pflicht, jeden Simulanten zu melden. „Sperre Augen und Ohren auf, damit dir nichts entgeht!"

Ich war wie vor den Kopf geschlagen. Meine Kameraden sollte ich verraten, sollte sie dieser falschen Schlange ausliefern? Nein, ohne mich. Für mich jedenfalls war diese unselige Unterhaltung beendet. Aber nicht für Tamara. „Jetzt nennst du mir alle Namen von Simulanten, die bis zum heutigen Tag in die Ambulanz kamen." „Tut mir leid, die Leute, die in die Sprechstunde kommen, sind wirklich krank." „Du musst besser aufpassen, einer ist immer dabei. Du weißt jetzt Bescheid. Ich verlange sofortige Meldung von dir."

Ich durfte gehen. Wie betäubt verließ ich Tamaras Büro. So war das also. Jetzt wusste ich, was für eine Funktion ein Kommissar aus Moskau hatte. Sicherlich hatte Dr. Kabanowas Lebensgefährte die gleiche Funktion ausgeübt. Doch damals stand ich unter dem Schutz der Ärztin, und deshalb hatte er mich in Ruhe gelassen. Das Schlimmste war, dass ich mich niemandem anvertrauen durfte. Im Vorraum begegnete ich Erika aus der Küche, die zu Tamara wollte. Ich war so in Gedanken versunken, dass ich nicht besonders darauf achtete. Es war ein Fehler. Unterwegs lief mir Helmut in die Arme. „Was wollte die Tamara von dir?" Ich sah ihm voll in die Augen. Sollte er vielleicht auch? Ich begann unsicher zu werden, zu zweifeln. Das Gift, welches die Tamara verspritzte, begann zu wirken. „Ach, nichts Besonderes", sagte ich leichthin, „sie fragte nur, wieviel Kranke zur Zeit im Lazarett liegen." Es war keine Lüge, Tamara hatte wirklich danach gefragt. Ich sah, wie Helmut erleichtert aufatmete. Oder hatte ich mir das auch nur eingebildet?

Eine Woche war vergangen, und Tamara hatte mich nicht rufen lassen. Ich wiegte mich wieder in Sicherheit, nahm das alles nicht mehr so ernst, vergaß es. Inzwischen hatte die neue Ärztin die zweite Leiche zerstückelt und mich gezwungen, dabei zu sein. Ich brauchte Tage, um mich davon zu erholen.

An einem Spätnachmittag kam ein junger Mann zu mir ins Lazarett, und er bestand darauf, dass ich ihm in der Ambulanz Fieber messen sollte. Ich sah mit einem Blick, dass irgendetwas nicht stimmte. Fieber hatte der bestimmt nicht, das erkannte ich sofort. Er war einer der wenigen, die gut genährt und wirklich gesund waren. Ich tat ihm den Gefallen und ging mit ihm herüber. „Du bist doch nicht wirklich krank, Peter. Was soll das Ganze?" Er druckste ein bisschen herum, wusste nicht, wie er anfangen sollte. Dann gab er sich sichtlich einen Ruck. „Kann ich dir vertrauen, Hilde?" Ich nickte. „Also gut, ich brauch' deine Hilfe." „Ja?" „Ich hau' hier ab. Ich habe alles bereits vorbereitet, heute Nacht geht es los." „Allein?" „Klar. Mit zwei oder drei Mann fällt das nur auf." „Peter, du kommst doch nie über den Zaun. Er steht unter Strom, aber das weißt du genauso gut wie ich." „Wer spricht denn vom Zaun? Ich bin doch kein Selbstmörder. Ich mach' das auf dem Weg zum Schacht, hab' Nachtschicht. Iwan bringt uns hin, und der ist abends immer so voll wie ein Fass. Der merkt in der Dunkelheit bestimmt nicht, wenn ihm ein Mann fehlt."

„Weiß jemand davon?" „Nur der Horst, das ist mein Freund. Der hilft mir dabei." „Du hast Mut, Peter. Wenn ich ein Mann wäre, würde ich sofort mitmachen. Du weißt, dass es vor dir schon einige versucht haben. Man hat sie bis jetzt alle zurückgebracht." „Mich kriegen sie nicht, Hilde, verlass dich drauf." „Ich wünsche es dir. Aber wie kann ich dir dabei helfen?" „Ich brauch für den Notfall Verbandszeug, Salbe und Tabletten, man weiß nie, was kommt. Geht das?" Ich nickte. Schnell gab ich ihm

167

einige Binden, die er sofort in seiner Hosentasche unterbrachte. „Am besten, du gehst jetzt", sagte ich zu ihm. „Schick' mir deinen Freund vorbei, er bekommt dann alles, was du brauchst. Ich wünsche dir alles Gute und viel Glück. Und pass auf dich auf." Er gab mir die Hand und bedankte sich.

In fliegender Eile schnitt ich einige Mullstückchen zurecht und legte die verschiedenen Tabletten mit einem Zettel hinein. Jedes Päckchen verknotete ich einzeln. Viel konnte ich ja nicht geben, denn unser Vorrat war arg zusammengeschrumpft. Ein neuer Gang zur Apotheke war fällig. Wohin mit dem Zeug? Ich zitterte vor Nervosität, hatte Angst. Wenn nun die Ärztin früher als gewöhnlich kam oder gar Tamara ... Nicht auszudenken. Ich versteckte alles draußen im leeren Warteraum unter der Bank und wartete vor der Haustür auf Peters Freund. Da kam er auch schon. Wortlos gab ich ihm die Mullsäckchen. Er versteckte sie sofort in seiner Kleidung, machte kehrt und verschwand.

Wohl war mir nicht bei der ganzen Sache, ich hatte kein gutes Gefühl. Wenn man ihn doch schnappte? Die Tabletten würden mich sofort verraten, denn nur ich hatte Zugang. Peter war der einzige, den man nicht wieder zurück ins Lager brachte. Vierzehn Monate später bekam sein Freund Horst einen Brief von ihm aus Köln. Ihm war die Flucht geglückt – wenigstens einem von uns.

Die Abendsprechstunde war zu Ende, die Ärztin schon fort. Ich räumte noch auf und putzte den ungestrichenen Holzfußboden, damit er über

Nacht trocknen konnte. Es klopfte leise an die Tür. Ich öffnete. „Hilde, hast du ein wenig Zeit für mich?" Mein Freund Ernst stand vor der Tür. „Mein Gott, wie siehst du denn aus? Fehlt dir etwas?" Ich war entsetzt. Er hatte sich in den acht oder zehn Tagen, die ich ihn nicht gesehen habe, total verändert. Er sah wie sein eigener Schatten aus. „Kann ich die Tür zumachen?" Ich nickte. Er setzte sich auf den Patientenstuhl, legte beide Hände vor's Gesicht und ein Schluchzen schüttelte seinen Körper. „Ernst, nun sag' schon, was dich bedrückt", fragte ich erschüttert. „Kann ich dir irgendwie helfen?" Er schüttelte den Kopf. „Mir kann niemand helfen." „Möchtest du nicht wenigstens darüber reden? Vielleicht hilft es dir ein wenig."

So nach und nach erfuhr ich dann die ganze Geschichte. Tamara saß ihm im Nacken, zwang ihn, seine Kameraden zu verraten. Zweimal hatte er schon deswegen nachts im Karzer gesessen, weil er sich weigerte. Wie gut ich ihn verstand! Oh, diese verfluchte Tamara! Was hatte sie nur aus dem aufrechten, strahlenden, selbstbewussten Jungen gemacht? Merkte sie denn nicht, dass sie ihn kaputtmachte? Helfen konnte ich ihm nicht, damit musste er allein fertig werden. Doch ich hoffte von Herzen, dass ihn das Gespräch etwas erleichterte.

An einem der nächsten Tage schickte man mich allein zur Apotheke, um neue Medikamente zu holen. Den Weg kannte ich jetzt schon ganz gut, denn mittlerweile war ich einige Male dort gewesen. Noch vor der Morgensprechstunde musste ich fort. Wieder ging ich die Schienen entlang, kam an dem alten Lager vorbei, dann ging es quer über den Basar. Ich fiel nicht mehr so auf, denn die Einheimischen hatten sich an den Anblick deutscher Gefangener gewöhnt. Es gab ja eine ganze Menge Lager im Umkreis, und der eine oder andere durfte schon mal das Lager aus irgendeinem Grund verlassen. Auf dem Basar schaute ich weder rechts noch links, denn der Duft der Piroggen machte mir jedes Mal schwer zu schaffen. Kein Wunder, wenn man nie satt war.

Als ich nach Stunden zurückkam, ging ich erst zur Ambulanz, um die beiden Pakete abzuliefern. Die Tür war von innen verriegelt. Ich klopfte und meldete mich. Die Ärztin ließ mich rein. Den Anblick, der sich mir bot, werde ich mein ganzes Leben nicht vergessen. Wieder lag eine Leiche auf der Pritsche, diesmal eine Frau. Die Ärztin hatte bereits fast alle Organe herausgenommen und zerschnitten, es sah wie in einer Metzgerei aus. Ich schaute ahnungslos der Toten ins Gesicht, und bekam fast einen Herzschlag. Gertrud, meine nierenkranke Bettnachbarin, war das Opfer. Das nette Mädchen, das immer so lustige Geschichten erzählen konnte. Sie konnte noch nicht lange tot sein, denn ich hatte heute morgen noch kurz mit ihr gesprochen. Sie lag seit einigen Tagen im Lazarett, ihr Krankheitszustand hatte sich sehr verschlechtert. Und nun lag sie hier auf der Pritsche, zerstückelt von einer wahnsinnigen Ärztin.

Ich legte die beiden Päckchen hin und machte, dass ich rauskam. Ich schaffte es nur noch bis vor die Haustür, dann erbrach ich mich heftig. Im gleichen Augenblick kam Tamara frisch geduscht aus der Banja. Sie hielt sich nie an den Zeitplan, sie duschte, wann es ihr beliebte. Die Deutschen hatten dann eben die Banja zu räumen. Sie blieb vor mir stehen und sah sich mit hochgezogenen Brauen die Bescherung an. „Was ist mit dir?" Zwischen Würgen und Luftholen zeigte ich mit der Hand zur Ambulanz. Tamara ging hinein. Wenige Augenblicke später kam sie leichenblass heraus. „Wenn du das hier sauber gemacht hast, kommst du sofort zu mir ins Büro."

Auch das noch! Mir blieb auch nichts erspart. Trudi half mir, die drei beschmutzten Stufen zu säubern, denn ich musste ja erst ins Lazarett, den Putzeimer holen. Ich gab ihr dafür meine Marke für das Mittagessen, runtergekriegt hätte ich sowieso nichts. Mit weichen Knien ging ich zu Tamara. Ich war darauf gefasst, dass sie mich jetzt nach Strich und Faden fertigmachte, doch sie war die Freundlichkeit selbst. Sie fragte mich nur nach der Anzahl der Toten, die die Ärztin bisher bearbeitet hatte. Dann durfte ich gehen.

An diesem Tag ging ich nicht mehr zur Ambulanz. Ich legte mich auf meine Pritsche, mir war hundeelend ums Herz. Später kam Trudi und wollte wissen, was mir fehlte. Ich erzählte ihr alles. „Stell dir vor, wenn Gertrud noch nicht tot war, wenn sie nur im Koma lag. Ich darf gar nicht daran denken." „Sie war tot", sagte Trudi, „ich hab' sie ja selbst entkleidet." „Aber wenn nicht? Du kannst dich ja auch irren." „Denk nicht mehr daran, ändern kannst du auch nichts mehr." „Konnte die Irre nicht wenigstens einen Tag damit warten? Gertrud war ja noch nicht einmal richtig kalt."„Hilde, halt jetzt deinen Mund! Du machst mich richtig krank mit deinem Gerede." Sie begann bitterlich zu weinen. Es tat mir leid, dass ich Trudi damit belastet hatte. Sie war ja selbst krank. Jetzt machte ich mir die heftigsten Vorwürfe. „Verzeih, Trudi, das wollte ich nicht." „Schon gut."

Kurze Zeit später kam Helmut zu mir. „Die Ärztin verlässt jetzt das Lager", sagte er, „Tamara hat sie rausgeschmissen." „Hoffentlich für immer!" „Sie darf das Lager nicht mehr betreten", beruhigte er mich. „Woher weißt du das so genau?" „Von Tamara." Helmut musste ja eine tolle Beziehung zu ihr haben, da sie ihm solches Vertrauen schenkte. Und wieder begann das Gift des Misstrauens zu wirken. Mich sollte nicht wundern, wenn ihn Tamara persönlich zu mir geschickt hatte, um mir das zu erzählen.

Am nächsten Tag bekamen wir einen neuen Arzt. Unpersönlich und Abstand haltend hielt er die erste Sprechstunde. Er schrieb ganz selten jemanden krank; bei den Fieberkranken nahm er es ganz genau, 38 Grad mussten es mindestens sein, und um ganz sicher zu gehen, steckte er dem Patienten noch ein zweites Mal das Thermometer unter den Arm. Er hasste alle Deutschen, ich bekam das täglich zu spüren. Zu mir war er weder freundlich noch unfreundlich, er war wie ein Eisblock. Er zeigte keine menschliche Regung.

Tamara ließ mich wieder zu sich rufen und bombardierte mich mit Vorwürfen, die mich richtig krank machten. „Du hast einen verantwortungsvollen Posten, aber du bist verantwortungslos. Es ist deine Pflicht, Parasiten unschädlich zu machen. Sie stecken die anderen an und zersetzen die Moral. Simulanten sind Volksschädlinge und die muss man ausrotten." „Zu uns kommen nur wirklich Kranke", beteuerte ich zum x-ten Mal. „Unsinn, von dieser Sorte gibt es überall welche. Das kannst du mir nicht weismachen. Was ist zum Beispiel mit deinem Freund los? Dieser Ernst, der simuliert doch auch. Fragt sich, wie lange er das durchhält."

Mir wurde bei ihren Worten schlecht vor Angst. Sagte ich jetzt, Ernst sei wirklich krank, brachten sie ihn fort. Sagte ich das Gegenteil, dann hatte Tamara ihren Triumph. „Ernst ist nicht verrückt, nur schwermütig. Das legt sich wieder. Ich weiß das bestimmt, ich kenn' ihn doch." Tamara gab mir darauf keine Antwort, sah mich nur ganz sonderbar an. Mir lief es eiskalt über den Rücken. „Du kannst gehen", sagte sie kalt. Ich war schon an der Tür, da rief sie mich noch einmal zurück. „Und noch was, gib auf die Gespräche im Lazarett acht. Kranke haben ein großes Bedürfnis zu reden, sind vertrauensseliger. Ich erwarte von dir, dass du mir alles, auch jede unwichtigste Kleinigkeit meldest." Oh, diese Hexe! Ich hasste sie so sehr, dass ich sie hätte umbringen können. Ich sann auf Rache, doch das waren nur Wunschträume, sie war die Stärkere.

Mir machte nichts mehr Freude. Sogar mein Verhältnis zu Helmut hatte sich verändert, das Vertrauen fehlte. Was hätte ich darum gegeben, ihm von meinen Sorgen zu erzählen, doch ich hatte Angst. Ich hatte soviel von Foltermethoden gehört, und Tamara traute ich alles zu. Sie war in meinen Augen noch grausamer als ein Sadist, sie stürzte sich direkt auf die Seele.

Im Karzer

Der kommende Sonntag war ein heißer Julitag. Am Sonntag kam der Arzt nicht ins Lager, ich versorgte die Kranken im Lazarett und die Notfälle in der Ambulanz allein. Es war gegen sechs Uhr abends, da ging die Tür zur Ambulanz auf und Sascha kam mit geschultertem Gewehr herein. Ein ungewohnter Anblick für mich. „Schließ' die Ambulanz zu und komm mit, Gilda." „Wohin?" „In den Karzer." Erst dachte ich, Sascha machte Spaß. Ich wollte noch einen Witz reißen, doch mir blieb das erste Wort in der Kehle stecken. Er meinte das tatsächlich ernst. „Ja, aber warum?", fragte ich fassungslos. „Ich weiß es nicht. Ich führe nur einen Befehl aus. Und jetzt mach schnell. Laut Befehl muss ich dich Punkt sechs Uhr einliefern." Ich merkte an seinen Augen, dass es ihm leid tat. „Schon gut, Sascha. Ich muss aber noch im Lazarett Bescheid sagen." „Das mache ich selbst, komm jetzt."

Was blieb mir anderes übrig? Ich schloss hinter uns ab, gab ihm die Schlüssel und folgte ihm wie ein begossener Pudel. Der Weg durch das ganze Lager kam mir unendlich lang vor. Ich konnte nicht mehr denken, war wie ausgebrannt. Der Karzer befand sich direkt vorn am Zaun neben dem Lagertor. Eine tiefe Erdgrube, ein Holzdeckel drauf, das war der Eingang. Man musste eine Leiter hinuntersteigen, die dann hochgezogen wurde. Der Holzdeckel klappte zu. Tiefe Dunkelheit und eine Grabeskälte empfing mich. Es stank nach Moder. „Ist hier jemand?" Ich zitterte am ganzen Körper. Nichts. Tiefste Stille. Ich tastete mich ein paar Schritte vor. Meine nackten Beine stießen an einen Gegenstand. Mit den Händen fühlte ich, dass es eine leere Pritsche war. Ich setzte mich darauf und versuchte, in der Dunkelheit etwas zu erkennen. Es war zwecklos. Nur oben am Deckel konnte ich erkennen, dass es draußen noch hell war. Doch bis herunter zu mir reichte der helle Schein nicht. Jemand, der den Karzer schon kannte, hatte mir erzählt, dass es hier Ratten geben sollte. Ich stieß einen fürchterlichen Schrei aus, als ich mich daran erinnerte. Schnell zog ich meine Füße auf die Pritsche. Vor Mäusen hatte ich schon eine panische Angst - und nun gar die Ratten!

In dem dünnen Blüschen fror ich entsetzlich. Ich hockte auf der nackten Pritsche mit hochgezogenen Knien und bibberte vor Kälte und noch mehr vor Angst. Da – huschte unter meiner Pritsche nicht etwas? Und dort in der linken Ecke hörte ich ein deutliches Piepsen. Oh Gott, die Ratten hatten Hunger, und hier unten gab es nichts zu fressen. Klar, sie hatten es auf mich abgesehen. Sie taten sich jetzt zusammen und würden sich gleich auf mich stürzen. Bei lebendigem Leib würden sie mich auffressen, ich konnte mich nicht wehren, tatsächlich sah ich überall rote Punkte, die aus allen Ecken immer näher kamen. Schon spürte ich etwas an meinen Zehen, die knabberten mich schon an. Nun spürte ich auf meinem Kopf etwas krabbeln, jetzt war es aus.

Ich schlug wie eine Irre um mich und schrie, schrie, schrie, bis ich nicht mehr konnte. Dann wurde ich plötzlich ganz still. So also wird man verrückt, dachte ich ganz ruhig. Ich wollte aber nicht verrückt werden, irgendwie musste ich meine Angst bekämpfen. Ich fing an, laut zu singen. Meine Gedanken konzentrierten sich jetzt ganz auf meine Stimme, ich nahm keine Geräusche mehr wahr, weder die tatsächlichen noch die eingebildeten. Es musste draußen schon dunkel sein, denn ich sah keinen Lichtschimmer mehr. Ich starrte noch nach oben, als ich Geräusche und leise Stimmen vernahm. In der Nacht klingt alles doppelt so laut.

Die Luke öffnete sich und ich konnte den Sternenhimmel sehen. „Hilde! Ich bring' dir eine Decke und einen Pullover. Fang auf!" Eine Taschenlampe leuchtete zu mir herunter, und ich fing das Bundel auf. „Danke, Helmut", flüsterte ich heiser. Ich hatte von dem Schreien und Singen keine Stimme mehr. Die Luke fiel wieder zu, mir kam es

176

jetzt noch dunkler als eben vor. Ich zog den Pullover an und wickelte mich ganz fest in die Decke. Jetzt hatten die Ratten keine Chance mehr bei mir.

So eine Nacht kann sich endlos in die Länge ziehen, mir kam es wie eine Ewigkeit vor. Irgendwann in der Nacht klappte wieder oben die Luke und die Leiter wurde heruntergelassen. Zwei Gestalten kletterten hinab, ich bekam Gesellschaft. Einer von ihnen wollte meine Pritsche in Beschlag nehmen, in der Dunkelheit hatte er mich übersehen. „Besetzt!", sagte ich leise zu ihm. Ich war ja so erleichtert, dass ich jetzt nicht mehr allein war. Die beiden Jungen arbeiteten in der Bäckerei, man hatte sie erwischt, als sie ein noch heißes Brot verschwinden ließen. „Wir haben heute Pech gehabt", sagte einer von ihnen lachend. „Das nächste Mal sind wir vorsichtiger. Und was hast du ausgefressen?" „Nichts." Ich merkte, dass sie mir nicht so recht glaubten. Kurz danach wurde es ruhig, die Jungen schliefen. Ich döste vor mich hin, Angst hatte ich jetzt keine mehr.

Irgendwann hört auch mal die längste Nacht auf. Es wurde hell, und Sascha ließ mich nach oben. „War's schlimm?", fragte Helmut, als ich blinzelnd ans Tageslicht trat. Ich antwortete nicht, sah ihn nur stumm an. Er nahm mir die Decke ab und begleitete mich in meine Baracke. Es war ein Spießrutenlaufen durch das ganze Lager, denn es hatte sich wie ein Lauffeuer herumgesprochen, dass ich im Karzer gewesen war. Ich rechnete es Helmut hoch an, dass er jetzt bei mir war.

„Ich möchte nur wissen, wem ich das zu verdanken habe", sprach ich meine Gedanken laut aus. Im Innersten wusste ich die Antwort: Tamara. Die wollte mich weich kriegen mit ihren Gestapomethoden. Doch ich schwor mir in dieser Minute hoch und heilig, dass sie es nicht schaffen würde. Ich wusste jetzt auch mit deutlicher Klarheit, dass meine Tage als Lagerschwester gezählt waren. Aber von allein räumte ich meinen Posten nicht. Ich hatte das Gefühl, dass ich die Kranken irgendwie beschützen müsste. Das war ich auch Dr. Kabanowa schuldig, die so viel Gutes für uns alle im Lager getan hatte.

„Wenn du mir nicht die Decke und den Pullover gebracht hättest, wäre ich erfroren. Danke, Helmut!" „Das war doch selbstverständlich. Sascha und ich mussten aber erst warten, bis Tamara aus dem Lager ging. Und dann mussten wir noch den Iwan ablenken, der hatte Nachtwache am Tor. Das war aber einfach, denn er war blau wie immer. Außerdem kamen die Ersten aus der Spätschicht heim und Iwan war mit Abzählen beschäftigt." „Sind da wirklich Ratten unten?" Ich dachte an die Angst, die ich ausgestanden hatte. Nachträglich schüttelte es mich am ganzen Körper. „Es wird behauptet, doch ob es stimmt, weiß ich nicht mit Sicherheit."

Trudi sah mich fragend an, als ich ihr im Flur begegnete. „Später", flüsterte ich ihr zu. Ich war ihr eine Erklärung schuldig, denn ich wusste, dass sie sich große Sorgen um mich machte. Sie hatte schon

Waschwasser für mich bereitgestellt, ich machte mich frisch und ging anschließend zur Ambulanz. Der Arzt machte keine Bemerkung über meine letzte Nacht, dabei wusste er genau Bescheid. Er hockte ja jede freie Minute bei Tamara.

Intrigen, Rache und psychische Folter

Einige Tage später wurde unser Lager wieder aufgefüllt. Einige Hundert neue Leute, Rumäniendeutsche. Sie stammten vorwiegend aus dem Banat. Ihr Lager von irgendwo hatte man aufgelöst und den Rest zu uns gebracht. Es war eine Rasse für sich, sie fühlten sich als Rumänen und sprachen nur Rumänisch untereinander. Da wir nichts verstanden, fühlten wir uns ausgeschlossen. Mit uns Deutschen wollten sie nichts zu tun haben, obschon sie alle deutsche Nachnamen hatten. Unser Lager wurde durch die Neuankömmlinge in zwei Hälften gespalten.

Helmut bekam Konkurrenz, jetzt gab es einen zweiten Lagerleiter. Dieser Gerhard benahm sich, als wäre er Gott persönlich. Mir machte er schon am ersten Tag den Hof. Als er mir einige Tage später ein im Lager angefertigtes Gliederarmband schenken wollte, lehnte ich ab. „Ich liebe Helmut, das weißt du bereits. Such' dir ein anderes Mädchen." Er war nicht gewohnt, dass jemand ihn abwies. Seine Eitelkeit hatte einen Sprung bekommen, wie sehr, sollte ich noch erfahren. Dabei hatte er sich solche Mühe mit dem Armband gegeben, sogar unsere beiden Vornamen waren schon in die Glieder eingraviert. Er war sich ja seiner Sache so sicher gewesen. „Das wirst du noch bereuen", sagte er, als er ging. Eine Woche später sah ich das Armband bei einem Mädchen aus der Küche. Das Glied mit meinem Vornamen war ausgewechselt, jetzt stand „Martha" drauf. Für mich war die Angelegenheit erledigt.

Zu uns ins Lazarett kam eine neue Schwester. Trudi musste ihre Pritsche bei mir räumen und kam wieder nebenan in die OK-Baracke. Else, die rumäniendeutsche Schwester, bezog Trudis Platz. Einen Tag später lernte Else schon Tamara kennen. Von dem Tag an war sie ständiger Gast in ihrem Büro. Tamara hatte ein neues Opfer gefunden. Deshalb ließ sie mich jetzt in Ruhe und ich war sehr froh darüber.

Else und ich teilten uns die Arbeit. Ich war für die Ambulanz zuständig, sie fürs Lazarett. Jetzt hatte ich ab und zu eine freie Stunde, die vorher nicht drin war. Ich nutzte das aus und besuchte Ernst. Er hatte sich schon lange nicht bei mir blicken lassen. Ernst lag in seinem Zimmer auf der Pritsche und starrte mit offenen Augen zur Decke. Er rührte sich nicht, als ich ihn begrüßte. Bleich, mit eingefallenen Wangen, unrasiert, stierte er auf einen Punkt. Ich schüttelte heftig seine Schultern, doch der Junge reagierte nicht.

„Es ist zwecklos", sagte sein Freund Heinz, der zweite Spezialist, der sein Zimmer mit ihm teilte. „Er ist weggetreten, er hört dich nicht." „Ist er schon lange in diesem Zustand?", fragte ich Heinz leise. „Ne Stunde etwa." „Hat er das öfter?" „Die letzten Tage fast täglich, und es dauert immer länger, bis er zu sich kommt." „Ja, um Gottes Willen, warum bringst du ihn dann nicht zur Ambulanz?" „Hab' ich doch. Ich hab ihn richtig hinschleifen müssen, er wollte nicht." „Ich habe Ernst in der Sprechstunde nicht gesehen, das müsste ich doch wissen. Bin doch immer da." „Aber vor drei Tagen warst du nicht da, die Neue war beim Doktor. Sie haben ihm Fieber gemessen, und das wars. Da konnte ich wieder mit ihm abziehen."

Das stimmte. Vor drei Tagen war ich in der Apotheke Medikamente holen, und Else hatte mich vertreten. Erreicht hätte ich auch nichts, denn krank war man nur, wenn man mindestens 38 Grad hatte. „Wie ist das bei der Arbeit, schafft er das noch?" Heinz zuckte die Achseln. „Lange werde ich ihn nicht mehr decken können. Ein Glück, dass uns niemand auf die Finger sieht, da wäre das schon schlechter. Aber so kann das auch nicht mehr weitergehen." „Heinz, pass' auf ihn auf", sagte ich bittend, „ich weiß, dass er sonst wegkommt, und da hat er niemanden." „Meinst du in die Klapsmühle?" Ich nickte schweigend. „Ich werd' mein Bestes tun, er ist doch mein Freund. Ich zwinge ihn auch, alles zu essen, was ich aus der Küche bringe, und rasieren werde ich ihn auch gleich, wenn er wieder da ist." „Danke, Heinz. Ernst kann froh sein, dass er dich zum Freund hat." Ich drückte Ernst die Hand, bevor ich schweren Herzens ging. Er starrte noch immer auf die Decke, irgendwo auf einen unsichtbaren Punkt. Nachts wälzte ich mich hin und her, ich konnte nicht schlafen. Mein Jugendfreund verlor seinen Verstand, und ich konnte ihm nicht helfen. Und Schuld an allem hatte nur diese verdammte Tamara. Der Teufel sollte sie holen!

Wie kurz doch ein Sommer in Sibirien war. In den Nächten war es schon empfindlich kalt. Tamara spielte wieder mal verrückt, weil uns ein Mann fehlte. Alle seine Freunde wurden über Nacht in den Karzer gesteckt, sie wollte sie weich kriegen. Doch die Jungens wussten von nichts, jedenfalls bekam sie nichts aus ihnen heraus. Das ganze Lager wurde auf halbe Ration gesetzt. Keiner wagte sich zu beschweren. Ja, man meuterte noch nicht mal untereinander, denn jeder sah in jedem einen Spion. Geduldig nahm man alles hin, jeder hatte Angst.

Zu allem Übel brachte man zwei junge Burschen tot ins Lager, die im Schacht verunglückt waren. Der Fahrstuhl hatte sie zerquetscht. Wie das Unglück geschah, konnte niemand genau schildern. War es ein Unfall? Oder war es Absicht? Man legte die Toten in den Leichenkeller zu den anderen zwei, die in dieser Woche gestorben waren. Die Toten lagen wieder auf dem Boden, die Pritschen waren verschwunden. Einen Tag später brachte man den Ausreißer zurück. Halb verhungert und zerlumpt sperrte ihn Tamara nicht in den Karzer, sondern in den Leichenkeller zu den vier Toten. Der ganze Umkreis des Erdbunkers wurde abgesperrt. Strengste Strafe drohte, wer sich dem Leichenkeller näherte. Ein dickes Vorhängeschloss zierte die sonst unverschlossene Holztür.

Ich konnte vom Ambulanzfenster den ganzen Erdbunker übersehen. Von Helmut wusste ich, dass der Junge ohne Essen und Trinken war. Die erste Nacht blieb alles ruhig. Doch in der zweiten Nacht fing das grauenvolle Schreien an. Es hörte sich an, als ob ein hungriger Wolf heulte. Dieses Heulen hielt Stunden an, es ging durch Mark und Bein. Es war im ganzen Lager zu hören. In jeder Baracke weinten alle vor Mitgefühl. Nebenan bei Tante Ida wurde laut gebetet. Der Herrgott wurde angefleht, den Jungen zu erlösen. In der dritten Nacht hielt ich das nicht mehr aus. Ich flehte Helmut an, irgendetwas zu tun.

Als alles im Lager ruhig war, schlich Helmut mit dem gesammelten Brot zum Leichenkeller. Es regnete und stürmte draußen, für unseren Plan ideal. Ich stand Schmiere, das Herz rutschte mir fast in die Hosen vor Angst. Es dauerte fast eine Ewigkeit, bis Helmut nass und verdreckt zurück war. Die einzige Möglichkeit, dem Jungen das Brot zu geben, war der Spalt unter der Holztür. Da er doch enger war, als wir angenommen hatten, musste Helmut etwas nachhelfen. Durch den vom Regen aufgeweichten Boden war das nicht besonders schwer. „Das Dumme war nur, dass das Brot jetzt nass war. Denn in dem Loch sammelte sich das ganze Regenwasser." „Du hast es aber geschafft!" Ich war richtig stolz auf Helmut. In Gedanken bat ich ihn um Verzeihung, für mein gelegentliches

Misstrauen. „Geh jetzt zu Onkel Hans und mach dich etwas sauber. So kannst du nicht in dein Zimmer gehen. Wenn Gerhard dich in dieser Verfassung sieht, weiß er sofort Bescheid." Ich hielt Gerhard für sehr gefährlich, denn mit Tamara war er ein Herz und eine Seele.

Für einige Zeit war das grauenvolle Heulen verstummt. In den frühen Morgenstunden setzte es wieder ein, fürchterlicher als je zuvor. Erst gegen Mittag verstummte das unmenschliche Schreien. Von diesem Zeitpunkt an hörte man aus dem Leichenkeller keinen Ton mehr. Diese Stille beunruhigte uns genauso wie das Schreien. „Irgendwann muss der arme Kerl auch schlafen", meinte Tante Ida auf meine ängstliche Frage. Jetzt warteten wir förmlich drauf, dass er sich wieder bemerkbar machte. Es blieb still, so still, dass es uns allen das Herz zerriss.

Am späten Abend schlich Helmut wieder heimlich zum Leichenkeller. Diesmal hatte er eine volle Konservendose frisch gekochter Pellkartoffeln dabei. Woher er sie hatte, verriet er uns nicht. Pellkartoffeln waren ein lang entbehrter Luxus, den es im Lager nicht gab. Er steckte sie wieder, wie am Abend zuvor, durch die Ritze. Er versuchte mit dem Jungen leise zu sprechen, doch hinter der geschlossenen Tür rührte sich nichts.

In all den Tagen öffnete Tamara nicht ein einziges Mal das Vorhangeschloss. Ohne Nahrung und vor allen Dingen ohne Wasser saß der arme Kerl zwischen vier Leichen. Am achten Tag wurde er endlich befreit. Sascha und Helmut holten ihn von da unten heraus. Er lebte noch. Man legte ihn auf eine Pritsche und trug ihn zu Onkel Hans in den Heizraum. Das ganze Lager blieb stehen und blickte stumm auf den traurigen Transport.

Tamara wollte vermeiden, dass Robert weder im Lazarett noch in seiner Baracke Kontakt mit den anderen bekam. Bei Onkel Hans wusste ich ihn in guter Obhut. Er versorgte Robert wie einen neugeborenen Säugling. Eine selbstgebastelte Holzwand schirmte ihn vor den Blicken der Neugierigen ab. Das ganze Lager wollte ihn sehen, doch Onkel Hans ließ keinen an ihn ran. Helmut erzählte mir, dass die Pellkartoffeln noch alle unberührt von innen an der Kellertür lagen. Wahrscheinlich war Robert schon zu schwach gewesen, sie zu essen. Sascha hat sie auch liegen sehen, doch er verlor kein Wort darüber. Nach acht Tagen hatte Onkel Hans den Jungen soweit, dass er etwas essen konnte, ohne zu erbrechen. Diese Nachricht verbreitete sich in Windeseile im ganzen Lager. Trotz der halben Ration brachten viele etwas zu essen für Robert mit. Nach etwa sechs Wochen hatte Onkel Hans ihn soweit hochgepäppelt, dass er wieder in seine Baracke umsiedeln konnte. Über die Zeit im Leichenkeller sprach Robert mit keinem Menschen, auch Onkel Hans erfuhr nichts.

Die Toten aus dem Leichenkeller wurden noch am gleichen Tag, als Robert befreit wurde, weggefahren. Die halbe Ration blieb uns erhalten. Still und unbemerkt verschwand Robert aus unserem

Lager. Man hatte ihn in ein Straflager, tief nach Sibirien, verbannt. Wir hörten nie wieder etwas von ihm.

Kurz nach Roberts Befreiung gab es ein großes Unglück. Im Schacht 41 war Wasser eingebrochen. Viele konnten sich retten, für einige war es zu spät. In einem besonders gefährdeten Stollen sind alle unsere Leute ertrunken, vier Jungen, zwei Mädchen, ein Russe. Die Grube wurde stillgelegt, unsere Arbeiter auf Schacht 42 und 43 verteilt. Zum Trauern blieb keine Zeit. Am nächsten Tag mussten die Geretteten an ihrer neuen Arbeitsstelle antreten, so, als ob nichts gewesen wäre. Das Leben ging weiter und jeder Tag war ein Kampf ums Überleben.

In die Ambulanz kamen nur noch solche, die wirklich Hilfe brauchten. Alle scheuten den Doktor, der sie mit eiskalten Blicken musterte. In jedem witterte er einen Simulanten. Ein junger Mann von der Nachtschicht kam in die Sprechstunde und klagte über Übelkeit, Erbrechen und heftige Schmerzen im rechten Unterbauch. Ich dachte sofort an Blinddarm, diese typischen Beschwerden hatte ich selbst mal gehabt, bevor ich operiert wurde. Das war aber noch damals, in der Heimat. Der Junge hatte nur erhöhte Temperatur, 37,8. Für den Arzt war er gesund. Er untersuchte ihn nicht einmal, und die heftigen Schmerzen beachtete er nicht. Ich war so empört darüber, dass ich fast die Nerven verlor. Alles, was der Doktor darauf erwiderte, war: „Faschistenschwein." Meinte er mich?

Meinte er den Kranken? Ich wusste es nicht. Selbst Sascha erkannte, dass Heinz nicht simulierte, und befreite ihn eigenmächtig von der nächsten Nachtschicht. Der Junge hatte eine schlimme Nacht hinter sich. Am nächsten Tag war er nicht mehr fähig, in die Ambulanz zu kommen. Helmut kam, um den Doktor zu holen. Der winkte nur ab. Nachdem ihn am Abend auch noch Sascha holte, bequemte er sich endlich, nach Heinz zu sehen. Bewusstlos brachten sie ihn ins Lazarett. In der kommenden Nacht starb er, ohne das Bewusstsein wiedererlangt zu haben. Wieder einmal verloren wir einen jungen, hoffnungsvollen Menschen, der Vater und Mutter hatte, die um ihn weinten. Ich vermute, dass es mehr Hass auf uns Deutsche bei dem Doktor war als Unfähigkeit. So blöde kann doch kein richtiger Arzt sein.

Am Tag darauf begannen wieder die Impfungen im Lager. Wer weiß, wozu man uns diesmal missbrauchte. Else aus dem Lazarett musste mir helfen, allein schaffte ich das nicht. Mittags machten wir eine kurze Pause. Ich ging für uns beide in die Küchenbaracke, das Essen zu holen. Erika war am Schalter und teilte aus. „Der Heinz, der gestern gestorben ist, war ein guter Freund von mir. Wir stammen aus dem selben Ort, wir waren Nachbarskinder. Woran ist er eigentlich gestorben?" Ihre braunen Augen füllten sich mit Tränen. „Wenn man ihn sofort zur Operation gebracht hätte, könnte er noch leben", platzte es aus mir heraus. Ich hatte noch immer eine Stinkwut auf den Doktor. Und das „Faschistenschwein" spukte mir noch immer im Kopf herum. „Ach, so ist das." Mehr sagte sie nicht. Else und ich verschlangen in unserem Zimmer schnell unsere Ration und gingen dann wieder an unsere Arbeit.

Wir impften durch bis zum späten Abend. Es war so gegen acht Uhr abends, als Gerhard, der rumänische Lagerleiter, zu uns in die Ambulanz kam. Zuerst unterhielt er sich mit Else auf rumänisch, lachte zwischendurch. Ich fand das nicht sehr taktvoll. Dann sprachen beide deutsch. Plötzlich drehte er sich zu mir und sagte: „Hilde, morgen gehst du mit der Frühschicht auf Schacht 43. Es tut mir leid, dass ausgerechnet ich dir diese Nachricht bringen muss." Dabei grinste er mich die ganze Zeit so richtig schadenfroh an. Ich musste erst einmal schlucken, so verdattert war ich. „Und wer befiehlt das?", fragte ich nach einer langen Pause, als ich endlich begriff. „Tamara!" Aha! Jetzt war es soweit. Obwohl ich es die ganze Zeit erwartet hatte, traf es mich doch wie ein Schlag in die Magengrube. Langsam legte ich die eben aufgezogene Spritze auf den Tisch hin. „Dann habe ich ja jetzt Feierabend", sagte ich ganz ruhig und machte, dass ich rauskam. „Das darfst du nicht", jammerte Else hinter mir her. „Du kannst mich doch jetzt nicht im Stich lassen!" „Und ob ich das kann! Ich habe hier nichts mehr zu suchen. Du wirst ganz gut ohne mich fertig, das wolltest du doch die ganze Zeit, nicht wahr?" Von mir aus sollte sie doch die ganze Nacht durchimpfen, mir war alles egal.

Ich suchte nach Helmut im ganzen Lager. Als ich ihn dann in einer Männerbaracke stellte, war er erstaunt, mich zu sehen. „Ich denke, du impfst noch?", fragte er verdutzt. „Warum musste mir dieser grässliche Rumäne die Nachricht bringen? Warum bist du nicht selbst gekommen?" Helmut sah mich fragend an. Er wusste nicht, wovon ich sprach. Als ich ihm alles erklärte, wurde er kalkweiß. „Ich habe wirklich keine Ahnung", beteuerte er. „Und was jetzt?" „Jetzt brauch' ich erst mal Arbeitszeug. Ich kann ja schlecht mit dem leichten Schuhen im Schacht arbeiten." Helmut nickte. Er musste diese Nachricht erst noch verdauen. Ich ging in mein Zimmer und legte mich auf die Pritsche. Eine Nacht durfte ich hier noch schlafen, und was kam dann? Etwas später brachte mir Helmut eine abgetragene Arbeitshose, eine Jacke und ein paar Gummigaloschen. Diese hatten einen imprägnierten Leinenschaft drum herum. Das war die übliche Ausrüstung fürs Bergwerk. „Was Besseres war nicht da", entschuldigte er sich. „Schon gut. Und jetzt lass mich allein, ich muss nachdenken. Und vergiss nicht, mich zu wecken."

Zum Nachdenken kam ich nicht, ich fiel sofort in einen totenähnlichen, traumlosen Schlaf. Ich weiß auch nicht, wann Else ins Bett kam, ich hörte sie nicht. Um viertel nach vier weckte mich Sascha. Mit bleischweren Knochen zog ich mir das dreckige Arbeitszeug über und beeilte mich, pünktlich um halb fünf am Tor zu sein. Ein neuer Abschnitt in meinem Leben begann.

Strafversetzt ins Bergwerk

Die Frühschicht von Schacht 43 sammelte sich geschlossen vorne am Tor. Die vom Schacht 42 gingen zehn Minuten später weg, ihr Weg war kürzer. Ein nasskalter Morgen, Mitte September. Es regnete in Strömen. Sascha stand geschützt in der offenen Tür des Wärterhauses und zählte seine Schützlinge. Ich stand am Ende der langen Schlange, jetzt schon klitschnass. Die in meiner Nähe Stehenden bombardierten mich mit Fragen: Warum, wieso, weshalb? „Keine Ahnung. Ich weiß es nicht."

Klar, dass so mancher von ihnen schadenfroh war, ich konnte es ihnen nicht verübeln. Die Anzahl der Wartenden stimmte, das Tor wurde geöffnet, und einzeln ließ man uns hinaus. Sascha begleitete den Trupp zum Schacht. Er trug die Verantwortung für unsere Pünktlichkeit. Wir gingen wieder an den Bahnschienen entlang. Kurz vor dem Schacht 42 mussten wir die Gleise verlassen und gingen querfeldein bis zu unserem Schacht. Die Gummigaloschen blieben in den aufgeweichten Feldwegen stecken, dicke Klumpen von Lehm erschwerten das Gehen. Ab und zu rutschte einer aus, fiel in den Dreck. Zweimal wäre ich auch der Länge nach hingeknallt, wenn mich Sascha nicht festgehalten hätte. Da ich die letzte in der langen Reihe war, ging er dicht hinter mir. Pünktlich um fünf waren wir da.

Wir betraten eine Holzbaracke, die nur aus einem einzigen, riesigen Raum bestand. Eine große Uhr an der Wand zeigte die genaue Zeit an. Es wimmelte von Menschen, alle Russen. Sascha übergab unsere Leute an die verschiedenen Steiger. Ich beobachtete, wie alle eine Lampe mit einem Akku erhielten und truppweise losgingen. Die Übriggebliebenen waren Arbeiter Übertage, die brauchten sich nicht so zu beeilen. Sascha übergab mich einem Russen und verschwand augenblicklich zurück zum Lager. Ich wurde einer Gruppe von zwei deutschen Mädchen und einer Russin zugeteilt. Punkt sechs lösten wir die Nachtschicht im Förderturm ab.

Unten stand eine hohe Leiter, die wir hoch kriechen mussten. Wir drei Deutsche mussten die Waggons voll Kohle aus dem Fahrstuhl zu einem Trichter schieben. Der Trichter mit dem Waggon wurde dann umgekippt, die Kohle fiel weiter unten auf ein Laufband, und der leere Waggon wurde hinter den Fahrstuhl gebracht und hineingeschoben. Ein ewiger Kreislauf, der volle vorne raus, gleichzeitig der leere hinten rein. Alles musste schnell gehen, damit der Akkord stimmte. Es gab zwei Fahrstühle, wenn einer oben war, war der andere unten. Acht Stunden lang ohne Pause, nie blieb der Fahrstuhl stecken. Die vollen Waggons waren schwer, manche sogar wie Blei, wenn die Räder klemmten. Ich hatte das Gefühl, die klemmten bei fast allen Waggons.

Acht Stunden können sich so in die Länge ziehen, vor allen Dingen, wenn man nichts im Magen hat. Wir waren alle noch nüchtern. Immerhin bekam ich ab heute die Schwerarbeiterration, das bedeutete 1 000 Gramm Brot, doppelt soviel wie im

Lager. Die junge Russin, die die Aufsicht führte, hieß Mascha und war sehr nett. Ihr Mann war der Steiger auf unserer Schicht. Mascha bediente den Fahrstuhl, half uns auch ab und zu schieben, wenn sich ein Waggon nicht von der Stelle rührte.

Um 14 Uhr kam unsere Ablösung. Nassgeschwitzt, die Gesichter schwarz vom Kohlenstaub, machten wir uns auf den Heimweg ins Lager. Ich humpelte mit gebeugtem Rücken hinter den anderen her. Lieber Gott, und das sollte jetzt jeden Tag so gehen, ich durfte nicht daran denken. Am Abend kam dann Helmut, da sah die Welt gleich rosiger aus. Wir unterhielten uns noch eine Stunde, dann fielen mir vor Müdigkeit die Augen zu. Ich schlief jetzt in der Baracke 43, in der auch Tante Ida wohnte. Leider konnte ich es nicht ändern, dass im selben Flur die Ambulanz lag. Gern hätte ich einen Platz neben Tante Ida gehabt, doch hinten im Raum war alles besetzt. Reden konnte ich auch nicht mit ihr, denn sie hatte Mittagschicht.

Als ich am nächsten Tag von der Arbeit kam, machte ich mich frisch gewaschen und umgezogen auf den Weg zur Küche. Mir war schlecht vor Hunger, ich freute mich schon auf meine schwerverdiente Portion Brot. Unterwegs traf ich Gerhard, der schon nach mir suchte. „Du sollst dich sofort bei Tamara melden." Ich erschrak heftig. Was wollte sie jetzt schon wieder von mir? Warum ließ sie mich nicht in Ruhe? Mir blieb nichts anderes übrig als zu gehorchen. Mit gemischten Gefühlen betrat ich ihr Büro. Meine Knie zitterten vor Überanstrengung, noch mehr vor Angst. Die Hexe bot mir keinen Stuhl an, ließ mich einfach stehen, tat, als ob sie sehr beschäftigt wäre. Nach zehn Minuten etwa legte sie den Federhalter hin und musterte mich von oben bis unten. „Du bist der Meinung, unser Lagerarzt taugt nichts?" Ihre Stimme war gefährlich leise. Ich sah sie fragend an. „Ich versteh' Sie nicht." „Du verstehst mich sehr gut." Sie stand auf und stellte sich drohend vor mich. „Dieser Heinz, der vor kurzem gestorben ist, war er bewusstlos, als er ins Lazarett kam?" Ich witterte eine Falle, nickte nur zögernd. „Ja." „Siehst du", trumpfte sie auf, „typisch für eine Meningitis (Hirnhautentzündung). Ein hoffnungsloser Fall. Warum verbreitest du dann solche Lügen?" Meine Gedanken jagten sich. Erika! Nur mit ihr hatte ich über Heinz gesprochen, sonst mit niemanden. Diese Heuchlerin! Mit Tränen in den Augen hatte sie mich ausgefragt, und ich Idiot war darauf reingefallen. „Ich verbreite keine Lügen!" Diese Rechtfertigung war ich mir schuldig. Tamara sah mich nur schweigend an. Nach einer langen Pause sagte sie: „Du kannst gehen, ich brauche dich nicht mehr." Um eine Erfahrung reicher ging ich in die Küche. Am Schalter stand Erika, scheißfreundlich wie immer. Ich grinste zurück, tat so, als ob ich nichts wüsste. In Gedanken wünschte ich der infamen Verräterin die Pest an den Hals.

Wenige Tage später hatte ich an beiden Armen eine Sehnenscheidenentzündung. Die Unterarme waren bis zum Ellenbogen dick geschwollen und schmerzten höllisch. Zwei Nächte hatte ich nicht mehr geschlafen. Helmut schimpfte mit mir, dass ich nicht zum Arzt ging. „Der schreibt mich nicht krank, das weiß ich." Ich ließ mich dann doch überreden und ging in die Sprechstunde.

Es war schon ein komisches Gefühl, jetzt als Patientin in das vertraute Behandlungszimmer zu kommen. Der Doktor war überrascht, mich so schnell wiederzusehen. Ich merkte das an seinen erstaunten Blicken. Er besah sich meine Arme, verordnete einen festen Verband, den mir Else anlegte. Sie wirkte nervös und unsicher. Vielleicht würde ich mich umgekehrt auch nicht anders verhalten. Sie tat mir ein bisschen leid, als sie es jetzt zum dritten Mal versuchte. Die ganze Zeit hielt sie ihren Blick gesenkt. Diesmal klappte es mit dem Verband, und ich konnte gehen.

Den Besuch bei der Ambulanz hätte ich mir ersparen können. Ich hätte mindestens 40 Grad Fieber haben und halbtot sein müssen, ehe der Arzt mich krankschrieb. Ich war wütend auf mich selbst, dass ich mich von Helmut überreden ließ. So schnell sah mich jedenfalls der Doktor nicht wieder. Mascha, unsere Aufseherin, schüttelte nur den Kopf, als sie sah, wie sehr ich mich quälte. Ich versuchte mit dem Rücken die schwerfälligen Waggons zu schieben, damit die Arme etwas Erleichterung hatten. Rita und Ulla, die beiden deutschen Mädchen, hatten es in dieser Zeit sehr schwer mit mir. „Achtung! Der Aufseher kommt." Ulla zeigte auf die Leiter. Diesmal war es der Bergwerksdirektor persönlich, der die Leiter hochkletterte. „Hilde, du tust jetzt als ob. Der meldet dich sonst im Lager, und das bedeutet Karzer." Ich biss die Zähne zusammen und versuchte es wenigstens. Den leeren Waggon rein in den Fahrstuhl, den vollen raus aus dem Fahrstuhl, hin zum Trichter, den Trichter drehen und zurück zum Fahrstuhl. Keine Atempause. Der Direktor stand eine geschlagene halbe Stunde eine Leiter höher auf einem Brettergestell. In dieser Höhe konnte er jede einzelne Bewegung überblicken. Mir liefen die Tränen vor Schmerzen, aber ich hielt durch. Am nächsten Tag waren wir zu viert. Mascha hatte wohl mit ihrem Mann über mich gesprochen. Als Steiger konnte er Arbeitskräfte einsetzen, wo es erforderlich war. Es gab doch noch gute Menschen auf dieser Welt.

Es schneite ununterbrochen. Wir erlebten jetzt den dritten Winter in diesem Lager. Ein Glück, dass wir nicht in die Zukunft blicken konnten, denn die meisten von uns hätten vorher Schluss gemacht. Die Stimmung im ganzen Lager war wieder mal auf dem Nullpunkt angelangt. Wahrscheinlich hatte es sogar die Lagerleitung gespürt, denn plötzlich durften wir nach zweieinhalb Jahren zum ersten Mal nach Hause schreiben. Sofort jagte eine Parole die andere. „Das kann nur die Heimfahrt bedeuten!" Und wieder kreisten die Ringe: Ja - nein - ja - nein ... Es war wie eine Sucht.

Man gab uns eine Doppelkarte vom Roten Kreuz, mit russischem und deutschem Aufdruck. Auf die erste Karte kam die Anschrift unserer

Angehörigen, auf die andere unsere Namen und die Nummer unseres Lagers: 1081. Das war die Antwortkarte für unsere Lieben an uns. Fünfzehn Wörter durften wir nur schreiben. Was schreibt man nach zweieinhalb Jahren Schweigen im Telegrammstil? Wo wir uns befanden? Verboten. Über die Arbeit? Verboten. Über das Essen? Verboten. Man gab sich ja solche Mühe mit uns, sogar den Text hatten sie parat. Wir durften ihn nach Belieben abwandeln. Jede Baracke bekam ein Tintenfass und drei Holzfederhalter. Fünf Minuten später wurde es im Saal ganz still, jeder war mit seinen Gedanken daheim. Hier ein unterdrückter Schluchzer, da ein lauter Schluchzer, und schließlich heulte die ganze Baracke um die Wette. Die beschriebenen Karten sahen auch danach aus, die Worte konnte man darauf zählen, die Tränen nicht.

„Glaubst du auch an die Parolen?", fragte ich Tante Ida. Obschon wir zusammen in einem Raum schliefen, sahen wir uns durch die Wechselschichten nur sehr selten. Heute war so ein Glückstag, denn Tante Ida hatte Frühschicht und ich Nachtschicht. Ich saß am Nachmittag auf ihrer Koje, und wir unterhielten uns leise, denn Tamara hatte überall ihre Ohren. „Glaubst du auch an die Parolen?", wiederholte ich. „Nein." „Warum dürfen wir dann plötzlich nach so langer Zeit schreiben?" „Ich nehme an, das Internationale Rote Kreuz hat auf die Russen Druck ausgeübt. Denk' mal an die vielen Angehörigen daheim. Glaubst du, dass die zu Hause stillsitzen und nichts unternehmen?" „Und die unzähligen Toten, was ist damit?" „Denen im Kreml wird schon was einfallen, um das zu erklären, verlass dich drauf." „Die Wahrheit, wie es wirklich gewesen ist, wird bestimmt niemand erfahren." „Einige von uns werden früher oder später nach Hause kommen, und sie werden nicht schweigen. Die ganze Welt wird dann erfahren, was die Russen mit uns machen." „Nur für die meisten von uns wird es dann zu spät sein", erwiderte ich leise. „Ja", nickte Tante Ida traurig, „ja!"

Wir saßen noch eine Weile schweigend da, hingen unseren Gedanken nach. Da stieß mich Tante Ida sachte an. „Du, der Rumäne kommt hier nach hinten." Da stand auch schon Gerhard vor Tante Idas Pritsche und winkte mich heraus. „Dich such' ich schon die ganze Zeit, Hilde. Zieh dich an und komm mit." „Wohin?" „Wirst schon erfahren. Mach schnell!" Was will die Tamara denn jetzt noch von mir, dachte ich verzweifelt. Warum ließ man mich nicht in Ruhe? Mein ganzer Körper flatterte vor Angst. Ich zog mir meinen verschlissenen Mantel über und folgte Gerhard in die Kälte hinaus.

Es hatte aufgehört zu schneien. Wir gingen an der Baracke, in der Tamaras Büro lag, vorbei, gingen weiter Richtung Tor. Dort schaufelten vermummte Gestalten den breiten Weg vom Schnee frei. Gerhard gab mir eine Schaufel und befahl mir, mitzuschippen. Mein Gott, was war ich erleichtert, dass ich nicht in Tamaras verhasstes Büro musste. Als einziges Mädchen unter den Männern schaufelte ich Unmengen Schnee rechts und links zur Seite und kam ganz schön ins Schwitzen. Es war schon dunkel draußen, doch der Schnee leuchtete so hell, wir konnten ganz gut sehen. Als mich Helmut bei der Gruppe entdeckte, war ich schon mindestens zwei Stunden dabei. „Mach Schluss, Hilde. Ich hatte keine Ahnung, dass du hier bist, hab' das eben erst erfahren."

Ich legte die Schaufel zur Seite und ging mit Helmut in meine Baracke. Noch eine halbe Stunde, und ich musste mich umziehen zur Nachtschicht. Dabei war ich jetzt schon so müde, dass mir die Augen zufielen. „Das wirst du noch bereuen!" Diese Drohung klang noch ganz frisch in meinen Ohren. Gerhard machte seine Drohung wahr, die er damals in den ersten Tagen ausgestoßen hatte. Dass ich den Schnee schippen musste, war reinste Schikane von ihm. Ein Glück, dass die Sehnenscheidenentzündung in meinen Armen abgeklungen war. Dass dieser Gerhard noch immer so nachtragend war, konnte ich nicht verstehen. Er hatte zu Hause in Rumänien eine Frau und drei kleine Kinder. Überall zeigte er stolz die Fotos herum. Und hier hatte er die blonde Martha aus der Küche, ein hübsches Mädchen von 20 Jahren, das ihn vergötterte. Sie erwartete ein Kind von ihm. Martha tat mir leid, sie war so ein stilles, liebes Mädchen, ich mochte sie wirklich gern.

Wenn Tante Ida von der Frühschicht ins Lager kam, weckte sie mich. Ich hätte sonst den ganzen Tag durchgeschlafen. Wir gingen dann zusammen zur Küche, unser Essen holen. Helmut winkte uns von weitem zu, kam uns schnell entgegen. „Ernst haben sie heute weggebracht", sagte er traurig. „Nein!" „Es tut mir leid, Hilde, aber wir konnten ihn nicht länger schützen. Heute Nacht ist er draußen fast erfroren. Er hatte nur Unterwäsche an und war barfuß. Ich weiß nicht, wie lange er draußen gelegen hatte. Als man ihn fand, war er bewusstlos. „Ich war gestern noch kurz bei ihm, er hat mich nicht mehr erkannt."

Noch vor wenigen Monaten war er ein gesunder, fröhlicher Junge gewesen, und jetzt nur noch ein menschliches Wrack. „Was soll ich später seinen Eltern sagen?", weinte ich. „Sie hatten nur den einen Sohn." Wir standen mitten auf dem Hauptweg und weinten alle drei um unseren Freund. „An allem ist nur die Tamara schuld", sagte ich später zu Tante Ida, als wir allein waren. „Warum Tamara? Wie kommst du darauf?" Jetzt war mir alles egal. Aus mir sprudelte die Qual der vergangenen Wochen heraus. Ich erzählte Tante Ida alles, verschwieg nichts. „Und alles hast du ganz allein für dich behalten?" Ich nickte. „Armes Kind!" Sie legte die Arme um meine Schultern und ließ mich weinen.

Später kam dann Helmut in unsere Baracke, die Arme voller gebrauchter Wolldecken. Wer eine eigene Decke hatte, bekam noch eine Lagerdecke dazu. Jeder einzelne Lagerinsasse musste nach neuestem Befahl eine Lagerdecke erhalten. Ich hatte schon eine dünne, altersschwache, die tauschte jetzt

Helmut gegen eine nagelneue dicke Decke aus. „Von den neuen waren nur zwei Stück da, eine für dich, und eine hab' ich behalten", flüsterte er mir zu. Ich freute mich riesig, am liebsten wäre ich gleich darunter gekrochen, leider musste ich zur Nachtschicht. Ich bedankte mich bei Helmut und gab ihm einen Kuss, den er lachend erwiderte.

Als ich am nächsten Morgen von der Nachtschicht ins Lager ging, freute ich mich schon den ganzen Weg auf die warme Decke. In Gedanken kuschelte ich mich so richtig mollig ein. Irgendetwas war anders als sonst, ich spürte es sofort. Kusnerow hetzte im Laufschritt durchs Lager, sonst sah man ihn nie so früh auf den Beinen. Was war los? Vielleicht ein Transport? Bei den Russen kam immer alles so plötzlich, aus heiterem Himmel. Aufgeregt rannte ich in meine Baracke. Nichts, große Stille.

Alles war wie immer. Erst ging ich zur Banja, um mich zu duschen. Ich war schwarz vom Kohlenstaub, sogar die Augen hatten einen schwarzen Rand. Die Banja war offen, doch es gab kein heißes Wasser. Seit Onkel Hans in der Banja war, war das noch nie vorgekommen. „Ist Onkel Hans krank?", erkundigte ich mich bei den anderen. Sie kamen alle von der Nachtschicht, hatten genauso wenig Ahnung wie ich. Wir hatten keine andere Wahl, wir mussten uns in dem eiskalten Wasser waschen. Der Dreck ging schlecht ab. Ich sah das bei den anderen deutlicher als bei mir selbst. Es gab ja keinen Spiegel.

Als ich angezogen war, ging ich in den Anbau zu Onkel Hans. Der Heizkessel war noch warm, aber das Feuer war aus. Ich schaute hinter die Holzwand, wo Onkel Hans schlief. Nur die nackte Pritsche stand da, der Strohsack und alle persönlichen Sachen fehlten. Mich durchfuhr ein heißer Schreck. Onkel Hans war doch nicht etwa tot? Immerhin war er nicht mehr der Jüngste mit seinen 56 Jahren. Was war mit ihm geschehen? Ich dachte weder ans Frühstück noch an Schlaf, ich musste erfahren, wo Onkel Hans steckte.

Ich suchte nach Helmut. Draußen lief ich ihm direkt in die Arme. Noch bevor ich ihn ausfragen konnte, kam er mir schon zuvor. „Tante Ida und Onkel Hans sind fort. Ich soll dir von beiden die herzlichsten Grüße ausrichten." „Wo fort?" „In ein Sammellager. Von da geht ein Transport nach Hause." Die Neuigkeit warf mich fast um. Ich gönnte das Glück den beiden Menschen von Herzen. Trotzdem fühlte ich mich plötzlich im Stich gelassen. So jämmerlich war mir schon lange nicht mehr ums Herz. „Alle Frauen über 40 und Männer über 45 sind jetzt fort", berichtete Helmut weiter. „Na, so viele waren nicht mehr im Lager. Wieviel genau?" „Acht Männer und vier Frauen." „So ohne Abschied einfach fort, das tut weh." „Ach so ...", er kramte in seiner Hosentasche, „das soll ich dir von Tante Ida geben." Er reichte mir einen eng beschriebenen Zettel. Tränen tropften auf die letzten Grüße von der Frau, die ich wie eine Mutter liebte.

„Hilde, was ich dir jetzt sage, behalte für dich. Die anderen werden es noch früh genug erfahren. Wir ziehen heute noch in ein anderes Lager um." Ich glaubte, mich verhört zu haben. „Alle?", fragte ich. „Ja, das ganze Lager wird geräumt." „Weißt du, wohin?" „Nein, vielleicht erfahr' ich das noch, ich sag' dir dann Bescheid." Ich nickte.

Auf nüchternen Magen hatte ich nun genug an Neuigkeiten geschluckt. Ich musste das alles erst verarbeiten. Erst einmal ging ich zur Küche und holte mir meine Brotzuteilung und den heißen Tee ab. Ich hatte Angst, dass die Küche womöglich schon wegen des Umzugs geschlossen war. Ich merkte noch nicht einmal, dass ich meine ganze Tagesration Brot aufaß, so sehr wühlte mich Tante Idas Zettel auf: „Halte immer deinen Kopf hoch, auch wenn es dir manchmal sehr schwer fällt. Gib dich niemals auf. Du glaubst gar nicht, wie schnell es mit einem Menschen bergab geht, wenn er sich selbst bemitleidet. Sage mindestens zehn Mal am Tag: Ich will leben! Du schaffst es, mein liebes Kind, ich weiß das; Gott beschütze dich, deine Ida."

Ich warf mich auf meine funkelnagelneue Decke und heulte mir die Seele aus dem Leib. Irgendwann muss ich doch noch eingeschlafen sein, denn mit großem Lärm und lauten Rufen wurden wir geweckt. „In 30 Minuten seid ihr fertig zum Abmarsch. Ihr packt eure sämtlichen Sachen und nehmt euren Strohsack und die Decke mit." „Was ist los? Kommen wir jetzt nach Hause? Wohin geht es? Warum sollen wir den Strohsack mitnehmen?"

Solche und ähnliche Fragen prasselten auf den armen Sascha herab. Er ergriff die Flucht, weg war er.

Bei mir ging das Packen schnell, denn viel besaß ich immer noch nicht. Onkel Hans hatte mir zu meinem 21. Geburtstag einen selbstangefertigten Holzkoffer geschenkt. Die Scharniere waren aus Lederstückchen von alten Schuhen, und ich konnte ihn mit einem Vorhängeschloss sogar abschließen. Nur leider besaß ich keins. Ein Stück Mullbinde, das noch aus meiner Ambulanzzeit stammte, diente mir als Schnur. Unter der neuen Decke fand ich ein paar neue Fußlappen und ein paar selbstgenähte Fausthandschuhe, aus einem Rest Wolldecke – Tante Idas letzter Gruß.

Mit dem Strohsack und der Decke in der rechten, dem Koffer in der linken Hand, das schmutzige, feuchte Arbeitszeug über den Schultern, verließ ich mit den anderen das Lager. Ein endlos langer Zug ging vor uns. Schritt für Schritt ging es die Schienen entlang. Ich schlief fast im Gehen ein; den anderen von der Nachtschicht ging es auch nicht besser. Die Aufregung hatte sich etwas gelegt, das Rätselraten war beendet. Alle wussten jetzt, dass wir in ein anderes Lager kamen.

Hoffentlich war es nicht mehr weit, denn der unhandliche Strohsack riss mir fast den Arm ab. Lausig kalt war es obendrein. Ein messerscharfer Wind schnitt uns ins Gesicht, nahm uns fast den Atem. Die Augen liefen über, die Tränen wurden zu Eiskügelchen. Ab und zu blieb ich stehen, stellte den

Koffer hin und wischte mir mit dem Ärmel die Augen trocken. Der eine oder andere setzte sich auf sein Gepäck, weil er einfach nicht mehr konnte. Die Nachkommenden stolperten dann über die Sitzenden, fielen mit Sack und Pack lang hin. Es wurde geschimpft und geflucht, die Siebensachen wieder eingesammelt, und man torkelte weiter. Die Vorderen verschwanden jetzt nach und nach, wurden einfach verschluckt. Erst kurz vor dem großen Tor wusste ich, wohin uns der Weg führte. Wir kamen in das verfallene ehemalige Straflager.

Ein neues Lager

Das neue Lager war geräumiger, die freien Plätze zwischen den einzelnen Baracken größer. Ich landete wieder einmal in der letzten Baracke. Wir trampelten durch den unberührten Schnee, bahnten uns einen Weg bis in unsere Baracke. Die Haustür lag zu ebener Erde, wir konnten nicht rein. Erst mussten wir den Schnee wegräumen. Ein Flur, rechts und links ein riesiger Saal. Diesmal gab es keine Brettergestelle, sondern einzelne Pritschen in vier langen Reihen. Die mittleren Pritschen standen Kopf an Kopf, dadurch entstanden zwei breite Gänge. In der linken Ecke vorne, in der rechten Ecke hinten, riesige Herde mit Kochplatten. An jeder Seite fünf kleine Fenster, die vor Schmutz starrten. Der Fußboden bestand aus festgetretener Erde. Es sah alles so trostlos aus, und genauso fühlten wir uns auch. Die Plätze reichten nicht für uns alle, denn die Mädchen von der Frühschicht mussten auch noch hier untergebracht werden. Wir schoben die Pritschen zu Doppelbetten zusammen und teilten sie mit drei Frauen.

Kaum hatten wir unsere festen Plätze, musste sich die Spätschicht zur Arbeit umziehen. Sie meuterte lautstark, verlangte ihr Mittagessen. Sascha versuchte zu beruhigen. „Wenn ihr von der Arbeit kommt, bekommt ihr alles nach. Die Küche muss sich erst einrichten." Es blieb ihr nichts anderes übrig, sie musste ohne Essen losziehen. Was nützten uns die großen Herde, wenn wir nichts zu heizen hatten? Dabei hatte ich mich heute morgen noch mit einem großen Stück Kohle vom Schacht abgeschleppt.

Es war eisig kalt hier in dem großen Saal, und hundemüde war ich auch. Ich kuschelte mich in meine neue Decke und versuchte zu schlafen. Meine Füße drohten abzusterben, so kalt waren sie. Und nun streikte auch noch die Blase, es half nichts, ich musste raus. Die Tür ging auf und zu, die ganze Nachtschicht war auf den Beinen. „Wo ist das Klo?", fragte ich ein Mädchen, das gerade zur Tür reinkam. „Weiß ich auch nicht. Ich war hinter der Baracke." Ich stapfte auf den Fußspuren der anderen um die Ecke.

Kaum lag ich wieder auf der Koje, kam Kusnerow herein. „Alles aufstehen zum Schneeschippen!" Wir mussten uns bis zur nächsten Baracke einen Weg schaufeln, die anderen waren schon fleißig dabei. Anschließend suchten wir die Küche, denn wir hatten Hunger. Die war ganz vorn, in der Nähe des Tores. Dort erfuhren wir, dass es heute nichts mehr geben würde. Es gab im ganzen Lager kein Wasser, alles war zugefroren. Niedergeschlagen trotteten wir in unsere Baracke zurück. Nicht einmal einen Schluck Wasser hatten wir, und etwas Schnee konnten wir auch nicht auftauen, denn der Ofen war kalt. Deutsche Kriegsgefangene kamen morgen in unser schönes Lager, und für diese Soldaten mussten wir jetzt in dieser baufälligen Bruchbude hausen. Ich weiß, dass die deutschen Männer nichts dafür konnten, trotzdem hatte ich im Moment eine Stinkwut auf sie. Und die Kohle hatte ich auch umsonst geschleppt, hatte sie ihnen praktisch in den Schoß geworfen.

Inzwischen war auch die Frühschicht mit Sack und Pack eingetroffen. Wir waren wieder vollzählig. Etwas später machten wir uns müde, hungrig und steifgefroren auf den Weg zur Arbeit. Querfeldein stapften wir durch den hohen Schnee zu unserem Schacht, etwa vier Kilometer weit. Mühevoll mussten wir uns erst den Weg in der Dunkelheit suchen und frei trampeln. Zwischendurch schüttelten wir den Schnee aus den Gummigaloschen, der in die kurzen, breiten Schäfte hineinrutschte. Meine Fußlappen waren jetzt schon klitschenass. Abgekämpft begannen wir mit der Arbeit.

In dieser Nacht wurde ich das erste Mal Untertage eingesetzt. Die gleiche Arbeit am Fahrstuhl wie oben, nur war es unten nicht so kalt. Oben zog es aus allen Ritzen. Ohne Handschuhe konnte man keinen Waggon anpacken, die Hände blieben am Eisen kleben. Und Arbeitshandschuhe bekamen wir nicht, mit alten Lappen umwickelten wir die Hände zum Schutz. Was war ich froh, dass ich jetzt unten war. Und 200 Gramm Brot gab es jetzt auch mehr, denn nun zählte ich zu den Schwerstarbeitern.

Eine elektrische Lok fuhr hin und her, brachte die vollen Waggons zum Fahrstuhl, nahm die leeren wieder mit. Ich musste die Waggons entkoppeln und zum Fahrstuhl schieben. Ein anderes Mädchen schob den leeren Waggon aus dem Fahrstuhl, stellte schnell eine Weiche um, damit der Waggon auf ein anderes Gleis rollte, und koppelte ihn dann zusammen. Auf der anderen Seite des Fahrstuhls spielte sich das gleiche ab. Wir hatten ganz schön zu tun, ohne Pause, acht Stunden lang im Dauerlauf.

Als wir nach getaner Arbeit total fertig zum Lager trotteten, merkten wir erst nach einer Weile, dass wir falsch gingen. Aus Gewohnheit hatten wir den alten Weg eingeschlagen. Wir mussten wieder zurück zum Schacht und die Fußspuren suchen, die uns zum Lager führten, sonst hätten wir den Weg nicht gefunden. Ein Glück, dass es nachts nicht geschneit hatte. Jede von uns schleppte ein Stück Kohle mit. Am Tor nahm man uns die Kohle ab, für die Küche und das Lazarett. Berta, meine Bettgenossin, schimpfte und fluchte auf Kusnerow, dass ich es mit der Angst bekam. Sie gebrauchte die ordinärsten Ausdrücke, die ich je gehört hatte. „Berta, sei still", versuchte ich sie zu bremsen, doch sie störte sich nicht daran. „Die alte Wildsau versteht mich ja sowieso nicht", sagte sie böse. Da war ich nicht so ganz sicher. Kusnerow hörte sich das Geschimpfe an und grinste über sein ganzes Gesicht.

Eine wohltuende Wärme empfing uns in unserer Baracke. Die Spätschicht hatte auch Kohle mitgebracht, die hatte man ihr am Tor nicht abgenommen. Beide Herde bullerten auf Hochtouren. Eine Banja gab es im Lager nicht, doch wir mussten uns waschen. Wir waren schwarz wie die Schornsteinfeger, das einzige Helle im Gesicht waren die Zähne und das Weiße in den Augen. „Verdammt, was machen wir jetzt?", fragte Berta. „Schnee auftauen", schlug ich vor. Ich nahm meine Konservenbüchse, stampfte sie voll Schnee und stellte sie auf die heiße Herdplatte. Es dauerte eine Ewigkeit, bis der Schnee geschmolzen war. Was übrig blieb, waren kaum drei Zentimeter Flüssigkeit. Es blieb uns nichts anderes übrig, als uns draußen mit Schnee abzureiben.

Wenigstens gab es heißen Tee in der Küche, und ich bekam zum ersten Mal die Portion Brot für Schwerstarbeiter, 1 200 Gramm. Doch satt wurde ich davon auch nicht. Als ich am frühen Nachmittag wach wurde, konnte ich auf einem Auge nichts mehr sehen. Das rechte Auge war total zugeschwollen. An den Armen und Beinen hatte ich rote, dicke Pocken, die juckten wie verrückt. Berta sah ebenso entstellt aus. „Verdammt, das sind ja Wanzen!", schrie sie hysterisch und gebärdete sich wie von Sinnen. „Woher weißt du das?", fragte ich erstaunt. „Da – da – da ...", sie zeigte auf kleine Blutflecken auf ihrem Strohsack. „Die Biester sind durch die Wärme wach geworden und fressen uns jetzt auf."

Ich untersuchte meinen Strohsack, fand auch etliche Blutspuren, doch keine Wanzen. Ich hatte schon von Wanzen gehört, doch gesehen hatte ich noch nie welche. Durch unsere tägliche Kontrolle hatten wir die Läuse im Griff. Von nun an begann der Kampf mit den Wanzen. Nach dem Essen nahm ich mir vor, Trudi im Lazarett zu besuchen. Ich hatte schon einige Tage nichts mehr von ihr gehört. Es kostete mich einige Überwindung, doch die Liebe zu Trudi war größer als mein dummer Stolz.

Im Flur rannte ich natürlich sofort Else in die Arme. Es war ein unerwartetes, verlegenes Wiedersehen auf beiden Seiten. Ich fing mich zuerst und fragte nach Trudi. „Trudi ist jetzt Patientin bei uns. Sie hatte vor zwei Tagen einen Blutsturz." „Oh Gott! Schlimm?" „Überzeug' dich selbst." Sie führte mich bis an Trudis Bett. Ich erkannte meine Freundin nicht wieder. Blass und eingefallen lag sie auf der Pritsche. Die Hände fuhren unruhig auf dem Laken hin und her. Die Augen hielt sie geschlossen. Ich ergriff ihre durchsichtigen, zuckenden Hände und hielt sie fest. „Trudi!" Sie öffnete die Augen einen Spalt, und als sie mich erkannte, leuchteten ihre Blicke auf. Sie wollte sich etwas aufrichten, doch ein schwerer Hustenanfall hinderte sie daran. „Bleib liegen, Trudi. Ich bin ja jetzt bei dir." „Ich dachte schon, du kommst überhaupt nicht mehr." „Ich wusste nicht, dass du krank bist. Kein Mensch hat mir etwas gesagt." „Dabei hat mir die Else fest versprochen, dich zu rufen." „Jetzt bin ich ja hier." „Ja."

Ich erzählte ihr fast eine Stunde von meinen Erlebnissen der letzten Tage. Trudi hörte mit geschlossenen Augen zu, ein glückliches Lächeln auf ihrem abgemagerten Gesichtchen. Als ich mich dann von ihr verabschiedete, versprach ich ihr, jeden Tag zu kommen. „Und du musst mir versprechen, alles aufzuessen, was du bekommst." „Ich werde es versuchen", nickte sie. Wieder draußen, konnte ich mich nicht mehr beherrschen. Ich weinte bitterlich um meine todkranke Freundin, denn ich wusste, dass ihre Tage gezählt waren. Trudi war so ein wertvoller Mensch. Warum war das Schicksal nur so grausam? Sie hatte doch niemandem etwas Böses getan.

Als ich, seelisch geknickt, in meine Baracke zurückging, wartete dort Helmut auf mich. „Ich hab' dich überall gesucht. Wo hast du so lange gesteckt?" „Ich war bei Trudi im Lazarett." „Ach so." Er kam mir irgendwie verändert vor. „Ist was?", fragte ich beunruhigt. Ich hatte für schlechte Nachrichten schon ein feines Gespür entwickelt. Und dann bekam ich den zweiten Tiefschlag dieses Tages. „Sie haben heute Ernst ins Lager zurückgebracht. Er ist tot." Ich konnte nichts mehr denken, nichts mehr fühlen. In meinem Kopf hämmerte es: tot – tot – tot ...

Am nächsten Tag sagte Helmut zu mir: „Du warst wie versteinert. Einen Augenblick habe ich befürchtet, du hättest auch deinen Verstand verloren." Ernst war tot. Ich stand mit hängenden Armen vor meiner Pritsche, nicht fähig, etwas zu tun. Und da kam auch schon Sascha: „Fertigmachen zur Nachtschicht." Von nun an gingen wir ohne Posten zu unserem Schacht. Tamara hatte aus uns allen Roboter gemacht, die willenlos gehorchten.

Ich schob wie ein Automat die Waggons voller Kohle in den Fahrstuhl. Ich sah das stählerne Ungetüm herunterkommen, da kam mir der Gedanke: jetzt – und alles wäre endlich vorbei. Ich dachte an die beiden Jungen, die vor einiger Zeit unter dem Aufzug den Tod fanden. Vielleicht hatten sie damals den gleichen Gedanken gehabt.

Entweder fehlte es mir an Mut oder der Lebenswille war doch stärker, als ich annahm. Ich schob treu und brav die Waggons weiter bis zur Ablösung durch die Frühschicht. Die nächste Schicht hatte ich frei. Einen Tag in der Woche hatte jeder Schachtarbeiter seinen Ruhetag. Damit er nicht einrostete, wurde er zu stundenlanger Lagerarbeit herangezogen. Ich durfte diesmal sogar fünf Stunden hintereinander schlafen, bis ich unsanft von Gerhard geweckt wurde. Berta, die neben mir schlief, musste auch daran glauben.

Der Rote Saal

Gegenüber unserem Saal befand sich ein gleich großer Raum. Er war nicht belegt, stand leer. Den sollten wir jetzt gründlich sauber machen. Da man uns bei der Arbeit allein ließ, beeilten wir uns nicht sonderlich. „Immer mit der Ruhe, Hilde", bremste mich Berta. „Sonst kommt womöglich der Scheißkerl auf den Gedanken, uns auch noch zum Schneeschippen rauszuschicken." Ein Glück, dass es keinen Holzfußboden gab. Ohne Wasser wäre das ein Problem gewesen. Den festgetretenen Lehmboden brauchten wir nur zu fegen.

Später kamen Sascha und Helmut, die Arme voll mit roten Tüchern bepackt. „Was soll das hier geben?", fragte ich neugierig. „Das wird der Kultursaal", antwortete Sascha stolz. Ich konnte mir nicht viel darunter vorstellen. „Und wozu ist das gut?" „Es wird Tanzabende geben, Theater und Schulungen. Ihr sollt euch wie zu Hause fühlen." „Aha." Berta und ich sahen zu, wie Sascha und Helmut die Wände mit den roten Tüchern tapezierten. Die Tücher entpuppten sich als Fahnen mit Hammer und Sichel, gingen von der Decke bis zum Boden. Nur die Fenster und die Tür wurden nicht behangen. „Sieht schön kommunistisch aus", flüsterte Berta mir ins Ohr, „alles so rot wie Blut." Und zum Abschluss nagelte man ein lebensgroßes Stalinbild und einen kleineren Lenin an die blutroten Wände. „Sieht ja toll aus", witzelte Berta, „ich meine den Mann mit dem Schnauzer." „Sei still", zischte ich, „du bringst uns noch an den Galgen." Kusnerow und Gerhard standen schon eine Weile in der offenen Tür.

Eine Woche später wurde der Rote Saal eingeweiht. Wir besaßen jetzt eine eigene Lagerkapelle. Sogar ein Akkordeon Marke Hohner war dabei. Woher plötzlich alle Instrumente herkamen, das wusste der Himmel. Bestimmt stammten die noch aus Beuthen. Sie hatten damals genug Beuteware mitgeschleppt, ich hatte es mit eigenen Augen gesehen. Musiker gab es im Lager genug, erstklassige sogar, davon konnten wir uns alle überzeugen. Tanzen konnten die wenigsten. Wir waren alle Kriegsjugendliche, die keinen Tanzboden kannten. Trotzdem versuchten wir es mit unseren klobigen Gummigaloschen, die flotte Musik ging einem ins Herz und in die Beine.

Leider hatte ich nicht viel davon, denn noch immer hatte ich Nachtschicht und jetzt musste ich mich umziehen. Als ich in meinen dreckigen Arbeitsklamotten noch einen letzten Blick in den Roten Saal warf, verschlug es mir den Atem. Mein Helmut wirbelte gekonnt übers Parkett, ein hübsches Mädchen im Arm. Es war Ruth, eine ehemalige Balletttänzerin mit einer Traumfigur. Ein messerscharfer Stich ging mir mitten ins Herz. Helmut tanzte an der offenen Tür vorbei, streifte mich fast und sah mich doch nicht. Er hatte nur Augen für seine Tänzerin. Berta gab mir einen kräftigen Schubs. „Komm, wir sind schon spät dran. Deinem Helmut passiert schon nichts, der ist in guten Händen." „Ach, halt deinen Mund!", sagte ich wütend, und in Gedanken setzte ich hinzu: Der kann morgen was erleben!

In dieser Nacht kam ich unten vom Fahrstuhl weg. Jetzt fuhr ich mit der Elektro-Lok und dem endlos langen Zug leerer Waggons tief in die Grube hinein. Wir bogen von der Hauptstrecke ab, fuhren dann eine Nebenstrecke entlang. Zwischendurch zeigte mir der russische Lokführer, wo ich vorlaufen musste, um die Weichen zu stellen. Insgesamt acht Weichen mussten auf dieser Strecke gestellt werden. Vor einem der Stollen hielt der ganze Zug. Ich musste die leeren Waggons schnell entkoppeln und anschließend die inzwischen sehr lange Reihe voller Waggons zusammenkoppeln. Da es vom Stollen aus etwas bergab ging, verkeilten sich die vollen Waggons miteinander. Jetzt brauchte ich meine ganze Körperkraft, um sie etwas auseinander zu schieben, damit ich den Eisenstab in die Löcher bekam. Der Russe stand daneben, kaute an seinem Brot und sah zu, wie ich mich abquälte. Zwischendurch schrie er in regelmäßigen Abständen: „Fritz! Dawai! Dawai!" Schneller! Schneller! Was dachte sich der Iwan eigentlich? Er hatte gut lachen mit vollem Bauch, die Hände in den Taschen – schneller, schneller!

Ich tat, was ich konnte, mir wurde schwarz vor Augen vor Anstrengung. Wenn ein voller Waggon den Abhang herabgerollt kam und mit größter Wucht auf den letzten Wagen knallte, riss es mir beim Koppeln fast die Finger ab. Endlich waren fünfzig Waggons gekoppelt und ab ging es zurück zum Fahrstuhl. Wieder musste ich vorlaufen und die Weichen stellen. Die gefährlichste Weiche war etwa einhundert Meter vom Fahrstuhl, die erforderte größte Konzentration. Der Lokführer fuhr geradeaus, koppelte sich vor der Weiche vom ersten Waggon ab, und ich musste im gleichen Augenblick die Weiche stellen, damit der ganze Kohlenzug auf ein Nebengleis rollte. Verpasste man diese Zehntelsekunde, entgleisten die ersten Waggons und zogen die nachfolgenden mit. Jedesmal befiel mich das große Zittern an dieser verflixten Weiche.

Ich fühlte mich richtig erlöst, als diese Nacht um war. Berta wartete am Fahrstuhl auf mich. Gemeinsam fuhren wir nach oben. Ich erzählte ihr von meinem nächtlichen Einsatz. „Was, du arbeitest mit diesem bescheuerten Bolschewiken zusammen? Mit dem wirst du noch dein blaues Wunder erleben. Länger als vier Wochen hält es bei dem keine aus." Berta sollte sich irren. Ich arbeitete fast zwei Monate mit ihm zusammen.

„Komm mal mit raus, ich zeig' dir was", sagte eines Tages Berta zu mir. Sie zog mich hinter die Baracke bis ganz nahe an den drei Meter hohen Holzzaun. Hier und da waren Bretter erneuert worden und darüber drei Reihen Stacheldraht gespannt. Im Augenblick arbeiteten die Elektriker daran, den Zaun unter Strom zu setzen. Allerdings würde es noch ein oder zwei Tage dauern, bis sie an unser Ende kamen. Berta ging zum Zaun und schob ein breites Brett zur Seite. Ein einziger Nagel nur hielt das Brett oben fest. Die Lücke war breit genug, man konnte bequem durchkriechen. „Drei Tage hab' ich dafür gebraucht, bis ich die rostigen Nägel raus hatte. Es ist das breiteste Brett im Zaun und liegt so günstig. Kein Mensch kann uns von hier aus sehen. Wie findest du das?" „Prima. Aber die Arbeit hättest du dir sparen können. Morgen steht der Zaun unter Strom." „Ach verdammte Scheiße!" Sie weinte fast vor Enttäuschung und Wut. „Daran habe ich nicht gedacht. Und ich hab' mich schon so gefreut, ab und zu mal einen Abstecher zu machen." „Wo wolltest du denn hin?" „Na, wohin schon. Die goldene Freiheit genießen, meinen Freund besuchen. Er wohnt nicht weit von hier. Wir kennen uns schon fast ein ganzes Jahr, er ist Wolgadeutscher. Aber ich komme noch raus, wirst schon sehen."

Wütend schüttelte sie die Hände zu Fäusten geballt, Richtung Tor. „Diese Schweine! Uns einfach wie Zuchthäusler zu behandeln. Dabei können sie froh sein, dass wir die Drecksarbeit für sie machen. Noch nicht einmal Wasser zum Waschen gibt es, von dem Fraß, den sie uns geben, ganz zu schweigen." Das mit dem Wasser war eine wirkliche Katastrophe. Wir hatten alle schon eine dunkelgraue Haut bekommen. Mit dem Schnee konnten wir uns nicht richtig waschen, außerdem war alles schon verharscht und festgefroren. Mit der Konservenbüchse kriegten wir gerade so viel aufgetaut, dass es kaum zum Zähneputzen reichte. Und trinken mussten wir auch, die Kelle Tee morgens reichte nicht aus.

Meine Zähne bereiteten mir auch große Sorgen. Ich hatte das Gefühl, als ob sie alle locker wären. Immer wieder probierte ich das aus, wackelte mit den Fingern an den Zähnen hin und her. Bewegten sie sich tatsächlich oder bildete ich mir das nur ein? Die Angst um mein Gebiss war so groß, dass ich Nacht für Nacht davon träumte. Immer den gleichen Traum, ich sah, wie ein Zahn nach dem anderen ausfiel. Als ich das einmal Berta erzählte, hatte sie sofort ihre Version parat: „Das bedeutet Tod. Du wirst sehen, einer wird in deiner Familie sterben. Das hab ich von meiner Großmutter, und die kannte sich aus. Wenn Zähne ausfallen, stirbt einer."

Jetzt ergriff mich tatsächlich Panik. Vielleicht war meine Mutter schon tot und ich wusste es nicht. Warum hatte sie mir nicht geschrieben? Vor einigen Tagen hatte es die erste Post aus der Heimat gegeben. Die Antwortkarten kamen zurück. Für mich war nichts dabei. Die Enttäuschung machte mich richtig krank. Ich bekam Durchfall, der noch immer anhielt. Ich röstete mir jetzt das Brot auf der Herdplatte, bevor ich es aß. Denn ich merkte auf der Arbeit, dass meine Kräfte nachließen. „Ich will leben! Ich will leben!" Immer sagte ich in Gedanken den gleichen Satz. Tante Ida wäre mit mir zufrieden. Wo sie wohl steckte? War sie wirklich schon in der Heimat?

Trennung von Helmut

Im Augenblick hatte ich wieder einmal einen Tiefpunkt erreicht. Ich dachte nicht mehr an meine Zähne, prompt blieben die quälenden Träume aus. Mich beschäftigte etwas anderes, was mich noch mehr quälte. Helmut ging mir aus dem Weg. Die letzte Woche hatte ich ihn kaum gesehen. Ich hatte jetzt Spätschicht und kam erst kurz vor Mitternacht ins Lager zurück. Ein anderes Mädchen gab es bei Helmut nicht, denn das hätte man mir sofort brühwarm berichtet. Im Lager blieb nichts geheim.

Trudi besuchte ich jeden Tag im Lazarett, ich hatte es ihr versprochen und ich hielt mein Wort. Sie magerte immer mehr ab, war nur noch Haut und Knochen. Ich sah, wie sie täglich ein wenig mehr starb und konnte ihr nicht helfen. Ich versuchte für sie zu beten, aber das brachte mir auch keinen Trost. Gott war so weit entfernt, ich hatte keinen Kontakt mehr zu ihm. Gab es ihn überhaupt? Und wenn ja, wo war er dann, wenn man ihn so nötig brauchte. Warum ließ er das alles zu? Es ist schlimm, wenn einem die Zweifel kommen. Mit Berta konnte ich nicht darüber sprechen, sie hätte mich nicht verstanden. Tante Ida fehlte mir an allen Ecken und Enden.

Und jetzt ließ mich auch noch Helmut im Stich, ich fühlte das bis in mein Innerstes. Kein Wunder, wenn ich mich so in Bertas winziger Spiegelscherbe betrachtete, erkannte ich mich selbst kaum wieder. Mein Gesicht bestand nur noch aus Augen. Eine Woche vor Weihnachten kam es dann zum endgültigem Bruch zwischen Helmut und mir. „Ich liebe dich wirklich, Hilde, aber wir müssen uns trennen." „Steckt Tamara dahinter?", fragte ich voller Verzweiflung, bemüht, Haltung zu bewahren. Sein Schweigen war mir Antwort genug. Später dann in der Baracke warf ich mich auf die Pritsche und litt alle Qualen der Welt. Das Schlimme war, dass ich Helmut immer irgendwo im Lager begegnete, ich konnte ihm nicht ausweichen. Jedesmal riss die Wunde neu auf. Es dauerte lange, bis ich darüber hinweg war.

Zwei Tage vor Weihnachten durften wir wieder nach Hause schreiben. Es gab die gleichen Karten wie das erste Mal, doch diesmal durften wir die Karten vollschreiben. Ich überlegte lange, ob ich nach Hause schreiben sollte. Wenn ich wieder keine Antwort bekam, würde ich das nicht mehr verkraften. Schließlich schrieb ich meiner Tante nach Berlin. Ich bat sie, meine Mutter zu benachrichtigen.

Erfrierungen an den Füßen

Weihnachten war im Lager wie jeder andere Tag auch. Als ich am Heiligen Abend von der Spätschicht kam, war das Thermometer ganz schön gefallen. Steifgefroren kamen wir im Lager an. Ich kriegte die Gummigaloschen nicht ausgezogen, die nassen Fußlappen waren an den Füßen und den Stiefeln festgefroren. Als ich sie endlich auskriegte, hatte ich keine Haut mehr an den Füßen, die klebte an den Fußlappen fest. Ich saß vor dem Ofen auf dem Boden und starrte verwundert auf meine lädierten Füße, spürte weder Schmerzen noch sonst etwas.

„Da kriegst du noch Ärger mit", sagte eine Stimme hinter mir. Ich drehte mich um und erkannte Gretel, die frühere Schwester aus dem damaligen Lazarett. Ich sah sie heute zum ersten Mal, obschon wir beide im gleichen Raum wohnten. „Es tut nicht weh", sagte ich leise. „Das kommt noch, verlass dich drauf. Hier, iss das auf, es ist noch heiß." Sie reichte mir eine volle Konservendose mit köstlicher, dicker Gemüsesuppe. Ich starrte sie ganz verdattert an, als wäre sie das Christkind persönlich. „Na, iss schon!", sagte sie lächelnd.

Das ließ ich mir nicht zweimal sagen. Ausgehungert, wie ich war, stürzte ich mich mit Wonne auf diese unverhoffte Köstlichkeit. Während ich Löffel für Löffel genoss, erzählte mir Gretel, wie sie zu der Suppe kam. „Ich war heute heimlich auf dem Basar, hab' einen Pullover von mir verscheuert. Von dem Geld hab ich Kartoffeln, Möhren und einen Kohlkopf gekauft. Der Rest des Geldes ging dann für einen zerbeulten Aluminiumtopf drauf." „Wie bist du durch's Tor gekommen?" „Sascha hat mich durchgelassen. Hab' ihm mein Ehrenwort gegeben, in spätestens zwei Stunden zurück zu sein." „Und hast du das geschafft?" „Ging alles ganz schnell. Die Russen rissen mir den Pullover förmlich aus der Hand. Etwas über eine Stunde habe ich nur gebraucht." Der gute Sascha, dachte ich gerührt. Seine Gedanken waren heute am Heiligen Abend sicher auch zu Hause bei seinen Eltern. Wären nur alle Russen so, dann wäre Frieden auf Erden. „Du Glückliche, du hast wenigstens noch was zu verscheuern, ich dagegen besitze rein nichts." „Das meiste stammt noch aus meiner Lazarettzeit, die besten Sachen haben wir behalten, Martha und ich. Früher ging das noch. Ich hab' mir gedacht, besser wir als Kusnerow." „Du warst eben schlauer als ich." „Das glaube ich auch", lachte Gretel verschmitzt. „Warum gibst du ausgerechnet mir von deinem Essen ab?", fragte ich neugierig, „eigentlich kennen wir uns ja kaum." Gretel sah mich lange schweigend an. „Weil heute Weihnachten ist und weil ich dich schon immer gut leiden konnte." „Danke, Gretel! Und frohe Weihnachten."

Gleich als ich unter der Decke lag, fing es mit meinen Füßen an. Ein teuflischer Schmerz zuckte hin und her. Die Wanzen rochen wohl auch ihre Beute, denn ich hatte das Gefühl, dass sich eine ganze Armee dieser hinterhältigen Biester ausgerechnet über meine Wunden hermachte. Berta schnarchte neben mir, ich beneidete sie um ihren tiefen Schlaf. Es war die zweitlängste Nacht meines Lebens, die längste war damals im Karzer.

Am nächsten Tag kam ich nicht in die Gummigaloschen hinein. Auch wenn ich es gewollt hätte, wäre ich nicht in die Ambulanz gekommen. Hier und da sang jemand ein Weihnachtslied. Die zweite Strophe wurde dann nur noch geschluchzt. Sogar Berta neben mir heulte Rotz und Wasser, soviel Gefühl hätte ich ihr niemals zugetraut. Ich dachte immer, sie hätte eine Elefantenhaut, denn sie machte sich über alles und jedes lustig. Gefühle waren für sie die reinste Verschwendung, das hatte sie mir selbst gesagt.

Als Sascha kam, zeigte ich ihm meine Füße. Er war böse, dass ich nicht in die Ambulanz ging. „Ich krieg' die Stiefel nicht an", sagte ich kläglich. „Außerdem schreibt mich der Arzt sowieso nicht krank." Er überlegte einen Augenblick, ich merkte richtig, wie er mit sich kämpfte. „Gut, heute brauchst du nicht zur Arbeit, ich nehm's auf meine Kappe. Morgen gehst du aber zum Doktor." Erleichtert atmete ich auf, einen Tag hatte ich gewonnen.

Am nächsten Vormittag humpelte ich an Bertas Arm, das Herz voller Widerwillen, in die Sprechstunde. Ich hatte ja keine andere Wahl. Nachdem er meine Füße eine endlos lange Zeit studiert hatte, wollte der Doktor wissen, wie ich das fabriziert hätte. Ich sagte es ihm und merkte, dass er mir kein Wort glaubte. Sicher nahm er an, ich hätte mich absichtlich barfuß in den Schnee gestellt. Else schmierte mir dick Vaseline drauf, legte rechts und links einen kunstvollen Verband an und ich durfte gehen. Krankgeschrieben wurde ich nicht. Ich regte mich nicht sonderlich auf, denn das hatte ich vorher gewusst. Dafür tobte Berta für mich mit. „Dieses Dreckschwein! Diese miese Ratte! Das ist kein Arzt, das ist ein Verbrecher! Behandelt Menschen wie ein Stück Dreck. Lässt du dir das gefallen?" „Was meinst du, was ich tun sollte?" Sie spuckte im hohen Bogen aus und schwieg. „Siehst du, absolut nichts kann ich tun." „Aber eine miese Ratte ist er doch!", beharrte sie. Ich widersprach ihr nicht. Sascha befreite mich noch einen zweiten Tag von der Arbeit. Am darauffolgenden Tag humpelte ich wieder mit den anderen mit.

In der nächsten Zeit lernte ich Gretel etwas näher kennen. Sie war ein prima Kumpel, mit ihr konnte ich reden. Was noch wichtiger für mich war, sie konnte schweigen. Jeden Tag erneuerte sie mir den Verband an meinen Füßen. Schade, dass wir nicht die gleiche Schicht hatten; wenn die eine kam, ging die andere. Im Moment hatte ich Frühschicht, Gretel musste mittags raus. Um 4.15 Uhr verließen wir das Lager. Ich hatte das Gefühl, dass um diese Zeit der Frost draußen am schlimmsten war. Der Himmel war voller Sterne, so nahe, wie ich es später nie mehr erlebte.

Die haben es zu Hause gut, dachte ich fröstelnd, die liegen in den warmen Betten und können noch viele Stunden schlafen. Jemand hatte mir erzählt, dass die Zeitverschiebung zwischen hier und der Heimat ungefähr vier Stunden betrug. Wenn das stimmte, dann war zu Hause erst Mitternacht vorbei, und die ganze Nacht lag noch vor ihnen.

Heute Morgen herrschte eine große Hektik unten in der Grube. Der Steiger, ein älterer, nervöser Tatare, gebärdete sich noch verrückter als sonst. Es hatte vergangene Nacht einen Stillstand gegeben wegen Stromausfall. Die E-Lok konnte nicht fahren, und der Fahrstuhl stand auch still.

Jetzt war alles behoben, und man trieb uns zur Eile, die verlorene Zeit aufzuholen. „Fritz, dawai, dawai!" „Ich habe einen Namen", sagte ich wütend. Ich hasste es, wenn er mich immer Fritz nannte. Es klang so abwertend. Nach der fünften Tour zwischen Fahrstuhl und Stollen passierte das, wovor ich immer Angst hatte. Die gefährliche Weiche klemmte etwas, ließ sich erst um den Bruchteil einer Sekunde herumreißen. Drei Waggons entgleisten, zwei kippten um. Ich stand starr vor Schreck, unfähig, mich zu rühren. Kaum eine Minute später prasselten die gemeinsten Flüche auf mich herab. „Sabotage!", schrie der Steiger und fuchtelte mit den Fäusten vor meiner Nase. „Das kostet dich 25 Jahre Straflager." Der Lokführer gab auch seinen Senf dazu, nannte mich Saboteur, verfluchter Fritz, und noch vieles mehr. „Nun steh' nicht rum, hol die Brechstange!" Ich lief die hundert Meter zu dem kleinen Raum neben dem Fahrstuhl, wo die Werkzeuge lagen. Mit der Brechstange humpelte ich so schnell ich konnte wieder zurück zur Unfallstelle. Auf einmal bekam ich einen Schlag und flog einige Meter weit mitsamt der Stange und blieb liegen. Erst dachte ich, jetzt ist es aus, das ist das Ende.

Schon standen der Steiger und der Lokführer neben mir, schimpften mich einen Vollidioten, rissen mir die Stange aus der Hand, und zum Abschluss bekam ich noch einen saftigen Tritt in den Hintern. Ich rappelte mich hoch und half mit, den Schaden zu beheben. Später erfuhr ich, dass ich mit der Eisenstange an die Stromleitung der E-Lok gestoßen war. Die Gummigaloschen und ein besonders guter Schutzengel haben mich vor dem sicheren Tod bewahrt.

Der Schaden war behoben, die Fahrt ging weiter. Als ich mit dem nächsten Zug voller Waggons an die verhasste Weiche kam, stand schon der Steiger davor, den Hebel in der Hand. „Jetzt pass auf, Fritz! Ich zeige dir, wie man das richtig macht!" Ich passte auf. Bei ihm entgleisten vier Waggons und ganze sieben kippten um. Den Blick, mit dem er mich anschließend bedachte, werde ich zeitlebens nie vergessen. Ich sah blanken Mord in seinen Augen. Da die Tataren sehr abergläubisch sind, war er fest davon überzeugt, ich hätte ihn verhext. Als wir endlich den Schaden behoben hatten, war die Ablösung schon da. Noch eine solche Fahrt hätte ich heute nicht mehr überstanden.

Am nächsten Morgen versammelten wir uns wie immer in dem Raum, wo man zur Arbeit eingeteilt wurde. Mir taten noch alle Knochen weh von gestern. Ich war ganz schön hart gefallen, mein Körper voller blauer Flecken. Und der Tritt des Tataren war auch nicht ohne gewesen. Alle waren schon eingeteilt, nur ich stand noch da. „Du gehst jetzt ins Lager zurück und kommst zur Mittagsschicht wieder", bestimmte der Steiger. Auch das noch. Jetzt musste ich vier Kilometer zurückgehen und nochmals die gleiche Strecke herkommen.Das schaffte ich nie mit meinen kaputten Füßen. Ich entschloss mich, hier im Raum zu bleiben, bis die Mittagsschicht kam. Ich gab einem Mädchen von der Nachtschicht meine Brotmarke, die ich in einem selbstgenähten Brustbeutel bei mir führte, und erklärte ihr meine Lage. Gretel sollte mir das Brot mitbringen. Ich war ja noch nüchtern.

Ich setzte mich auf eine Bank in die Nähe des Ofens und döste etwas ein. „Kannst du dir die Figur auf unserem Ku-Damm vorstellen?", hörte ich eine deutsche Stimme. „Aha, Berliner", dachte ich schläfrig und blinzelte zu den beiden Männern. „Nee", lachte der andere, „kann ich nicht." „Hier läuft aber auch ein Kroppzeug rum, nicht zu fassen! Mit der Zange möchte ich die nicht anfassen. Die Weiber waschen sich ja noch nicht einmal. Möchte wissen, wann die zuletzt Wasser gesehen hat."

Lieber Himmel, die beiden Landser meinten doch tatsächlich mich. Eine wilde Wut überfiel mich. Die hatten kein Recht, so über mich zu reden. Ich sprang auf, schrie leise auf, denn im Moment hatte ich meine kranken Füße vergessen. „Diese Frage kann ich euch korrekt beantworten. Ich habe schon seit drei Monaten kein Wasser gesehen, genau seit dem Tag, als ihr euch in unserem Lager eingenistet habt. Seitdem hausen wir in abbruchreifen Baracken, die total verwanzt und verlaust sind. Dankt Gott, dass ihr Soldaten seid und keine Zivilisten, denn die sind nur Menschen dritter Klasse. Uns geht es nicht so gut wie euch."

Die beiden Soldaten kriegten Maulsperre. „Jesus, mich laust der Affe, die spricht ja deutsch. Und ich hab' sie für ein Flintenweib gehalten!" Er gab seinem Kameraden einen kräftigen Schubs. „Mensch, Karli! Nun sag doch was." Karli hatte noch immer seinen Mund offen und starrte mich an, als wäre ich der Leibhaftige persönlich. „Keine Angst, ich beiße nicht", sagte ich noch immer wütend. „Das war eine richtige Gemeinheit, was ihr euch auf meine Kosten geleistet habt." Ich drehte ihnen den Rücken zu und humpelte wieder auf meinen Platz zurück. Am liebsten hätte ich jetzt losgeheult, mir war ganz elend zumute.

Die beiden Männer kamen mir nach. Verlegen blieben sie vor mir stehen. „Entschuldige, Mädchen, wir haben es wirklich nicht so gemeint. Wir haben uns nichts dabei gedacht, war alles nur dummer Spaß. Es tut uns leid." „Schon gut." Karli und Herbert erzählten mir, dass sie heute zum ersten Mal auf dem Schacht waren. Sie warteten jetzt auf ihren Kompanieführer, der sie hier abholen wollte. Sie sollten ein Büro für ihn einrichten. „Da könnt ihr mal sehen, wie gut ihr es habt. Sogar ein eigenes Büro bekommt ihr gestellt. Und wir haben noch nicht einmal Wasser im Lager. Eure Küche wird von euren Leuten verwaltet, im Lazarett ist ein deutscher Arzt, ihr habt eine eigene Schneiderei, eine Schusterwerkstatt, überall eure Leute. Ihr seid zu beneiden." Ich seufzte tief auf. Hätten wir nur einen Bruchteil von dem, was die Landser besaßen, dann ginge es uns besser.

„Ich glaube kaum, dass euer Arzt euch mit solchen Füßen auf den Schacht schickt." Ich zeigte auf meine Beine. „Wollt ihr mal sehen?" Herbert und

Karli nickten. Ich zog den Galoschen aus und löste den Verband. Sie sagten kein Wort, starrten sich nur gegenseitig entsetzt an. Noch ein anderer starrte auf meinen eitrigen Fuß: Fritz, der Kompanieführer. Unbemerkt hatte er schon eine ganze Weile neben uns gestanden und unserem Gespräch zugehört. Seelenruhig wickelte ich den Verband wieder um den Fuß, den Fußlappen darüber und zog den Galoschen an. „Das gibt es doch nicht! Den Arzt müsste man erschießen", sagte Karli empört. „Kein Grund zur Aufregung. Hab' nur ein bisschen Frost abgekriegt."

Jetzt erst bemerkten die beiden Soldaten ihren Kompanieführer. „Das ist Hilde", stellte mich Herbert vor, „und das ist Fritz." Wir unterhielten uns noch eine Weile, dann zogen die drei Soldaten ab. Das war mein erster Kontakt mit den deutschen Kriegsgefangenen. Ich schlief noch ein Weilchen im Sitzen, bis sich die Mittagsschicht so nach und nach einfand. Gretel brachte mir meine Brotzuteilung, die ich schnell und hungrig verschlang.

Man teilte mich zum Kohleschippen in Stollen 7 ein. Ich bekam einen Helm und eine Grubenlampe, die ich vorn an meiner Jacke befestigte und einen Akku, den ich am Rücken baumeln ließ. Wir verließen das Gelände und gingen einen Trampelpfad entlang, der etwa einen Kilometer durch ein freies Feld führte. Dort befand sich der Einstieg in die Grube. Leiter für Leiter kletterten wir hinab. Ich hatte das Gefühl, wir kämen auf der anderen Seite der Erdkugel heraus, die Anzahl der Eisenleitern nahm kein Ende. Von den dunklen Wänden floss das Wasser, ich war bis auf die Haut durchnässt. Jetzt wusste ich auch, warum man eine ganze Stunde vor Arbeitsbeginn losmarschieren musste, um pünktlich abzulösen. Wir kamen zum Stollen und mussten uns hochhieven, denn der Eingang lag fast einen Meter hoch. Das war aber nicht schwer, denn davor stand ein Waggon, der die Kohle auffing. Wir benutzten ihn zum Hochklettern. Schritt für Schritt quetschten wir uns an der Kohlenrutsche entlang. Rechts und links war alles mit Baumstämmen abgestützt. Dort, wo die Kohle abgebaut wurde, war der Gang etwas breiter. Ein Riesenhaufen lag vor der Rutsche, das Schippen begann. Ich tat es den anderen nach, machte die Schaufel voll und kippte alles auf die Rutsche. Ich habe mir das schwerer vorgestellt, dachte ich in den ersten fünf Minuten. Nach einer Viertelstunde war ich nicht mehr ganz so sicher. Nach einer Stunde dachte ich: Jetzt fällst du gleich tot um.

Der Kohlenhaufen nahm überhaupt nicht ab. Wie konnte das ein Mensch acht Stunden aushalten, ohne zusammenzubrechen? Es war einfach unvorstellbar. Ich konnte mich nicht drehen, musste halb gebückt nur in eine Richtung schippen. Zwischendurch rief einer von den Russen: „Dawai! Dawai!" Der Kohlenstaub kroch in die Nase, in den Mund, juckte am ganzen Körper. Ein Hustenanfall nach dem anderen schüttelte mich. Ich spuckte aus, alles kohlrabenschwarz. Ununterbrochen prasselte neue Kohle auf den Haufen herab, manchmal so groß wie ein halber Berg. Sofort wurden die großen Stücke mit einem Riesenhammer zerschlagen. Ein Mann war damit beschäftigt, Baumstämme in die Lücken zu rammen, um alles abzustützen. Die Rutsche machte einen entsetzlichen Lärm, man verstand sein eigenes Wort nicht. Und immer wieder: „Dawai, Dawai!"

Als die Ablösung kam, wunderte ich mich, dass ich noch lebte. Wieder ging es den gleichen Weg zurück, die unzähligen Leitern hinauf. Je höher wir kamen, desto kälter wurde es. Unsere nassen Klamotten waren steif gefroren wie ein Brett, wir konnten uns kaum bewegen. Wir mussten erst wieder zurück zum Schacht, den Helm und die Lampe mit dem Akku abliefern. Dort wurde der Akku wieder frisch aufgeladen.

Trotz der späten Stunde, die große Uhr an der Wand zeigte Viertel nach elf, war noch lebhafter Betrieb in dem Raum. Fritz, der Kompanieführer von heute morgen, sammelte seine Schäflein ein, um sie behütet ins Lager zu führen.

Als er mich erblickte, kam er augenblicklich auf mich zu. In der Hand hielt er ein verschnürtes Päckchen. „Unser Lagerarzt schickt dir das für deine Füße. Ich hoffe, dass es hilft." Noch ehe ich den Mund aufkriegte, grüßte er schneidig und machte kehrt. Einige Zeit später erzählte er mir, dass er mich nur am Humpeln erkannt hätte, kein Wunder bei der schwarzen Maske vom Kohlendreck. „Was ist das?", fragte Gretel, die auf mich gewartet hatte. „Wahrscheinlich Verbandszeug. Ich erzähle dir das später." Es half alles nichts, wir mussten jetzt aus der Wärme raus. Wenige Minuten später waren meine Sachen schon wieder hart gefroren.

Als wir uns im Lager umgezogen und notdürftig im Schnee gewaschen hatten, ging Gretel zur Küche, um unsere Abendsuppe zu holen. Inzwischen besah ich mir den Inhalt des Päckchens: mehrere Meter Mull, fünf Binden und eine Konservendose, halb gefüllt mit einer weißen Paste. Sah wie Zinksalbe aus. Sogar etliche Holzspatel waren dabei. Als Gretel mit der Suppe kam, zeigte ich ihr den kostbaren Luxus. „Mensch, Hilde, damit kriegen wir deine Beine wieder hin. Wirst sehen! Pack deine Füße aus, ich fang' gleich damit an. Die Suppe müssen wir sowieso erst aufwärmen, sie ist unterwegs gefroren." Ich kann gar nicht beschreiben, wie ich mich nach dem frischen Verband fühlte, es war eine richtige Wohltat.

Ich gewöhnte mich an die Knochenarbeit an der Rutsche, mir blieb ja auch nichts anderes übrig. Meine Füße wurden auch von Tag zu Tag besser, ich war diesem Fritz ja so dankbar. Ich sagte es ihm auch eines Tages und ich merkte, wie er sich mit mir freute.

Am letzten Abend der Mittagschicht empfing uns draußen ein schwerer Schneesturm, als wir die Einstiegsluke verließen. Der Schnee fiel so dicht, dass wir kaum die Hand vor Augen sahen. Ein eisiger Wind nahm uns fast den Atem. Wir verließen uns auf unser Gefühl, um die Richtung zum Schacht zu finden. Der Trampelpfad war nicht mehr da, alles zugeschneit und verweht, in der Ferne hörten wir in gleichmäßigen Abständen die Sirene kurz aufheulen. Diesem Heulton gingen wir nach. Wir brauchten zwar doppelt so lange für den Weg, doch wir schafften es, den Schacht zu finden.

Gretel war mit den anderen schon da und wartete auf uns. „Wir gehen alle zusammen zum Lager zurück, damit sich keiner bei dem Sauwetter verläuft." Das Stück Kohle, das wir immer mitnahmen und draußen versteckt hatten, war weg, vom Schnee verschluckt. Wir hofften sehr, dass die Frühschicht für genügend Kohle gesorgt hatte, denn sonst bekamen wir unsere Arbeitssachen nicht trocken. Um vier Uhr mussten wir alle wieder raus, wir hatten alle miteinander Frühschicht.

Geschlossen marschierten wir los. Wir versanken im freien Feld im meterhohen Schnee. Ein Glück, dass der Frost nachgelassen hatte, sonst wären meine Füße wieder erfroren. Die Fußlappen konnte man auswringen, so nass waren sie. Wir fassten uns an den Händen, bildeten eine Kette. Am Schlimmsten hatten es die Vorderen, sie mussten erst den Weg frei trampeln. Wir gingen und gingen, sahen nach kurzer Zeit wie Schneemänner aus, schüttelten die schwere Masse ab, stolperten über hohe Wehen, und gingen und gingen. Ich hatte das Gefühl, wir drehten uns im Kreis. Ich stapfte immer zwischen den anderen mit, konnte bald nichts mehr denken und fühlen. Erst als wir dicht davor standen, erkannten wir unser Lager. Als wir erleichtert in unsere Baracke kamen, brauchten wir uns nicht mehr umzuziehen. Sascha war schon da, um uns zu wecken. „In zehn Minuten Abmarsch zur Arbeit." Die Küche war um diese Zeit noch zu. Ohne Essen ging es wieder den gleichen Weg zurück. „Man würde es nicht für möglich halten, was ein Mensch alles aushalten kann", dachte ich laut, dass es alle hörten. „Zu Hause glaubt uns das sowieso keiner", fügte Gretel hinzu. Zum Umfallen müde und hungrig wie ein Wolf, ging ich an meinen gewohnten Arbeitsplatz. Ich sah nicht rechts noch links, schippte automatisch die Kohle auf die Rutsche.

Plötzlich gab es einen ohrenbetäubenden Knall, die ganze Grube bebte. Ich hatte das Gefühl, mein Trommelfell wäre geplatzt. Ich hob den Kopf, wollte sehen, was passiert war, da kam auch schon die ganze Kohlenwand auf mich zu. Entsetzt wollte ich ausweichen, lief wenige Schritte zurück, verhedderte mich mit der Hose an der Rutsche, fiel hin – mehr weiß ich nicht. Sie buddelten mich aus, dachten, ich wäre tot. Außer ein paar Beulen und Hautabschürfungen war mir aber nichts passiert.

Ich muss tatsächlich einen besonders guten Schutzengel gehabt haben. Die Russen fluchten auf mich, weil ich mich nicht vorher mit den anderen in Sicherheit gebracht hatte. Jeden Morgen wurde vor Beginn der Arbeit gesprengt. Ich hatte das nicht gewusst, es war ja meine erste Frühschicht hier im Stollen. Kein Mensch hatte mich gewarnt, weil alle dachten, ich wüsste Bescheid. Der Kopf tat mir weh, benommen war ich auch etwas, aber das konnte auch vom Hunger kommen. Der Steiger, der sich inzwischen eingefunden hatte, bestimmte für heute einen anderen Arbeitsplatz für mich. Wahrscheinlich war er heilfroh, dass mir nichts passiert war. Als Mensch zählte ich ja nicht, doch der Papierkram wäre sicher sehr unangenehm.

Etwa 50 Meter weiter musste ich mich dicht hinter die Kohlenrutsche zwängen und Steine auslesen. Ich konnte nur im Schneidersitz hocken, denn in der Enge wusste ich nicht wohin mit den Beinen. Die Steine stopfte ich in die Zwischenräume der Baumstämme hinter meinem Rücken. War alles voll, rutschte ich ein Stück weiter. Nie hätte ich gedacht, dass so viele Steine zwischen den Kohlen lagen. Nur die größten konnte ich entfernen, die Rutsche lief zu schnell. Es war eine schöne Arbeit, jedenfalls leichter als Schippen. Mutterseelenallein hockte ich in der Dunkelheit, das schwache Licht meiner Grubenlaterne auf die Rutsche gerichtet und sammelte Steine. Ab und zu musste ich meine Stellung verändern, die Beine schliefen mir ein. Der einzige Nachteil: Die Zeit zog sich wie Gummi.

An den vollbepackten Zwischenräumen konnte der Steiger erkennen, ob ich auch fleißig war. Anscheinend war er zufrieden, denn eine ganze Woche ließ er mich an der Rutsche sitzen. Seit dem Unfall hatte ich ein unangenehmes Summen in beiden Ohren. Ich hatte das Gefühl, dass ich schlecht hörte. Vielleicht war auch der Lärm der Rutsche schuld, ich weiß es nicht. Das Summen hörte jedenfalls nicht auf.

Tanzabend

Seit der Frühschicht kriegte ich auch wieder etwas mehr vom Lagerleben mit. Noch immer bekam ich zittrige Knie, wenn ich Helmut zufällig irgendwo begegnete. Ich war dann ganz still und verfiel ins Grübeln. „Du bist bescheuert", sagte Berta zu mir, die Zeuge einer solchen Begegnung wurde, „an deiner Stelle würde ich ganz was anderes tun." „Was zum Beispiel?" „Mir einen anderen anlachen. Es gibt so viele, die warten ja nur darauf."

Berta wäre es bestimmt nicht schwergefallen, davon war ich überzeugt. Was Männer betraf, war sie nicht totzukriegen. Am Abend erzählte sie mir ihr ganzes Liebesleben mit sämtlichen Details. So frei und ungeniert hat noch nie jemand zu mir gesprochen. Anschließend wurde ich zum ersten Mal im Leben aufgeklärt. Ich erfuhr auch, wie man sich vor einer ungewollten Schwangerschaft schützen konnte. „Wenn du so gut Bescheid weißt, dann verstehe ich nicht, wie du zu deinen zwei Kindern gekommen bist." „Ach, da war ich noch ein blutiger Anfänger", lachte sie, „heute könnte mir so etwas nicht passieren."

Berta hatte daheim in Deutschland zwei uneheliche Kinder, die bei ihrer Mutter aufwuchsen. Die beiden Mädchen waren damals, als sie in Gefangenschaft kam, zweieinhalb und ein Jahr alt. „Hast du nie Sehnsucht nach deinen kleinen Mädchen?", fragte ich. „Na ja", sie zögerte etwas, „manchmal schon. Ich hatte ja nie so richtigen Kontakt zu ihnen. War damals dienstverpflichtet, weit weg von zu Hause. Ich wusste sie ja bei meiner Mutter in guten Händen." Irgendwie tat sie mir leid. Sie war immer auf der Suche nach der großen Liebe und hatte jedes Mal Pech. Manchmal hatte ich das Gefühl, dass ihr großes Mundwerk nur eine Tarnung war. Im Grunde war sie nicht so schlecht, wie sie sich immer gab.

Uns gegenüber im Roten Saal fand wieder einmal ein Tanzabend statt. Ich lag auf der Pritsche und träumte von zu Hause. Die Musik konnte ich deutlich hören und auch ab und zu das Gelächter der Tanzenden. „Willst du nicht doch mitkommen?", fragte mich Berta, fertig angezogen in ihrer besten Pracht. Ich schüttelte den Kopf. „Keine Lust." „Wegen Helmut?", fragte sie. „Nein. Aber ich kann nicht tanzen und habe auch nichts anzuziehen. Die Rumänen sind alle herausgeputzt, ich würde mich wie Aschenputtel fühlen." „Zum Anziehen könnte ich dir was leihen, aber dir wird nichts von mir passen." „Das glaub' ich auch nicht. Trotzdem vielen Dank für deinen guten Willen. Geh mal ruhig, kannst mir dann erzählen, wie's war."

Berta, klein und kugelrund, schwirrte ab. Um zehn kehrte im Roten Saal Ruhe ein. Guter Laune und beladen mit Neuigkeiten kam Berta zurück. „Die verkrachte Studentin war auch da, eine widerliche alte Ziege." Berta meinte die Neue aus dem Lazarett, die sich von allen mit „Frau Doktor" anreden ließ. Sie war ungefähr Mitte Dreißig und hatte, dem Gerücht nach, einige Semester Medizin studiert. Leiden konnte sie keiner, woher sie so plötzlich auftauchte, wusste auch keiner. Sie sollte noch schlimmer als der Arzt sein, diese neue Deutsche. Ich war ihr nur einmal begegnet, als ich Trudi im Lazarett besuchte. Das einzige, was mir an der unscheinbaren Person auffiel, waren ihre stechenden grauen Augen.

Else war noch immer im Lazarett, jetzt als Mädchen für alles. Sie verrichtete nun die Arbeit, die früher Trudi gemacht hatte. Seitdem ich mit Helmut Schluss gemacht hatte, erfuhr ich alles nur aus zweiter Hand. Mit Trudi ging es jetzt zusehends bergab. Sie glaubte noch immer fest daran, bald nach Hause zu kommen. Wahrscheinlich hielt sie die Hoffnung und der Glaube daran noch am Leben. „Dein Helmut hat schon wieder eine Neue. So eine kleine Blonde, vom Schacht 42", riss mich Berta aus meinen Träumen. „Er wechselt jetzt die Mädchen schneller als seine Hemden." „Von mir aus", sagte ich, und mein Herz klopfte wie verrückt. Himmel, wann wird das endlich aufhören, so weh zu tun? Laut sagte ich: „Er ist nicht mein Helmut, merk dir das endlich!" „Schon gut. Wärst ja auch schön blöd, wenn du ihm nachweinen würdest. Er taugt genauso wenig wie alle anderen Männer."

Ich schwieg. Was sollte ich auch darauf sagen? „Übrigens soll übermorgen im Roten Saal eine Schulung stattfinden. Um sieben Uhr müssen wir alle hin." „Wer sagt das?" „Die Frau Doktor, die alte Ziege." „Ich geh' nicht hin." „Du musst, es ist Pflicht. Bei Nichterscheinen drohen schwere Strafen." „Wer sagt das?" „Die Frau Doktor, die alte Ziege." Wir prusteten gleichzeitig los und konnten uns schwer beruhigen.

Erneute Krankheit

Meine schöne Zeit an der Rutsche war zu Ende. Ich musste jetzt die Baumstämme heranholen, die man zum Abstützen brauchte. Da, wo die Kohle abgebaut wurde, ging ein enger, niedriger Weg weiter, bis man zu einem Notausstieg kam. Von oben wurden die Stämme an einer eisernen Kette herunter gelassen. Ich musste den Stamm von der Kette lösen. Dann schickte ich Blinkzeichen nach oben, damit man die Kette wieder hochzog. Ich fasste den Eisenhaken, der sich am Ende des Stammes befand und zog den Stamm hinter mir her. Alles wäre halb so schlimm gewesen, wenn man nicht stellenweise auf dem Bauch im Wasser hätte robben müssen, da der Gang kaum einen halben Meter hoch war. Die mollige Berta wäre bestimmt in der Enge steckengeblieben. Es knackte und knisterte über mir, neben mir, es hörte sich unheimlich an. Das Wasser tropfte ununterbrochen, sammelte sich in dem engen Durchgang, in dem ich auf dem Bauch lag und mich Zentimeter um Zentimeter fortbewegte. Hinter mir zog ich den schweren, nassen Stamm. Überall herrschte tiefste Dunkelheit, nur mein winziges Licht, diesmal am Helm befestigt, leuchtete etwa einen Meter weit. Acht Stunden lang hin und zurück, hin und zurück. Anschließend der weite

Weg zurück ins Lager, in den nassen Klamotten, die nie trocken wurden. Mich schüttelt es heute noch, wenn ich an diese Zeit zurückdenke.

Mich machte die Arbeit körperlich und seelisch so fertig, dass ich ernsthaft daran dachte, endgültig Schluss zu machen. Ich kapselte mich von allen ab, war nicht mehr ansprechbar. Wenn mich einer ansprach, heulte ich gleich los. „Du warst richtig wunderlich", sagte Gretel lange Zeit später, „ich dachte schon, du hättest deinen Verstand verloren." Das hätte ich bestimmt, wenn ich nicht ernsthaft krank geworden wäre.

Unsere Gruppe hatte jetzt Nachtschicht. Sascha kam wie immer in unsere Baracke und rief laut: „Nachtschicht – fertig machen! In zehn Minuten Abmarsch!" Ich stand auf, um mich umzuziehen, da sackte ich zwischen den Pritschen zu Boden. Als ich zu mir kam, lag ich auf meiner Pritsche. Sascha stand vor mir und bedeutete mir, liegen zu bleiben. „Du bleibst heute im Lager. Morgen früh gehst du zum Doktor." Ich nickte. Doch ich wusste schon jetzt, dass mich keine zehn Pferde in die Ambulanz kriegen würden. Lieber ging ich zur Arbeit, und wenn ich unterwegs liegen blieb, auch gut.

Ich hatte gehört, im Schnee zu sterben sollte ein schöner Tod sein. Eigentlich war das Quatsch, denn woher sollte jemand wissen, dass das ein schöner Tod war? Einer, der im Schnee liegen blieb und erfror, konnte sich nicht mehr äußern. Trotzdem, der Gedanke ließ mich nicht mehr los. Die ganze kommende Nacht lag ich abwechselnd auf meiner

Koje oder stand draußen im Schnee und erbrach mich.

Am nächsten Tag fühlte ich mich so elend, dass ich sogar freiwillig zur Sprechstunde gegangen wäre, wenn ich gekonnt hätte. Ich blieb liegen, mir war alles egal. Am Abend kam Sascha und sah, was mit mir los war. Gretel und Berta packten mich unterm Arm und brachten mich direkt ins Lazarett. Da lag ich nun und verschlief die nächsten 14 Tage. Als das Fieber weg war und ich wieder Anteil an meiner Umgebung nahm, haderte ich mit dem Schicksal, dass ich noch lebte. Wofür eigentlich? Um wieder auf dem Bauch im Wasser zu kriechen und Stämme zu schleppen? Nein, ich wollte nicht mehr.

Dann trat etwas ein, das mich richtig wachrüttelte. Trudi, die drei Pritschen weiter lag, bekam in der Nacht einen so schweren Blutsturz, dass sie sich nicht mehr erholte. Sie starb am frühen Morgen in meinen Armen. Ich schwor an ihrem Totenbett hoch und heilig, gesund zu werden, und irgendwann mal nach Hause zu kommen. Eines Tages sollte die Welt erfahren, was die Russen mit uns machten. Niemand von uns hatte den Krieg gewollt, keiner von uns hier war in der Partei gewesen. Warum mussten wir für die wahren Schuldigen so hart büßen?

Später schaffte man Trudi in den Leichenkeller. Sie würde dort nicht allein sein, Ernst wartete auf sie. Er lag noch immer dort und mit ihm noch ein paar andere. Im Winter konnte man niemanden beerdigen, der Boden war zu tief gefroren. Nach der Schneeschmelze würde man sie dann alle zusammen, nackt, in einem Massengrab verscharren. In den nächsten Tagen war ich wie versteinert, als ob man mir das Herz rausgerissen hätte. Ich stand unter einem Schock.

Eine Woche danach wurde ich aus dem Lazarett entlassen. Zwei Tage durfte ich mich noch erholen, dann musste ich wieder zur Arbeit. Sascha erzählte mir, dass ich jetzt Gruppe 3 sei, das bedeutete: leichte Arbeit Übertage.

Post aus Deutschland

Einen Tag, bevor ich wieder zum Schacht musste, gab es die zweite Post aus der Heimat. Für mich kam die Antwortkarte aus Berlin zurück und ein Brief meiner Mutter. Ich hielt den Umschlag in den Händen, starrte auf die vertraute Handschrift meiner Mutter, mein Herz flatterte. Mehr als drei Jahre hatte ich nichts mehr von zu Hause gehört, und nun traute ich mich nicht, den Brief zu öffnen.

Als ich mich etwas beruhigt hatte, las ich ihn einmal, ein zweites und ein drittes Mal. Mutter war gesund, betete für mich und hoffte, mich bald in die Arme schließen zu können. Ein schwerer Stein fiel mir vom Herzen. Berta neben mir hatte die Decke über den Kopf gezogen und schluchzte sich die Seele aus dem Leib. Ich ließ sie weinen, denn ich wusste aus Erfahrung, dass man sich hinterher erleichtert fühlte. Ich wünschte, ich hätte auch weinen können, doch ich konnte nicht. In mir war seit Trudis Tod alles erstarrt.

In der Baracke war es beängstigend still geworden. Jede war mit ihren Gedanken zu Hause, auch die wenigen, die keine Post erhalten hatten. Zu den wenigen zählte auch meine Freundin Gretel. Berta zeigte mir mit verquollenen Augen ein Foto, das in ihrem Brief gesteckt hatte. Zwei kleine, ernste Mädchen, vier und sechs Jahre alt. „Kannst du dir vorstellen, dass das meine Kinder sind? Die Große geht schon zur Schule. Sie wachsen heran und kennen ihre Mutter nicht. Die werden doch später nichts von mir wissen wollen, ich bin doch für sie eine wildfremde Frau." Sie trommelte mit beiden Fäusten auf die Decke. „Warum machen die Schweine unser Leben so kaputt? Warum – warum – warum?"

Am gleichen Tag fand im Roten Saal wieder ein Tanzabend statt. Nach einer halben Stunde packten die Musiker ihre Instrumente wieder zusammen, denn kein Mensch hatte sich im Saal blicken lassen. Diesmal hatte sich Tamara mit ihrer Psychologie geirrt.

Am anderen Morgen, als die Ersten vom Klo wiederkamen, waren sie ganz verstört. Vor dem Kloeingang baumelte eine junge Frau, sie hatte sich in der Nacht dort erhängt. Den Grund sollten wir bald erfahren. Die junge Frau hatte gestern den ersten Brief aus der Heimat erhalten. Ihr Mann teilte ihr mit, dass er schon seit zwei Jahren mit einer anderen zusammenlebte, und sie erwarteten in wenigen Monaten ihr zweites Kind. Das war für die arme Frau zu viel, denn nur die Hoffnung hatte sie wie uns alle am Leben gehalten.

Im Laufe des Jahres gab es nach der heiß ersehnten Post aus der Heimat noch so manchen Selbstmord im Lager. Alle Frauen, die einen Ehemann, Bräutigam oder einen festen Freund zu Hause hatten, begannen unsicher zu werden, zu zweifeln. Den Männern ging es umgekehrt nicht anders. Eine tiefe Mutlosigkeit, die ansteckend wirkte, breitete sich im ganzen Lager aus. Es war eine beklemmende Zeit, die uns allen sehr zu schaffen machte.

Arbeit bei der Kleiderausgabe

Wir hatten schon Mitte Mai, und noch immer lag der Schnee meterhoch. Dieser Winter 1947/48 war der härteste und längste unserer ganzen Gefangenschaft. Auf meiner neuen Arbeitsstelle hatte ich es warm. Ich nahm die gebündelten Kleider der Russen am Schalter in Empfang und gab ihnen ihr Arbeitszeug aus dem Fach. Jeder der Arbeiter hatte sein eigenes Fach, mit einer Nummer versehen. Zwischen den Schichten musste ich den Duschraum der Männer säubern. Ich arbeitete 24 Stunden hintereinander und hatte dann zwei freie Tage. Die Arbeit war leicht und sauber, und ich wäre bestimmt zufrieden gewesen, wenn nicht ...

Die Männer waren nackt wenn sie ihre Arbeitsklamotten in Empfang nahmen, und wieder nackt, wenn sie mir das Zeug nach der Arbeit brachten.

Mich betrachteten sie als Freiwild. Die widerlichsten Schweinereien musste ich mir anhören, ich tat, als ob ich nichts verstand. Aber es waren auch Wolgadeutsche dabei, die wiederholten dann die ganzen üblen Ausdrücke in meiner Muttersprache. Dass Männer so gemein sein konnten, ging mir nicht in den Kopf. Die Tür hatte ich von innen verriegelt. Einige versuchten sogar, nackend, wie sie waren, durch das kleine Schalterfensterchen zu klettern. Ich nahm dann irgendeinen Stiefel aus einem Fach und schlug auf ihn ein, bis er seine Absicht aufgab. Das stachelte die anderen um so mehr an. Ich kämpfte jede Schicht im wahrsten Sinne des Wortes um mein Leben.

Gleich neben der Kleiderkammer befand sich ein separater Duschraum mit drei Duschen. Er war abgeschlossen, der Schlüssel hing bei mir am Nagel. Es war das Bad der „hohen Tiere". Jeden Morgen nach der Ablösung schloss ich mich von innen ein und duschte mit Genuss. Die hochschwangere Russin, die mich ablöste, jammerte in allen Tönen. „Das ist verboten, das darfst du nicht. Wenn der Direktor kommt, bestraft er mich, weil ich das zulasse. Noch nie hat ein gewöhnlicher Mensch dort geduscht und ausgerechnet auch noch eine Deutsche." Die arme Frau war außer sich. Sie weinte und flehte, mir war das egal.

Wir hatten noch immer kein Wasser im Lager. Ich wäre ja verrückt gewesen, wenn ich solch eine Gelegenheit nicht ausgenutzt hätte. Außerdem hatte ich noch keinen von den „hohen Tieren" hier gesehen. Sicher fuhren sie nur alle Jubeljahre einmal, mit irgendeiner Kommission oder sonst was, Untertage. Sollte mich jemand erwischen, ich würde mich schon verteidigen.

Ich löste morgens immer ein altes, grauhaariges Mütterchen ab, alle nannten sie Maria. Als ich sie mal nach ihrem Alter fragte, sagte sie, dass sie 45 wäre. Ich habe die Frau mindestens für siebzig geschätzt, sie erinnerte mich ein wenig an meine Oma. Die meisten Frauen hier sahen viel älter aus, als sie waren. Ob das am Klima lag? Oder an der unbeschreiblichen Armut? Als ich sie wieder einmal ablöste, stellte ich mir schon einen Stiefel zurecht, für alle Fälle. Gleich würden die Ersten von der Nachtschicht kommen.

An diesem Morgen war es besonders schlimm, sie übertrafen sich selbst mit Redensarten. Der bereitgestellte Stiefel trat einige Male in Aktion. Als ich auf einen besonders Hartnäckigen einschlug, öffnete sich die Tür von nebenan und der Direktor trat frisch geduscht heraus. Ich hatte keine Ahnung gehabt, dass er im Bad war. Maria, die ich vorhin abgelöst hatte, hatte mich nicht gewarnt. Der Direktor hatte alles mitgekriegt, was sich vor meinem Schalter abspielte. Sofort trat Ruhe ein, sie schlichen wie begossene Pudel davon. „Ist das immer so?", fragte er mich. Ich nickte. „Ja, immer." „Wie alt bist du?" „Einundzwanzig", erwiderte ich. „Du wirst im Laufe des Tages von mir hören", sagte er, gab mir den Schlüssel, grüßte und ging. Eine Stunde später kam ein Mann, bestimmt aus einem der

Büros von gegenüber, und befestigte einen Zettel von außen an meinem Schalter. „Du bleibst bis zur Ablösung auf deinem Posten", sagte er zu mir. „Ab morgen wirst du die Büros putzen. Deine Schicht beginnt abends um zehn und endet morgens um sechs, hast du mich verstanden?" Ich nickte. Wieder einmal war ich eine Arbeitsstelle los, und ich war froh darüber. Jetzt hatte ich die Männer so richtig kennen gelernt, ich verabscheute sie aus tiefstem Herzen. Auf dem Zettel, den ich mir von meiner hochschwangeren Ablösung übersetzen ließ, stand eine Warnung an alle Männer, unterzeichnet vom Direktor persönlich. Die Warnung bewirkte, dass mein letzter Arbeitstag fast ruhig verlief.

Politische Schulung

Ende Mai fand im Roten Saal, von der Lagerleitung Club genannt, wieder eine politische Schulung statt. Sie war natürlich freiwillig, doch wehe, wenn man nicht hinging. Die Strafe folgte auf dem Fuße. Das große Wort führte unsere Frau Doktor. Gretel, Berta und ich gingen auch „freiwillig" hin, denn wir hatten keine Lust, in den Karzer zu kommen. Der sollte hier noch übler sein als im anderen Lager.

Wir erfuhren aus deutschem Mund, wie schön der Kommunismus sei. Alle Menschen seien Brüder, einer für alle, alle für einen. Gleichheit und Brüderlichkeit für alle Menschen. Jeder Kommunist hatte das Recht zu studieren, ja der russische Staat zahlte alles und jedes.

„Wer macht dann die Drecksarbeit, wenn es nur noch Akademiker gibt?", flüsterte mir Berta ins Ohr, so laut, dass die vor uns Sitzenden die Köpfe wandten. „Pst!", machte ich und deutete mit dem Kinn nach vorne. In der ersten Reihe saß Tamara und hörte sich lächelnd die Lobeshymne auf den gesegneten Kommunismus an. Wir erfuhren von dem Fortschritt des großen russischen Reiches. „Ist ja kein Wunder bei den vielen Gefangenen, die schon Jahre für lau schuften müssen", bemerkte Berta verächtlich. „Halt endlich deine Schnauze", zischte Gretel wütend. Sie hatte Angst, denn Tamara hatte sich schon zum zweiten Mal umgedreht.

Viele taten, als ob sie interessiert zuhörten, schliefen dabei mit halboffenen Augen. Mir fielen auch die Augen zu. Ab und zu puffte mich Gretel in die Seite und aus weiter Ferne hörte ich: „Gleicher Lohn für alle. Jeder Mensch hat die gleichen Rechte. Denkt darüber nach, ob ihr lieber für die Kapitalisten schuften wollt oder für euch selbst, denn der Staat seid ihr. Die Kommunisten kämpfen für Freiheit und Frieden auf der ganzen Welt. „Davon hab ich bis heute noch nichts gemerkt", murmelte Berta zwischen den Zähnen.

Tamara klatschte in die Hände, spendete der Rednerin Beifall. Einige machten es ihr zögernd nach, doch der größte Teil verhielt sich abweisend. „Das nächste Mal suchst du dir einen anderen Platz, am besten gleich neben der Tamara. Sie wird sich über deine Kommentare sicherlich freuen", sagte Gretel zu Berta, als wir endlich draußen waren." „Du kannst bloß die Wahrheit nicht vertragen, du Bolschewik", erwiderte Berta schnippisch. „Idiot!" Gretel zeigte ihr einen Vogel. Berta ging beleidigt weg. „Sie hatte aber recht", sagte ich, nachdem ich mit Gretel allein war. „Natürlich hatte sie recht, aber mit ihrer großen Schnauze reißt sie uns noch alle rein." Zehn Minuten später befanden wir uns unterwegs zur Nachtschicht.

Arbeit als Putzfrau

Die Büros, die ich jetzt Nacht für Nacht putzte, waren in der gleichen Baracke wie die Umkleideräume und die Duschen. Diese lagen rechts vom Gang, die Büros links. Sie waren sehr primitiv eingerichtet, Tische, Stühle, einfache Spinde und der unentbehrliche Spucknapf. Der war abends immer bis obenhin voll. Warum die Russen alle so viel spuckten, war mir schleierhaft. Den ungestrichenen Fußboden musste ich fegen und anschließend putzen. In jedem Zimmer fegte ich eine volle Schaufel Sonnenblumenkerne weg, die Russen aßen sie ununterbrochen und spuckten den Abfall auf den Boden. Es gab wahre Künstler unter ihnen, sie stopften sich eine Handvoll auf einmal in den Mund und spuckten im gleichen Augenblick Kern für Kern aus. Heißes Wasser hatte ich reichlich, brauchte auch nicht weit zu schleppen, denn das Bad war ja gegenüber. Das Zimmer des Direktors war ein richtiger Lichtblick gegen die anderen Räume. Sogar ein Teppich lag auf dem gestrichenen Fußboden. Dort machte ich gern sauber, stellte mir vor, es wäre ein Zimmer zu Hause. Wahrscheinlich war der Kommunismus hier noch unbekannt. Von wegen: „Gleiches Recht für alle!" Zum Schluss kam der lange Gang dran. Später schleppte ich zwei volle Eimer Wasser etwa 50 Meter weit in die Baracke mit der großen Uhr. Für den riesigen Saal brauchte ich etwa zwei Stunden.

In den ersten Tagen schaffte ich meine Arbeit nicht in der vorgeschriebenen Zeit, kam meistens erst zwei Stunden später ins Lager. Doch nach und nach ging mir die Arbeit flotter von der Hand. Ich war zufrieden.

Die Schneeschmelze setzte ein, und mit ihr kam der große Dreck. Bis an die Knie stampften wir im Morast zu unserer Arbeitsstelle. Ein Glück, dass man mir die Gummigaloschen mit dem Schaft gelassen hatte, ich hätte sonst barfuß gehen müssen. Die Schuhe von Kusnerow waren schon längst hin. Mit der Schaufel kratzte ich die Fußböden vom festgetretenem Morast frei, schleppte aus jedem Raum einen vollen Eimer Schlamm, manchmal auch mehr, und begann mit heißem Wasser aufzuwischen. Wenn morgens die Arbeit in den Büros begann, sah man keinen blassen Schimmer von meiner nächtlichen Mühe.

Als ich am Vormittag erschöpft vom nächtlichen Dreck ins Lager kam, stand der Lastwagen vor dem Leichenbunker und die Toten wurden aufgeladen.

Wie festgeleimt blieb ich stehen, erkannte Ernst und Trudi, die mit Schwung auf die Ladefläche flogen. Wäre ich pünktlich mit der Putzerei auf dem Schacht fertig geworden, wäre mir dieser grauenhafte Anblick erspart geblieben. Ich stand da wie erstarrt und konnte den Blick nicht abwenden. Der Lastwagen fuhr ab, ich bemerkte es nicht. Ich sah nur die beiden mir nahestehenden Menschen, die durch die Luft flogen und krachend aufschlugen. Ich weiß nicht, wie lange ich dastand – plötzlich wurde mir so übel, ich erbrach mich heftig.

Jemand fasste mich unter und ich folgte ihm willenlos. Es war Helmut, der mich schon eine ganze Weile beobachtet hatte und wusste, wie mir jetzt zumute war. Er brachte mich in meine Baracke. Als Gretel von der Frühschicht kam, erzählte ich ihr den ganzen Vorgang. Erst da löste sich der Panzer, der auf meiner Brust saß. Nun konnte ich mir das ganze Leid von der Seele weinen. Am nächsten Tag bekam ich meine Periode. Zuletzt hatte ich sie auf der Bahnfahrt gehabt, genau vor drei Jahren und zwei Monaten.

Seit wir wieder Wasser im Lager hatten, lief die Leitung bei uns fast ununterbrochen. Die Frauen bemühten sich, den monatealten Dreck vom Körper zu kriegen. Die Haare waren total von Dreck, Schweiß und Läusen verfilzt. Nachdem alle sauber waren, besserte sich auch die Stimmung im Lager. Man lag sich nicht mehr für jede Kleinigkeit in den Haaren. Die letzte Zeit war das besonders schlimm gewesen. Wir von der Nachtschicht konnten kaum eine ganze Stunde hintereinander durchschlafen.

In den letzten Wochen hatte ich große Schwierigkeiten mit meinen Händen. Wahrscheinlich bekam mir der Dreck bei der Putzerei nicht, denn ein Finger nach dem anderen entzündete sich und eiterte. Ein Umlauf ist eine schmerzhafte Angelegenheit. Doch wenn nacheinander alle Finger eitern, dreht man fast durch. Als auch noch der rechte Daumen so dick wie eine Leberwurst wurde und auf dem rechten Handrücken sich eine Phlegmone bildete, ging ich zur Sprechstunde. Ich hielt es vor Schmerzen nicht mehr aus, der Arzt musste schneiden. Mit wahrer Wollust stürzte er sich auf meine Hand.

Ich wusste, dass in der Ambulanz Chloräthylspray war. Man benutzte das zur Vereisung. Dr. Kabanowa hatte immer damit gearbeitet. Doch der Doktor dachte nicht daran, mir zusätzliche Schmerzen zu ersparen. Ich machte mir fast in die Hose, aber ich gab keinen Mucks von mir. Die Frau Doktor verband die Hand, und ich konnte ihr Erstaunen bemerken, dass mich der Arzt nicht krankschrieb. Was sollte es, gerechnet hatte ich sowieso nicht damit. Ich hatte schon ganz andere Sachen überstanden, das würde ich auch noch verkraften.

„Du hast keine Abwehrkräfte mehr", meinte Gretel, „deswegen kriegst du eine Infektion nach der anderen. Normalerweise dürftest du überhaupt nicht arbeiten, bei deiner Körperschwäche. Jeder Windzug kann dich umblasen." „Ich schaffe das schon. Außerdem bin ich froh, dass ich nicht mehr nach unten muss. Wenn ich an die Baumstämme denke, wird mir jetzt noch schlecht. Wer schleppt die eigentlich jetzt?" „Die Männer. Sie wechseln sich gegenseitig ab, jeden Tag ist ein anderer dran." „Wenigstens frieren sie nicht mehr, wenn sie nach oben kommen."

Der erste Lohn

Ja, wir hatten bald wieder Sommer. In der Sonne war es schon schön warm. Wenn ich jetzt morgens von der Arbeit ins Lager kam, war es schon hell. Die Tage wurden wieder länger. Eines Tages herrschte helle Aufregung im ganzen Lager. Wir bekamen vom Schacht eine Lohntüte mit Geld. Die Lebensmittelmarken wurden abgeschafft, wir mussten jetzt unser Essen selbst bezahlen. Wir hatten kein Verhältnis zum Geld, geschweige denn zu den Rubeln, die man uns gab. Man hätte uns besser darauf vorbereiten sollen. Gegenüber den anderen Mädchen aus meiner Baracke bekam ich den niedrigsten Lohn. Putzfrauen wurden auch in Russland unterbezahlt, trotz gleichem Lohn für alle, wie die Parole der Kommunisten hieß. Plötzlich konnte man Brot haben, soviel man wollte, man musste nur bezahlen. An diesem ersten Tag schlemmten alle im Überfluss. Jeder wollte sich wenigsten einmal richtig satt essen. Unsere Lagerküche arbeitete weiter wie bisher, doch nur noch mit russischem Personal. Nur zum Putzen brauchte man noch einige von uns. Eine Kantine mit Tischen und Stühlen wurde hergerichtet. Wer Lust hatte, konnte sein Essen dort verzehren. Ich kaufte mir an diesem ersten Tag auch ein ganzes Brot und ein Wasserglas voll Zucker. Seit meiner Gefangenschaft hatte ich nichts Süßes mehr gegessen. Ich war richtig ausgehungert danach. Komisch, dass jetzt plötzlich alles da war, Brot, Öl, Zucker, und das in solchen Mengen.

Das Wasserglas spielte bei den Russen eine große Rolle, es galt als Standardmaß. Alles wurde per Wasserglas verkauft, Öl, Milch, Zucker, Salz, auch Machorka (Tabak) und Wodka. Man kaufte nicht einen Liter oder ein Viertelliter, man kaufte 200 Gramm, ein Wasserglas voll. Manche rauchten die ersten selbstgedrehten Zigaretten, Machorka mit Zeitungspapier. Eine monatealte, zerknitterte Seite der Prawda kostete zwei Rubel, fünfmal soviel wie eine druckfrische ganze Zeitung in Moskau. Neue Zeitungen gab es hier nicht.

Ich zählte mein Geld zusammen und teilte es durch dreißig. Pro Tag konnte ich mir fünfhundert Gramm Brot und eine warme Suppe oder etwas Brei leisten. Das waren 300 Gramm weniger Brot als bisher. Mir persönlich brachte die Selbstverpflegung nur Nachteile. Den anderen ging es besser, einige hatten sogar dreimal soviel wie ich. Auf dem Heimweg von der Arbeit sammelte ich jetzt wieder Brennessel und Löwenzahn, um meinen Speisezettel zu bereichern und meine Abwehrkräfte zu stärken. Satt wurde ich davon jedoch nicht.

Heimliche Ausflüge

Berta gehörte zu denen, die das meiste Geld verdienten. Sie hatte Kraft für zwei. Ihr machte die schwere Arbeit nicht viel aus. Jetzt, da sie Geld hatte, wollte sie es auch ausgeben, sie wollte zum Basar. An ihrem freien Tag ging sie zu Kusnerow und fragte, ob sie für zwei Stunden aus dem Lager durfte. Kusnerow sagte: „Njet." Wutschnaubend kam sie zurück. „Diesen dreimal verfluchten Iwan soll der Schlag treffen!", heulte sie, „für die Drecksarbeit sind wir gut genug." Sie nahm ihren Stiefel und feuerte ihn über die Tür, wo die Sicherungen offen angebracht waren. Auch die elektrische Leitung des Zaunes war dort oben angeschlossen. Funken sprühten. „Das war ein Kurzer", rief eine von vorn. „Von mir aus kann das ganze Lager in die Luft fliegen, ist mir doch scheißegal." Berta nahm den zweiten Stiefel und schmetterte ihn hinterher. Das Mädchen von vorn fummelte am Lichtschalter. Dieser bestand nur aus zwei offenen Drähten, die man ineinander verhaken musste. Es blieb dunkel. „Mensch, tatsächlich ein Kurzer!", japste Berta. „Vielleicht ist der Strom am Zaun auch im Arsch." Sie war ganz aus dem Häuschen. „Ich geh' mal probieren." „Und wenn du hängen bleibst?", gab ich zu bedenken. „Wer nicht wagt, der nicht gewinnt", erwiderte sie. „Ich gehe jetzt. Kommst du mit?" Ich nickte. Berta suchte das breite Brett, welches sie vor Monaten von all den Nägeln befreit hatte. Mein Herz setzte aus, als sie jetzt mit Todesverachtung das Brett packte und zur Seite schob. Der Strom war tatsächlich unterbrochen. Sie kletterte mit viel Mühe durch und es klappte. „Mensch Hilde, ich bin frei", schrie sie und klatschte sich vor Freude auf ihre Oberschenkel. „Willst du mal sehen, wie's draußen in der Freiheit ist?" Ich machte es Berta nach und kletterte mühelos auf die andere Seite des Zaunes. Sie packte mich an den Schultern und schüttelte mich vor Übermut hin und her, dass ich es mit der Angst bekam. Gegen solche entfesselten Kräfte hatte ich keine Chance. Sie drehte vor Freude fast durch. „Lass mich am Leben", flehte ich. „Kommst du mit?" Ich schüttelte den Kopf. „Einer muss ja aufpassen, dass du wieder heil reinkommst."

Wir vereinbarten folgendes: Sollte der Zaun wider Erwarten unter Strom stehen, dann sollte ich einen Fußlappen von ihr rüberwerfen. Sie würde dann draußen warten, bis die Spätschicht ins Lager kam und sich dazwischenschummeln. Andernfalls kam sie durch die Lücke wieder zurück. Ich stieg wieder ins Lager zurück und rückte das Brett gerade. Nach zwei Stunden etwa ging ich ab und zu nachsehen, ob Berta noch immer nicht kam. Langsam machte ich mir Sorgen, denn wenn ihr etwas zustieß, würde ich mich ewig schuldig fühlen.

Als ich zum fünften Mal hinter die Baracke ging, steckte Berta in der Zaunlücke fest. Sie kam weder rein noch raus. „Endlich", schrie sie, als sie mich erblickte. „Ich dachte schon, ich müsste hier übernachten." Ich zerrte sie hin und her, vergeblich. Sie hing drin wie angeleimt. „Was soll ich nur machen?

Hilf mir doch!" „Da hättest vorher eine Abmagerungskur machen sollen", murmelte ich und versuchte mit allen Kräften, sie reinzuziehen. Es war zwecklos. „Bleib ruhig. Ich hole Hilfe." Sie nickte ergeben.

Gretel war nicht da, hatte Spätschicht. Ich überlegte, wem man vertrauen konnte. Vorn im ersten Gang links lagen zwei nette Mädchen, die ich gut leiden konnte. Ich bat die beiden, jetzt mitzukommen. Käthe und Ilse kamen sofort, ohne viel zu fragen, mit mir nach draußen. Vor der Tür erklärte ich ihnen die Situation. Ilse bekam einen Lachkrampf, sie lachte und lachte und konnte sich nicht beruhigen. Hochrot im Gesicht hing Berta noch immer halb im Lager, halb draußen. Wir brauchten mindestens eine halbe Stunde, bis wir sie endlich auf unserer Seite hatten. „Ich muss tatsächlich etwas abnehmen", war alles, was sie dazu sagte.

Als es dämmerte, meldeten wir den Kurzschluss in unserem Saal. Ein Elektriker kam und brachte das in Ordnung. Es war Heinz, der ehemalige Freund von Ernst. „Lasst euch nicht erwischen", sagte er draußen zu mir. „Ich hab' nur euer Licht in Ordnung gebracht. Das andere geht mich nichts an." „Danke, Heinz." „Wer weiß, ob ich nicht auch einmal Gebrauch davon mache", lachte er, grüßte und ging. Monatelang blieb es unbemerkt, dass der Zaun ohne Strom war. Fast das ganze Lager machte Gebrauch davon.

Männer und Frauen

Gerhard, der rumänische Lagerleiter, war Vater geworden. Seine Freundin Martha bekam einen Sohn. Stolz spazierte sie mit dem Kind auf dem Arm im Lager herum. Als der kleine Gerhard drei Wochen alt war, ging er mit seiner Mutter auf die große Reise. Wieder ging ein Transport Richtung Heimat. Nur ganz wenige von uns waren dabei, alles nur Mütter mit Kindern und Schwangere ab dem sechsten Monat. Diesmal ging alles so heimlich vor sich, dass alles schon vorbei war, als wir davon erfuhren.

Die Stimmung im Lager sackte sofort auf den Nullpunkt. „Das nächste Mal bin ich dabei", sagte Berta. „Ich schaff' mir auch ein Kind an. Wirst sehen." Nach einiger Überlegung meinte sie kleinlaut: „Meine Mutter trifft der Schlag, wenn ich mit einem dritten unehelichen Kind ankomme. Nee, das kann ich ihr nicht antun."

Martha war mit ihrem Baby wenige Tage fort, da hatte Gerhard schon wieder eine andere. Wieder ein deutsches Mädchen, denn von den Rumänen gab sich keine mit ihm ab. Alle wussten, dass er verheiratet war und drei Kinder zu Hause hatte. In seinem alten Lager hatte er auch ein Mädchen gehabt, das er im dritten Monat sitzen ließ. Martha war damals schon schwanger von ihm, als das rumänische Mädchen eine Totgeburt hatte. Ich selbst habe sie damals in eine russische Klinik begleitet, sie tat mir so leid. Sie hieß Maria und war ein wirklich schönes und nettes Mädchen. Sie hatte große Ähnlichkeit mit der Schlagersängerin Juliane Werding. Immer wenn ich sie in der Hitparade sehe, muss ich an Maria denken.

„Er ist ganz schön gerissen", meinte Berta, „er schwängert nur deutsche Mädchen, dann braucht er später als Ausländer keine Alimente zu bezahlen." Berta kannte sich in dieser Sache gut aus, hatte so ihre Erfahrungen.

Helmut kam neuerdings oft in unsere Baracke. Monatelang hatte er sich nicht blicken lassen, war mir aus dem Weg gegangen. Ich war froh darüber, denn jedes Mal war ich aufgewühlt, wenn ich ihm begegnete. Jetzt hatte ich das unbestimmte Gefühl, dass er bewusst meine Nähe suchte. „Du, der läuft dir nach", sagte Berta, „das sieht doch ein Blinder." „Du bist verrückt!"

Eines Tages ging er mir bis zur Küche nach. „Ich muss mit dir reden", sagte er, als er mich einholte. „Ja?" „Ich war ein großer Esel", druckste er herum, „ich möchte alles gutmachen." „Wie meinst du das?" Ich wusste genau, was er meinte, kam ihm jedoch nicht entgegen. „Kannst du mir verzeihen? Ich hab' mich dir gegenüber wie ein Idiot benommen." „Ich war dir nie böse, Helmut." „Wirklich?", strahlte er, „jetzt ist alles in Ordnung zwischen uns beiden?" Er wollte mich umarmen. Ich bremste ihn mit meiner freien Hand. „Tut mir leid, Helmut. Was vorbei ist, ist vorbei. Es wird nie mehr so sein, wie es einmal war."

Zum ersten Mal spürte ich weder Herzklopfen noch zittrige Knie. Ich meinte es ehrlich, was ich sagte. Helmut bedeutete mir nichts mehr. Dem Himmel sei Dank, ich war geheilt. Er hatte mich in den vergangenen Monaten genug heimliche Tränen gekostet, ich hatte wie ein Hund gelitten. Endlich war der Druck weg, und ich fühlte mich zum ersten Mal befreit. „Meinst du das wirklich ernst?", fragte er. Er bekam einen Hundeblick, dass er mir beinahe leid tat. „Ja, Helmut. Deswegen brauchen wir uns aber nicht böse zu sein." „Schade, ich hab' mir das so schön vorgestellt." Ich zuckte die Achseln. Es gab nichts mehr zu sagen.

Tamara hatte es auch erwischt. Sie strahlte wie die Sonne, wenn sie leichtfüßig durchs Lager lief. Sogar mir schenkte sie einen freundlichen Blick. Ihr Herzallerliebster war – Iwan. Unser Iwan, der weder lesen noch schreiben konnte, der den Wodka literweise in sich hineinkippte, der fluchen und lärmen konnte wie kein anderer. Jetzt war er immer frisch rasiert, die Haare waren geschnitten und er hatte endlich seinen knöchellangen Schafsfellmantel ausgezogen. Nun trug er ein sauberes Russenhemd mit bunter Stickerei. Ich hätte ihn fast nicht erkannt, so verändert sah er aus.

Die Liebe stimmte Tamara etwas milder, sie saß nur noch selten in ihrem Büro. Ich hasste sie trotzdem, sie hatte Ernst auf dem Gewissen. Mich hatte sie auch fast um den Verstand gebracht, das vergaß ich ihr nicht. Seit wir hier im Lager waren, hatte ich ihr Büro noch nie betreten. Sie ließ mich jetzt in Ruhe, und ich war sehr erleichtert darüber.

Diebstahl in den Baracken

In unserer Baracke wurde des nachts laufend Brot gestohlen. Einer verdächtigte den anderen, es war schlimm. Ich erlaubte Berta, ihr Brot in meinen Holzkoffer zu legen. Da ich kein Schloss besaß, verknoteten wir mit einer Schnur den Verschluss. Der Dieb musste schon den ganzen Koffer klauen, wenn er an das Brot wollte.

Es musste mehrere Diebe geben, denn einer allein konnte das ganze Brot nicht aufessen. Alle versteckten ihr Brot unter dem Kopfende und schliefen drauf, trotzdem war es morgens weg. Es war doch keine so gute Idee mit dem Geld. Einen ganzen Monat musste man damit auskommen, und ein Monat konnte sich unendlich in die Länge ziehen, wenn man eine oder zwei Wochen vorher pleite war. Man hätte uns besser darauf vorbereiten sollen. In den anderen Baracken spielte sich das gleiche Drama ab. Unschuldige wurden beschuldigt, verprügelt und gedemütigt. Waren sie schuldig? Waren sie unschuldig? Gewissheit hatte niemand. Die Diebe waren so vorsichtig, man erwischte nie einen auf frischer Tat. Sogar Geld verschwand, manchmal sogar der ganze ärmliche Rest, der bis zur nächsten Löhnung reichen sollte. Man ließ jetzt das Licht in der Nacht brennen. Es half alles nichts. Die Mädchen schliefen wie Tote. War ja auch kein Wunder nach der täglichen schweren Arbeit. Jeden Morgen, wenn ich von der Arbeit kam, hörte ich hier und da verzweifeltes Weinen. Das Geld war weg, es gab kein Essen. Verleihen tat niemand etwas, denn wer garantierte ihm, dass er morgen nicht selbst ein Opfer wurde?

Fritz

Mitten auf dem Schacht wurde von den deutschen Soldaten ein stabiles Blockhaus errichtet. Die beiden Berliner Karli und Herbert zeigten den Russen, was in ihnen steckte. Man sah, dass sie ihr Handwerk verstanden. Ich blieb eine Weile stehen und schaute ihnen zu. „Was soll das werden?", fragte ich neugierig. „Das neue Büro für unsere Kompanieführer", belehrte mich Herbert. „Wart' mal ab, wenn es fertig ist. Die Russen werden vor Neid noch platzen." „Sagt mal, baut ihr eigentlich für die Ewigkeit?" „Wieso?", fragten beide gleichzeitig. „So einen stabilen Bau gibt es doch hier nirgendwo, der wird euch alle noch überleben." „Davon verstehste nichts, Mädchen", grinste Karli, „wenn wir etwas machen, dann machen wir das richtig. Hast du schon mal etwas von deutscher Wertarbeit gehört?" „Siehste, und das zeigen wir jetzt den Russen", ergänzte Herbert. Ich war beeindruckt.

Sie kamen mit der Arbeit gut voran, sogar die Fensterläden wurden nicht vergessen. Kurze Zeit später ging es an die Inneneinrichtung, ganz im bayrischen Stil. Holz gab es ja in Hülle und Fülle. „Wetten, dass der Direktor später sein Domizil hier aufschlägt, wenn wir erst mal über alle Berge sind?", lachte Herbert. „Der kreist neuerdings ständig hierherum." „Mir scheint es eher, als ob ihr länger hier bleiben wollt. Wozu dann dieser Aufwand?", meinte ich zweifelnd. „Davon verstehst du nichts." Karli hatte recht, ich verstand das tatsächlich nicht. Ein paar Tage später gehörte das Blockhaus mit zu meinen Pflichten. Ich musste dort putzen, Anordnung von oben. Gott sei Dank war der Schlamm vorüber, die Arbeit dadurch leichter. Das Blockhaus war rund um die Uhr besetzt. Es gab drei Kompanieführer, für jede Schicht einen. Den einen davon kannte ich bereits, Fritz, den Samariter.

„Was machen deine Füße?", wollte er wissen, als ich das erste Mal dort putzte. „Die sind so gut wie neu, dank deiner Hilfe." „Du läufst ja noch immer in den scheußlichen Gummigaloschen herum, du bekommst noch Plattfüße davon." „Die hab' ich schon, ich kann es leider nicht ändern." Fritz sah mich lange nachdenklich an. „Es ist eine Schande, dass ihr Frauen gezwungen seid, dieses unwürdige Leben zu führen. Wir haben im Krieg gekämpft, um euch zu schützen. Wir haben alle versagt."

Mit der Zeit wurden Fritz und ich gute Freunde. Wir vertrauten uns gegenseitig unsere Probleme an, kamen uns immer näher. Zum ersten Mal im Leben fühlte ich mich in der Nähe eines Menschen geborgen. Eines Tages, vielmehr eines Nachts, überraschte mich Fritz mit einem Paar Mokassins. Er hatte sie in der Schusterei seines Lagers für mich anfertigen lassen. Sie passten mir wie angegossen. Ich war überwältigt. „Die müssen dich ja ein Vermögen gekostet haben." „Aber nein. Der Schuster ist ein Freund. Ich habe ihm von deinen Galoschen erzählt, und diese Schuhe sind das Ergebnis."

Aus lauter Freude über das großzügige Geschenk gab ich ihm einen Kuss auf die Wange. Er wurde richtig verlegen. Dann kam eine Zeit, da sahen wir uns nicht mehr so oft. Fritz hatte Schichtwechsel. Der Monat ging vorbei, es gab wieder neues Geld. Es wurde auch höchste Zeit, ich fieberte richtig danach, mich wieder einmal satt essen zu können. Den ganzen Monat lang hatte ich gehungert, jetzt wollte ich mal schlemmen. Ich kaufte mir wieder ein ganzes Brot und ein Wasserglas voll Zucker.

Heimlich auf dem Basar

„Kommst du mit auf den Basar?", fragte mich Gretel, die ihren freien Tag hatte. Ich nickte. Warum sollte ich nicht auch mal heimlich durch den Zaun gehen? Das reizte mich mehr als der Weg durch das Tor. Wir schlenderten durch den Basar, der uns ein ungeheures Gefühl von Freiheit gab. Diesmal machte mir der Geruch der frischgebackenen Piroggen nicht so viel zu schaffen. Ich war ja satt, hatte das ganze Brot und den Zucker auf einmal aufgegessen.

„Komm, wir schauen, ob es hier auch Geschäfte gibt." In der ganzen Stadt gab es nicht einen einzigen Laden. Keine Schaufenster wie bei uns. Nichts. „Wo kaufen denn die Russen ein? Die müssen doch auch leben?" Ich wusste es nicht. Wir schlenderten weiter und landeten zufällig vor dem Kino. Viele Russen standen davor und warteten auf Einlass. „Du, da sind einige von uns dabei." Ich zeigte auf eine Gruppe, die abseits stand. Wir gingen zu ihnen hin. „Wollt ihr euch auch den Film ansehen?" „Nee. Kein Interesse", sagte Gretel. „Dann verpasst ihr was. Die zeigen einen deutschen Spielfilm: Das indische Grabmal." „Ich werd' verrückt! Das gibt es doch nicht!" Gretel war ganz aus dem Häuschen. „Doch, das gibt es. Einige von uns haben ihn schon gesehen. Er läuft jetzt die zweite Woche, und sogar in deutscher Sprache." „Mensch, Hilde, wollen wir?"

Ich dachte flüchtig an meinen knappen Lohn. Hungerte ich eben einen Tag länger, es kam darauf nicht mehr an. Der Eintrittspreis war sogar billig, nur drei Rubel, soviel wie 500 Gramm Brot. In der Menge zwischen den Russen entdeckte ich ein bekanntes Gesicht. Marussia, die frühere Lagerschwester, die mir damals auf dem Weg zur Apotheke die Pirogge spendiert hatte. Ich ging hin und begrüßte sie. Sie freute sich ehrlich, als sie mich erkannte. Sie erzählte mir, dass sie jetzt in einer Klinik auf der Entbindungsstation arbeitete. Falls ich mal ein Kind bekäme, dann sollte ich zu ihr kommen. Ich versprach es lachend.

Das Kino wurde geöffnet, und die Leute drängten alle nach vorn. Wir bekamen einen Platz zwischen den Einheimischen, sie waren sehr freundlich, akzeptierten uns. Eineinhalb Stunden sahen wir einen berühmten deutschen Spielfilm in deutscher Sprache mit russischen Untertiteln. Zum Schluss wurde Reklame für den nächsten Film gemacht. Wieder ein deutscher Streifen: Der Tiger von Eschnapur. „Den sehen wir uns auch an", sagte Gretel, „den verpassen wir auf keinen Fall." Aufgewühlt gingen wir ins Lager zurück.

Mein ganzer Lohn wurde gestohlen

Als ich am nächsten Tag gegen Mittag aufwachte, machte ich eine ungeheuerliche Entdeckung. Mein Brustbeutel war weg, nur die Schnur hing mir noch um den Hals, zerschnitten. Jemand hatte mir im Schlaf mein ganzes Geld gestohlen. Ich war vor Schreck wie gelähmt. Jetzt klauten sie sogar schon tagsüber. Verzweifelt fragte ich überall herum, niemand hatte etwas bemerkt oder gesehen. Jetzt hatte ich den ganzen Monat nichts mehr zu essen, das überlebte ich bestimmt nicht. In meinem Bauch rumorte und wühlte es schmerzhaft, ich hatte schon jetzt unerträglichen Hunger. Was sollte nur aus mir werden? Verzweifelt kroch ich wieder unter meine Decke und weinte, bis ich vor Erschöpfung einschlief. Um acht Uhr abends zog ich mit den anderen zur Arbeit los. Seit 24 Stunden hatte ich nichts mehr im Magen.

Am nächsten Morgen tat der Hunger nicht mehr so weh. Ich verschlief den ganzen Tag. Als es Zeit wurde aufzustehen, wäre ich am liebsten auf meiner Pritsche liegen geblieben. Wozu aufstehen? Wozu wieder eine der qualvollen Nächte hinter sich bringen? Einfach liegen bleiben, krank sein, sich tot stellen. Ich stand dann doch auf und ging treu und brav zur Arbeit. Nun hatte ich schon seit 48 Stunden nichts mehr im Magen. Hunger verspürte ich nicht, nur eine bleischwere Müdigkeit.

In dieser Nacht wurde ich im Blockhaus zum Essen eingeladen. Im Soldatenlager hatte es auch Geld gegeben. Trotz ihrer drei Mahlzeiten im Lager bekamen sie noch so eine Art Taschengeld für ihre Arbeit. Das konnten sie auf den Kopf hauen, ihr Essen im Lager war ja gesichert. Als ich mit meinen Putzeimern ins Blockhaus kam, waren drei Soldaten mit einer Riesenpfanne Bratkartoffeln beschäftigt. Großzügig wurde ich dazu eingeladen. Ein Stück Brot bekam ich auch geschenkt. Mein Hungertod rückte nach dem Essen wieder in weite Ferne.

Wenn ich heißes Wasser holte, musste ich am Kleiderschalter meiner alten Arbeitsstelle vorbei. Die grauhaarige Maria fragte mich, ob ich Lust hätte, ihren kleinen Acker umzugraben. Die anderen hätten ihre Kartoffeln schon drin, doch sie wäre aus gesundheitlichen Gründen noch nicht dazu gekommen, den Acker zu bestellen. „Geld kann ich dir nicht geben, aber zu essen bekommst du reichlich."

Und ob ich wollte! Sie wohnte in der Nähe unseres Lagers. Am nächsten Morgen gingen wir zusammen nach der Arbeit weg. Sie zeigte mir, wo sie wohnte, und ich versprach ihr, am frühen Nachmittag zu kommen. Wir mussten beide erst etwas schlafen. Es war glühend heiß in der Mittagssonne.

Mit dem Spaten kam ich kaum durch, der Boden war steinhart ausgetrocknet. Mir wurde schwarz vor Augen, doch ich gab nicht auf. Leider machte mir mein körperlicher Zustand einen Strich durch die Rechnung. Ein heftiges Nasenbluten quälte mich, ich musste aufhören.

Maria legte mir einen nassen Lappen auf den Nacken, es half nicht. Bei jeder kleinsten Bewegung schoss das Blut nur so heraus. Ich verbrachte über eine Stunde im Ruhezustand, dann hörte die Blutung auf. Ich bekam trotzdem von Maria zu essen. Es gab eine saure Suppe mit Kohl und roten Rüben, die sich Borschtsch nannte. Ein russisches Nationalgericht, das wirklich gut schmeckte. Ein Stück Brot gab es auch dazu. Ich versprach ihr, morgen weiter zu machen. Ich hielt mein Versprechen. Doch schon beim ersten Spatenstich floss mir das Blut aus der Nase, dass ich glaubte zu verbluten. Mit meinem Nebenverdienst hatte ich einfach kein Glück.

Die Arbeit auf dem Schacht fiel mir in der kommenden Nacht sehr schwer. Ich konnte nicht mehr richtig sehen, alles war wie im Nebel verschwommen. Wie lange dauerte es, bis man verhungerte? Wann verließen einen die letzten Kräfte, bis man einfach liegenblieb? Ich spürte, dass ich nahe dran war. Nach der Arbeit am nächsten Morgen ging ich nicht ins Lager zurück. Ich suchte mir ein stilles Plätzchen abseits des Schachtgeländes. Zwischen Sträuchern und Gebüsch legte ich mich ins Gras. Ich wollte nur schlafen. Den weiten Weg zurück ins

Lager hätte ich nicht mehr geschafft. Als ich wachwurde, hatte ich einen entsetzlichen Durst. In der Nähe war eine Quelle. Ich trank mich satt und machte mich auf den Weg ins Lager. Rein kam ich immer, nur nicht raus.

Heute vor einer Woche hatte es Geld gegeben, in drei Wochen und zwei Tagen gab es wieder Geld. Dreiundzwanzig lange Tage hatte ich noch vor mir. Das hielt ich bestimmt nicht durch. Als ich in die Baracke kam, saß Gretel auf meiner Pritsche und wartete auf mich. „Endlich!", sagte sie, „ich hab' mir schon die größten Sorgen gemacht. Noch eine halbe Stunde und ich wäre zur Lagerleitung gegangen. Hier", sie reichte mir einen Stapel Scheine, „das haben wir für dich gesammelt. Ich habe erst heute erfahren, dass dein Geld weg ist. Ein Glück, dass ich heute frei habe, sonst ..." Fassungslos starrte ich auf das Geld in meinen Händen. Ich konnte nichts sagen, ein Kloß saß mir in der Kehle. „Es sind genau 87 Rubel. Die Spätschicht war schon weg, die geben dir morgen auch noch was dazu." Mit meiner Beherrschung war es jetzt ganz aus. Ich weinte, wie nie zuvor im Leben. „Danke, Gretel, du hast mir das Leben gerettet!"

Als Putzfrau hatte ich keinen Anspruch auf einen freien Tag. Ich musste Nacht für Nacht raus. „Sei froh, dass du nachts nicht hier bist", sagte Berta, „es ist nicht auszuhalten. Die Wanzen vermehren sich in der Hitze wie verrückt, und die Flohe werden immer frecher. Jetzt haben wir auch noch die Bude voller Mücken und Fliegen, es ist zum Kotzen.

Und die Luft ist so dick, dass einem immer schlecht ist."

Es stimmte. Wir hatten zwar auf beiden Seiten des Saales mehrere Fenster, doch die russischen Doppelfenster ließen sich nicht öffnen. In den Häusern der Einheimischen war es ebenso. Frische Luft bekamen wir nur durch die geöffnete Tür, und die führte in den Flur. Beide Herde wurden auch im Sommer geheizt, denn man brauchte warmes Wasser zum Waschen. Den Kohlendreck kriegte man sonst nicht ab. Die meisten kochten auch selbst, weil es billiger kam. Einhundert Menschen erstickten fast in dem Mief. Tagsüber verkrochen sich die meisten Wanzen, nicht alle, sie mussten ja auch mal schlafen. Da ich tagsüber schlief, war ich nicht ganz so lädiert wie Berta.

Ein neues Kleid

Nebenan in der Baracke wohnte eine junge Frau, die OK geschrieben war. Die Rumänin war lungenkrank und damit arbeitsunfähig. Doch sie verdiente sich eine Menge Rubel durch ihre überdurchschnittliche Geschicklichkeit. Gertrud war Schneiderin. Sie fertigte aus alten Lumpen die schönsten Sachen. Neuerdings spezialisierte sie sich auf Blusen. In den Magazinen der Schächte, den Einkaufsläden der Russen, gab es gebleichten Nessel zu kaufen. Wahrscheinlich kamen mehrere Waggons davon an, denn in sämtlichen Magazinen gab es nur diesen einen Stoff.

Gertrud nähte für sich selbst eine Bluse davon, die jeder im Lager bewunderte. Alle wollten plötzlich so eine Bluse haben. Sie konnte sich vor Aufträgen nicht retten. Eine aufwendige Hohlsaumarbeit zierte das Vorderteil. Es dauerte viele Stunden, bis so eine Bluse, Stich für Stich, fertig war. Interessiert sah ich ihr zu, wie sie mit kurzsichtigen Augen und geschickten Händen nähte. „Das schaffe ich nie", stöhnte sie, und zeigte mir den Stapel zugeschnittener Blusen, die noch genäht werden mussten. „Ich könnte eine Hilfe gebrauchen." „Nimm doch mich", bat ich sie, „wenn du mir das zeigst, kann ich das auch." Sie war einverstanden.

Eine ganze Woche brauchte ich für die erste Bluse und verdiente zwanzig Rubel damit. Die zweite schaffte ich schon in sechs Tagen. Die dritte nähte ich für mich selbst. Plötzlich hatte ich meine eigenen Kunden. Ich verdiente zwar keine Reichtümer, aber ich kaufte mir davon Stoff für ein neues Kleid.

Die Magazine hatten jetzt keinen weißen Nessel, sondern dunkelgrauen. Gertrud würde schon etwas Schickes aus dem Stoff zaubern, da war ich mir ganz sicher. In einer Woche sollte ein Bunter Nachmittag bei uns stattfinden. Die Lagerleitung hatte die deutschen Soldaten dazu eingeladen. Bei Ruth, der ehemaligen Tänzerin, nahm ich Tanzunterricht. Das große Fest rückte immer näher, ich war aufgeregt wie ein Schulmädchen. Mein erster Ball, in einem neuen Kleid. Fünfzig Soldaten, geschniegelt und gebügelt, kamen uns besuchen. Sie brachten

Frohsinn und gute Laune mit. Mit ihren mitgebrachten Musikern ergänzten sie unsere Hauskapelle. Das Fest versprach ein großer Erfolg zu werden.

Ich kann nicht beschreiben, wie glücklich ich war, dabei zu sein. Die beiden Berliner, Karli und Herbert, waren auch da. Als sie mich erblickten, mussten sie zweimal hinschauen, um mich zu erkennen. „Ich werd' verrückt", begrüßte mich Herbert, „haste dich aber verändert." Ich nahm das als Kompliment. „Ich hab's schon immer gewusst: Kleider machen Leute", bestätigte Karli. „Jetzt würde ich sogar mit dir auf den Kudamm gehn." „Da such' ich mir einen anderen, du bist mir zu frech." Fritz, der Kompanieführer, war nicht dabei. Ein klein wenig war ich enttäuscht, ich hätte mich gefreut, wenn er mich in dem neuen Kleid gesehen hätte. Ich ließ keinen Tanz aus. Der Tanzunterricht hatte Früchte getragen. Das klappte von Mal zu Mal immer besser. Karli und Herbert wollten mir nicht glauben, dass ich noch nie vorher auf einem Tanzboden gewesen war. Wir wiegten uns gerade im Dreivierteltakt, da kam Else, die rumänische Krankenschwester. Sie blieb in der offenen Tür stehen.

Ich sah sie und dachte: Ein schönes Kleid hat sie an. Steht ihr wirklich gut. Plötzlich stieß sie einen leichten Schrei aus, legte die Hand auf ihren Mund, drehte sich abrupt um und zog beleidigt ab. Alle lachten hinter ihr her. Mir fiel es wie Schuppen von die Augen: Else hatte ja genau bis aufs I-Tüpfelchen das gleiche Kleid an wie ich. Sicher ein Scherz von

Gertrud, der Schneiderin. Im Grunde war mir das egal, das schmälerte mir keineswegs die Freude an meinem Kleid.

Ich verstand nur Elses Reaktion nicht. „Du bist mir deswegen nicht böse, Hilde?", fragte Gertrud etwas später. „Ich hatte mit der Else noch eine Rechnung zu begleichen. Das mit dem Kleid war meine Rache. Du kannst unbesorgt sein, die zieht das Kleid nie wieder an. Ich habe schon vorher gewusst, wie sie reagieren würde." „Mir macht das bestimmt nichts aus. Aber die denkt doch jetzt, ich stecke dahinter." „Keine Bange, das bringe ich schon in Ordnung. Und hier hast du den Machelohn zurück. Das war mir der Spaß wert."

Sie drückte mir die zwanzig Rubel in die Hand, die ich ihr gestern fürs Nähen bezahlt hatte. Eine halbe Stunde später war Else wieder da, diesmal in

Die Autorin 1948, im neuen Kleid

Weinrot. Wenn Blicke töten könnten, wäre ich mitten beim Tango tot umgefallen. Um acht Uhr abends war Schluss für mich. Ich machte mich fertig zur Arbeit.

Einen Monat später revanchierte sich das Soldatenlager mit einer Einladung an uns. Fünfzig Frauen durften gehen, ich war nicht dabei. Obwohl ich mich als eine der Ersten gemeldet hatte, wurde meine Teilnahme abgelehnt. „Da steckt der Helmut dahinter", behauptete Berta, „die reinste Eifersucht." Stattdessen wurde ich mit einigen Männern zum Ausschachten eines neuen Klos eingeteilt. Wir mussten eine Grube graben, etwa zehn Meter lang, zwei Meter breit und drei Meter tief. Die reinste Knochenarbeit. Vier Stunden lang schufteten wir, dann wurde es Zeit für die Nachtschicht. Ich arbeitete mehrere Tage daran, nur meine Mitarbeiter wechselten jeden Tag.

Vorräte werden eingemacht

Neuerdings wurde ich fast jeden Nachmittag zur Lagerarbeit herangeholt. Ein Lastwagen nach dem anderen, beladen mit Weißkohl, kam im Lager an. Ich musste beim Abladen helfen. Dann schnippelte ich tonnenweise die Kohlköpfe klein. Anschließend wurde das nach und nach in einen Riesensilo gekippt. Der Silo war verdreckt, Würmer und Käfer krabbelten drin herum. Den Russen war das egal. Mit unseren dreckigen Gummigaloschen mussten wir auf einer Leiter in die zementierte

Grube hinuntersteigen und schichtweise den frischen Kohl feststampfen. Nach jeder neuen Schicht kam eine Menge Viehsalz drauf, und wir stampften, bis sich eine Flüssigkeit bildete. Diesmal war Berta mit dabei.

„Sag bloß, das Zeug fressen wir im Winter", fragte sie und schüttelte sich vor Ekel. „Du vergisst die Ratten und die Mäuse, die sich hier verkriechen. Die frisste mit", sagte einer von den Jungen lachend. Hier und da wurde darüber im Lager gesprochen, dass man schon Schwänze und anderes undefinierbares Zeug in der Suppe gefunden hätte. Ich wollte das nie so recht glauben, hielt alles für ein Märchen. Doch jetzt zweifelte ich keinen Augenblick daran.

Wir stampften so lange, bis wir ohne Leiter rausklettern konnten. Dann kamen verschimmelte Bretter drauf, und das Ganze wurde mit dicken Steinen beschwert. Unser Essen bis zur nächsten Ernte war gesichert.

„Jedenfalls nach Hause kommen wir vorläufig noch nicht. Den Winter über bleiben wir auf alle Fälle noch hier", sagte ich zur Berta. „Wieso?" „Meinst du, wir haben den Kappes für die Russen eingelegt?" „Oh, diese verfluchten Schweine!", war Bertas ganzer Kommentar.

Ein Fest mit Konsequenzen

Seit fast einem Jahr waren wir nicht mehr geimpft, auch nicht untersucht worden. Nun fing wieder die monatliche Fleischbeschau an. Unsere Frau Doktor saß neben dem Arzt und musterte jede einzelne von uns sehr gründlich. Es wurde gemunkelt, dass sie hinter den Schwangeren her war. Erfuhr sie von einer Schwangerschaft, dann sorgte sie dafür, dass das betroffene Mädchen kurze Zeit später nicht mehr schwanger war. Da alles unter größtem Stillschweigen geschah, kam nur ab und zu etwas an die Öffentlichkeit. Ich selbst kannte mehrere Mädchen, die ein Kind erwarteten und auch darüber sprachen, und ganz plötzlich stellte sich alles als großer Irrtum heraus.

„Das geht doch nicht mit rechten Dingen zu", sagte Gretel. „Ich bin fest davon überzeugt, die Mädchen werden zur Abtreibung gezwungen." „Ich mache mir auch so meine Gedanken", erwiderte ich leise. „Mich soll das nicht wundern, wenn unsere Dame ihre Finger im Spiel hat. Denn der Doktor merkt noch nicht einmal, wenn eine im sechsten Monat ist. Denk an die Hanne von 42. Die hat er auf Bauchwassersucht behandelt, dabei stand sie kurz vor der Geburt."

Ich erinnerte mich gut, das ganze Lager hatte sich damals fast totgelacht, am meisten Hanne selbst. „Die wollen verhindern, dass man die Mütter mit den Kindern nach Hause schickt. Die wollen niemanden mehr nach Hause schicken." „Wenn das so ist, warum leben wir dann noch?", fragte ich geknickt. „Um den Rest unseres Daseins hier im Lager zu verbringen und Tag für Tag für ein paar lumpige Pfennige zu schuften, bis wir tot umfallen", erwiderte Gretel voller Bitterkeit. „Darum." Eine tiefe Mutlosigkeit hatte uns erfasst.

Wieder war der kurze Sommer fast vorbei, und ein endloser, langer, kalter Winter stand vor der Tür. Dann kamen wieder ein paar Tage voller Hoffnung, als plötzlich die 50 Frauen aus der Kolchose im Lager auftauchten. Die hatten wir total vergessen. Nur noch ganz wenige von uns konnten sich an sie erinnern, denn die meisten waren so nach und nach in unser Lager neu hinzugekommen. Wenn man nach so vielen Jahren die Frauen aus der Kolchose zurückholte, das konnte nur eines bedeuten: Heimfahrt.

Kurz danach erfuhr ich den Grund der Rückkehr von Maria. Man sah ihr an, dass sie in der frischen Luft ihren Arbeitsplatz hatte. Gegen unsere „Bleichgesichter" sah sie richtig gesund aus. „Ich dachte, du wärst schon lange tot", sagte sie, „Grischa kam mal vor langer Zeit mit dieser Nachricht." „Wie du siehst, lebe ich noch", lachte ich, „doch manchmal wünschte ich, ich wäre damals gestorben."

Wir hatten uns nach der langen Zeit so viel zu erzählen. Maria wollte unser Lagerleben kennen lernen, ich das Leben auf der Kolchose. „Der Direktor hat seit drei Jahren sein Soll nicht erfüllt. Man hat ihn ganz tief nach Sibirien strafversetzt. Der neue Direktor wollte den kommenden Winter keine unnötigen Fresser, da hat er uns einfach ins Lager abgeschoben. Wir sollen die Wintermonate im Schacht arbeiten. Nächsten Sommer holen sie uns in die Kolchose zurück." Aus war der schöne Traum von der Heimfahrt. Gretel, die dem Gespräch zugehört hatte, sagte nur ein Wort: „Scheiße." Das waren ja gute Aussichten für uns. Noch einen Winter, noch einen Sommer, noch ... „Nein, nein", ich sprach meine Gedanken laut aus, „ich will nach Hause." „Du musst dir ein Kind anschaffen, dann klappt das vielleicht ..." meinte Gretel, „ich jedenfalls werde ernsthaft darüber nachdenken." „Ich auch", nickte ich. Maria wusste nicht, wovon wir sprachen. Wir klärten sie auf. Später ging sie in ihre Baracke. Sie war dem Schacht 42 zugeteilt.

Dann kam wieder einmal eine Einladung an uns, aus dem Soldatenlager. Unsere Lagerleitung sagte: „Njet!" Keine durfte an diesem Sonntagnachmittag das Lager verlassen. „Na schön", sagte Berta, „dann gehen wir eben durch den Zaun. Ich jedenfalls gehe hin, da können sie sich auf den Kopf stellen. Meine Arbeitsklamotten nehme ich gleich mit, und geh' von da aus zum Schacht." Sie hatte Nachtschicht.

So wie Berta dachten alle, auch ich. Wir machten uns schön. Die Nachtschicht packte ihr Arbeitszeug in selbstgenähte Stoffbeutel, und im Gänsemarsch kletterten wir durch den Zaun. Es klappte prima. Wir machten einen großen Bogen um das Tor, damit uns keiner von der Wache sah. Wir mussten auf die Schienen, um an unser altes Lager zu kommen. Ich staunte über die Anzahl der Mädchen, wir waren bestimmt hundert oder auch mehr. Lachend ließen uns die russischen Posten ins Soldatenlager rein. Direkt am Tor wurden wir von der deutschen Lagerleitung in Empfang genommen und auf das Herzlichste begrüßt. Fritz stand auch da, und ich merkte, wie er sich freute. Letztens, als ich nicht dabei war, war er sehr enttäuscht gewesen.

Es wurde ein wunderbarer Nachmittag und Abend. Die Soldaten gaben sich so viel Mühe, uns etwas zu bieten. Ich staunte, wieviele bühnenreife Künstler es unter ihnen gab. Es wurden Sketche geboten, Schlager gesungen, es gab musikalische Darbietungen, und es gab ausgezeichnete Komiker. Zum ersten Mal vergaß ich, dass ich in Sibirien war. Später wurde getanzt.

Der Nachmittag ging so schnell vorbei, im Nu war es acht Uhr, Zeit für uns, zur Nachtschicht zu gehen. Die Frühschicht wollte noch eine Stunde zulegen. Noch ganz erfüllt von dem wunderschönen Tag ging diesmal die Nacht im Nu herum. Sonntags hatten die Soldaten geschlossen ihren freien Tag. Doch am nächsten Abend sah ich dann Fritz wieder, ich freute mich schon darauf. Als ich morgens ins Lager kam, wurde ich von Kusnerow am Tor in Empfang genommen.

„Sofort in den Karzer!", schrie er mich an und spuckte vor mir aus. Sascha begleitete mich mit dem Karabiner in der Hand direkt zum Karzer. Ein finsteres Loch, tief unter der Erde. Der Holzdeckel wurde hochgehoben und die danebenliegende Leiter heruntergelassen. Das Herz voller Angst, machte ich mich auf den Weg in die Hölle. Mit großem Hallo wurde ich unten empfangen. Bevor Sascha oben die Leiter hochzog, konnte ich durch die offene Luke einen Haufen Gestalten erkennen. Auch das Wasser sah ich, das bis an die Knöchel ging.

„Jetzt sind wir alle vollzählig", rief Berta. Ich erkannte sie an ihrer Stimme. „Hilde, komm her, hier ist noch ein Platz frei!" Ich tastete mich vorsichtig durch das Wasser. Tiefste Dunkelheit umgab mich. Ich konnte nichts sehen. Ein Streichholz flammte auf. „Hier!", schrie Berta. Sie wackelte mit dem brennenden Streichholz hin und her. Noch vier Schritte, drei, zwei, einen, ich konnte eine Wand fühlen. „Du musst in die Hocke gehen und dich an die Wand lehnen", sagte Berta, „anders geht das nicht." „Was ist eigentlich los?", fragte ich. „Warum sperrt man uns hier ein?" „Irgend eine Sau hat uns angeschissen", erwiderte Berta erbost, „wehe demjenigen, wenn ich das rauskriege. Ich brech' ihm alle Knochen."

Dann erfuhr ich, was sich inzwischen im Lager abgespielt hatte. Die Mädchen hier wussten das von der Frühschicht, die sie morgens immer ablöste. Ich kam ja mit niemandem zusammen, darum war ich auch so ahnungslos. Die Frühschicht war noch bis neun Uhr im Soldatenlager geblieben. Als sie dann wieder durch das Loch zurück ins Lager kletterte, wurde sie schon auf der anderen Seite des Zaunes erwartet. Geschlossen wurde sie direkt zum Karzer geführt. Die ganze Nacht musste sie unten in der Hocke sitzen und wurde erst eine halbe Stunde vor dem Abmarsch zur Arbeit herausgeholt. Kusnerow besaß eine vollständige Liste mit allen Namen derjenigen, die im Soldatenlager gewesen waren. Hier im Bunker gab es keine Pritschen, keine Sitzgelegenheit, nur das stinkende Wasser. Angst hatte ich diesmal nicht, ich war ja nicht allein. Alle waren müde von der schweren Arbeit, und Hunger hatten wir auch. Musste mal eine, dann wurde in das Wasser gemacht. Es stank entsetzlich nach Klo, nach Moder, nach Leichen. Es mussten schon viele vor uns hier gewesen sein, denn das Wasser war voll von Exkrementen. Man sah es, wenn ab und zu ein Streichholz aufflammte. So nach und nach verstummten die Gespräche.

Hier und da nickte eine ein, wurde wach, wenn sie im Schlaf in die stinkende Brühe abrutschte. „Verdammt", schrie diesmal Berta auf, „den Kusnerow soll der Teufel holen. Morgen bin ich bestimmt krank, hab' die Cholera oder sonst was." An Schlafen war nicht mehr zu denken. Manche der Mädchen hatte ihren Machorka bei sich. Es wurden Zigaretten gedreht. Berta drehte auch. Ich hielt ein brennendes Streichholz, damit sie etwas sah. Sie drehte gleich zwei, für mich eine mit. „Gut gegen Kohldampf", meinte sie, „und piss bloß nicht in die Hose."

Hier in diesem übelriechenden Loch rauchte ich die erste Zigarette meines Lebens. Schlecht wurde mir nicht, den Hunger hatte ich immer noch, und in die Hose machte ich mir auch nicht. Die war schon nass. Erst nach der dritten Zigarette wurde mir schlecht, ich musste ununterbrochen gegen üblen Brechreiz ankämpfen.

Abends um halb acht holte man uns raus. Mit verkrampften Beinen, krummen Rücken, nassen Hosen, wundem Magen, Mordgedanken, also total am Ende, machten wir uns für die Nachtschicht fertig. Das Brett im Zaun war von oben bis unten frisch zugenagelt, und der Zaun stand wieder unter Strom. „Nicht lange", meinte Berta, „darauf kannst du dich verlassen."

Als ich das Fritz in der kommenden Nacht erzählte, war er fassungslos. Solche Methoden waren in seinem Lager unbekannt. „Da kannst du mal sehen, wie gut ihr's habt. Ihr zählt bei den Russen noch als Menschen, doch wir, wir sind nur Freiwild. Sie machen mit uns, was sie wollen." Das Soldatenlager schickte uns nie wieder eine Einladung.

Schwangerschaft

Wenige Tage später kam Helmut in ein anderes Lager. Er hatte sich von mir noch nicht einmal verabschiedet. Ich weinte ihm keine Träne nach. Aus, vorbei. Was mich und Fritz verband, war nicht die große Liebe auf den ersten Blick, auch nicht die auf den zweiten Blick. Es war mehr. Es war eine tiefe Freundschaft, ein Gefühl der Zusammengehörigkeit, das nur Menschen in unserer Lage so stark empfinden können. Ich hatte die größte Achtung vor ihm. Er war mehrere Jahre älter als ich, er kam mir so erfahren, so klug vor. Einen besseren Vater für mein Kind konnte ich mir nicht wünschen. Ja, ich war schwanger. Bestätigt hatte mir das noch

281

niemand, doch ich wusste es auch so. Dieses Wunschkind sollte für mich die Fahrkarte nach Hause sein. Ich war davon so erfüllt und glaubte felsenfest daran. Noch wusste es außer mir niemand, auch Fritz nicht. Erst wollte ich volle Gewissheit haben.

Nun hatten wir wieder Weihnachten. Es war das vierte Fest in Sibirien. Der Heilige Abend war ein Arbeitstag wie jeder andere Tag auch. Abends um acht Uhr gingen wir geschlossen zur Arbeit. Wieder stapften wir durch den meterhohen Schnee. Ein eisiger Wind peitschte in unsere Gesichter.

Meine Gedanken waren zu Hause. Jetzt sitzen sie unter dem Christbaum und singen: Stille Nacht, Heilige Nacht, dachte ich wehmütig. Nächstes Weihnachtsfest war mein Kind auf der Welt, ob ich dann auch zu Hause mit meinen Lieben feiern konnte? Lieber Gott, betete ich und kämpfte gegen den gemeinen Ostwind an, lass mich nächstes Jahr zu Hause sein. Hörst du mich da oben? Vier Jahre reichen vollkommen! Gab es überhaupt einen Gott? Ich war nach all den Erlebnissen nicht mehr so ganz sicher. So viel Elend, so viel Qual hatte ich in den vier vergangenen Jahren erlebt. Wo war Gott? Eine Sternschnuppe fiel, ich sah das als ein Zeichen Gottes. Verzeih mir da oben, verzeih mir meine Zweifel. Hilf mir, Herrgott! Solche oder ähnliche Gedanken bewegten jeden Einzelnen von uns auf diesem eisig kalten Weg durch den tiefen Schnee – Stille Nacht! Heilige Nacht! Friede auf Erden! Halb erstarrt kamen wir am Schacht an. Ich ging erst zu Fritz in sein gemütliches Blockhaus, um mich etwas aufzuwärmen. In dieser Nacht sagte ich ihm, dass er in sieben Monaten Vater sein würde.

Das neue Jahr begann, das Leben ging weiter. Ich hatte jetzt sehr unter der Schwangerschaft zu leiden. Brechreiz quälte mich ununterbrochen. Wieder einmal mussten wir zur monatlichen Fleischbeschau. In der langen Reihe der nackten Mädchen machte ich mich ganz klein, um ja nicht aufzufallen. Der Arzt kniff mir in den Po, schaute mir flüchtig ins Gesicht und sagte: Gruppe 3 (leichte Arbeit). Schon war die nächste dran.

„Augenblick", rief die deutsche Frau Doktor. „Du da, komm mal zurück." Himmel, sie meinte tatsächlich mich. Mit ihrem Röntgenblick hatte sie an meinen veränderten Brustwarzen erkannt, dass ich ein Kind bekam. Leugnen hatte keinen Zweck, das verschlimmerte die Sache noch. Doch ich war gut vorbereitet. „Ja?", fragte ich und kam langsam näher. „Du bist schwanger", sagte sie mir direkt auf den Kopf zu, „im wievielten Monat?" „Im fünften", erwiderte ich fest und sah ihr voll insGesicht. Ich wusste, dass im Lager keine gynäkologischen Untersuchungen durchgeführt wurden. Die konnte das nicht nachprüfen, musste es mir glauben. „Du kannst gehen."

Ich machte kehrt und zog mich im Vorraum an. Gretel und Berta, die in der Reihe dicht hinter mir standen und alles mitgekriegt hatten, bestürmten mich mit Fragen. „Du hättest mir ja was sagen können", meinte Gretel beleidigt. „Im fünften Monat und ich erfahr' es hier auf diese Weise. Und ich habe immer gedacht, du hättest Vertrauen zu mir." „Später", flüsterte ich ihr zu. Gretel verstand. „Na, du bist mir vielleicht eine", sagte Berta, „da gebe ich mir solche Mühe, red' mir den Mund fusselig, kläre dich mit allen Schikanen auf, und was tust du? Du wirst einfach schwanger. Da war ja meine ganze Aufklärung für die Katz." „Ach Berta, ich hab' überhaupt nichts begriffen, was du mir damals alles erzählt hast, das nächste Mal passe ich aber besser auf, wenn du mich wieder aufklärst." „Da kannste aber lange warten. Bei dir ist sowieso Hopfen und Malz verloren. Hast es ja jetzt bewiesen." Später, als ich mit Gretel allein war, vertraute ich ihr an, dass ich erst im dritten Monat war. Sie wusste sofort, warum ich der Frau Doktor etwas vorgeflunkert hatte. „Du willst verhindern, dass sie dir das Kind wegmachen?" „Ja."

Am nächsten Tag war die Frau Doktor schon hinter mir her. Sie kam in unsere Baracke und holte mich zu einem Gespräch in den Roten Saal. Dort waren wir ungestört. „Du wirst das Kind nicht zur Welt bringen", sagte sie mir ins Gesicht. Ihr kalter Blick ging mir durch und durch. „Ich will das Kind!" „Nein. Wir werden das zu verhindern wissen. Als Gefangene besitzt du keinerlei Rechte. Hier", sie reichte mir einen vorgeschriebenen Zettel, „das wirst du jetzt unterschreiben." Ich las mir das Geschriebene sorgfältig durch. In deutscher Sprache stand: Ich bitte die russische Lagerleitung, meine ungewollte Schwangerschaft zu unterbrechen. Ich bestätige mit meiner Unterschrift, dass ich freiwillig und ohne jeden Zwang unterschreibe. „Nein! Das unterschreibe ich nie!" Ich gab ihr den Zettel angewidert zurück. „Gut, wie du willst. Du kommst noch angekrochen, das garantiere ich dir." Sie warf mir einen vernichtenden Blick zu. Sekunden später war ich allein. Verzweiflung hatte mich gepackt. Wer wusste schon, was die noch alles mit mir vorhatten. Ich wollte alles und jedes ertragen, nur dem Kind durfte es nicht schaden.

Die nächsten Tage wurde ich bearbeitet und so unter Druck gesetzt, dass ich fast überschnappte. Am fünften Tag hatten sie mich soweit. Wie unter dem Einfluss von Hypnose unterschrieb ich den Wisch. Dann kamen zwei ganz schlimme Tage für mich. Immer wenn sich die Tür öffnete, zuckte ich nervös und gehetzt zusammen und dachte: Jetzt holen sie dich. Ich glaube, so ist einem Todeskandidaten zumute, kurz vor der Hinrichtung. Mit keinem Menschen durfte ich darüber reden, man hatte es mir streng verboten. Warum ich mich daran hielt, weiß ich bis heute nicht. Wahrscheinlich war es die Angst, dass man mich in den Karzer sperrte. Allein, dort unten in der nassen Gruft, wäre ich wahnsinnig geworden. Am dritten Tag endlich kam die Frau Doktor zu mir in die Baracke und sagte so laut, dass es die Mädchen in meiner Nähe hörten: „Tut mir leid, dass wir deine Bitte ablehnen müssen. Deine körperliche Verfassung ist zu schlecht. Vor zwei Monaten hätte man dir noch helfen können, jetzt ist es zu spät dazu. Du musst schon allein damit fertig werden." Sie drehte sich abrupt um und rauschte davon.

An der Tür blieb sie stehen und sagte zu den anderen: „Wenn ihr Hilfe braucht, wir sind immer für euch da. Macht es nicht wie die da", sie zeigte mit der Hand auf mich, „um Hilfe zu betteln, wenn es zu spät ist." „Sie hätte Schauspielerin werden sollen", flüsterte mir Gretel ins Ohr, „die lügt, ohne rot zu werden." Sie wusste genau, was sich soeben vor ihren Augen abgespielt hatte. „Sie ist der schlechteste Mensch, der mir je begegnet ist. Jedenfalls hast du es geschafft, Hilde. Deine Rechnung ist aufgegangen." Ich sagte nichts. Ich spürte nur eine unendliche Erleichterung.

Als ich mit Fritz darüber sprach, wurde er schneeweiß im Gesicht, sodass ich erschrak. Ohnmächtig ballte er die Fäuste. Verzweiflung hatte ihn gepackt, dass er keine Macht besaß, mich vor solchen Überfällen zu schützen. Wir sahen uns jetzt jede Nacht, außer Sonntag. Fritz machte mir zuliebe immer Nachtschicht. Er hatte mit einem Kameraden getauscht.

Ich hatte nun zwei Büroräume weniger zu putzen, denn bei uns wurde umgebaut. Die Frauen bekamen jetzt auch einen Bade- und einen Umkleideraum. Sie sollten in Zukunft nicht mehr den weiten Weg ins Lager mit den nassen Arbeitsklamotten machen. In der eisigen Kälte wurden zu viele krank. Diese Ausfälle wollte man verhindern. Die deutschen Männer teilten schon seit einiger Zeit das Bad mit den Russen, ein großer Fortschritt. „Mir gefällt das nicht", meinte Gretel, „das sieht ganz danach aus, als wollten sie uns ewig dabehalten." „Sie hätten das schon vor Jahren machen sollen, so mancher von uns würde dann noch leben", erwiderte ich. Wir machten uns alle Sorgen – das sah so nach Zukunft aus. Natürlich färbte das auf die Stimmung im Lager ab. Die war wieder einmal ganz unten. Doch Tamara kannte sich mit der menschlichen Seele aus. Sie verteilte Schreibpapier und Umschläge, wir durften diesmal einen Brief nach Hause schreiben, den ersten nach fast vier Jahren. Ich schrieb meiner Mutter, dass ich ein Kind erwartete.

Schneesturm

So viel Schnee wie in diesem Februar 1949 hatten wir noch nie erlebt. Seit Tagen schneite es ununterbrochen, Schneestürme durchzogen das Land, nahmen uns die Sicht, deckten alles zu. Die Bahnschienen wurden ununterbrochen geräumt, denn sie waren für uns lebenswichtig. Als wir morgens vom Schacht ins Lager kamen, waren wir mehr als drei Stunden unterwegs gewesen. Wir versanken im Pulverschnee, krabbelten uns frei, irrten umher. Wir verloren im Schneetreiben die Richtung. Die Lungen stachen von dem messerscharfen, eisigen Wind. Die Tränen, die wir nicht zurückhalten konnten, gefroren sofort zu kleinen Kügelchen. Ich hatte wieder Schwierigkeiten mit meinen Füßen. Die Frostbeulen vom vergangenen Jahr peinigten mich entsetzlich. Als wir endlich ins Lager kamen, atmeten wir befreit auf. Ein Mädchen aus unserer Schicht fehlte. Wir mussten sie draußen im Schnee verloren haben.

Als die Mittagsschicht zur Arbeit ausrückte, kam sie nur bis zum Tor. Sie wurde von der Wache wieder in ihre Baracke geschickt. Es wäre für sie ein Weg in den Tod gewesen. Jetzt warteten wir voller Sorgen auf die Frühschicht. Würde sie es schaffen, das Lager zu erreichen? Der Schneesturm hatte an Stärke zugenommen, man sah nichts mehr. Die vom Schacht 42 brauchten nur die Schienen entlang zu gehen, die hatten es leichter. Von unserem Schacht bis ins Lager ging es kilometerweit nur durch freies Gelände.

Es war schon dunkel, als eine Gruppe eintraf. Die Frauen waren zu Tode erschöpft. So nach und nach kamen die anderen in kleinen Gruppen, zu zweit und auch einzeln. Als es Nacht wurde, fehlten von der Frühschicht noch immer zwei. Jetzt wurden schon drei aus unserer Baracke vermisst. In dieser Nacht schlief keine von uns. Ängstlich starrten wir auf die Tür und hofften, dass sie doch noch kommen würden. Wir hofften vergeblich.

Irgendwann mussten wir doch eingeschlafen sein. Die ersten wurden wach, mussten aufs Klo. Sie öffneten die Haustür, die nach draußen führte. Eine Lawine von Schnee stürzte in den Flur und begrub die Mädchen unter sich. Sie befreiten sich von der Schneemasse und stürzten aufgeregt in den Saal. „Wir sind bis zum Dach eingeschneit, wir kommen hier nicht mehr raus." Im engen Flur entstand ein Gedränge, jede wollte sich selbst davon überzeugen. Die Haustür stand offen, ließ sich nicht mehr schließen. Wir konnten nicht sehen, ob es draußen schon hell war, wir sahen nur Schnee. Einige jubelten, dass sie nicht zur Arbeit mussten. „Euch wird das Lachen noch vergehen, wenn wir nichts zu essen kriegen", maulte Berta. „Wir kommen doch nie zur Küche in diesem Schnee."

Hier und da kauten ein paar Glückliche an den Resten ihres Brotes, doch die meisten von uns hatten nichts. Wir waren fast alle pleite, denn heute sollte es auf dem Schacht Geld geben, den heiß ersehnten Lohn für einen Monat Arbeit. Im Saal wurde es still, wir waren alle wieder eingeschlafen. Am Nachmittag wurden wir von draußen frei geschaufelt. Es war nur eine riesige Schneewehe, die uns den Ausgang versperrt hatte. Draußen herrschte noch immer ein Unwetter, wie wir es noch nie erlebt hatten.

Ich verschlief den ganzen Tag, eingerollt in meine Decke. Die ersten kamen mit langen Gesichtern aus der Küche zurück. „Es gibt nichts zu essen. Der Transport mit Brot und Lebensmitteln steckt seit gestern irgendwo fest."

Manche schimpften, fluchten, jammerten, es war alles zwecklos. Gegen dieses Unwetter waren alle machtlos, auch die Russen. Am nächsten Tag war auch die Kohle alle, nur das Unwetter war uns geblieben. Ich döste frierend vor mich hin, schreckte ab und zu hoch, wenn Berta ihren Koller kriegte. „Verdammtes Wetter, verdammte Russen, verdammte beschissene Welt!" Mein Magen knurrte, krampfte sich schmerzhaft zusammen. Ich rollte noch enger die Decke um mich, es wurde immer kälter.

Am dritten Tag war das Hungergefühl nicht mehr so stark. Eine bleischwere Müdigkeit saß mir in den Knochen, ich wollte nur noch schlafen. Das Wetter blieb unverändert. Ich wurde wach, als Sascha am nächsten Morgen die Frühschicht zur Arbeit weckte. Sogar frisches Brot gab es in der Küche. Doch die meisten konnten es sich nicht kaufen, hatten kein Geld. Später stand ich auf und ging aufs Klo. Mir wurde schwarz vor Augen, alles drehte sich wie ein Karussell. Ich musste achtgeben, dass ich nicht hinfiel. Ich hatte seit fünf Tagen nichts mehr gegessen.

Draußen war jetzt das herrlichste Winterwetter und nicht mehr so kalt. Sogar eine blasse Sonne kam zum Vorschein, alles sah so friedlich aus. Nichts erinnerte mehr an die vergangenen Tage. Im Laufe des Vormittags kamen von den drei vermissten Mädchen zwei wieder zurück ins Lager. In dem Unwetter hatten sie sich verirrt und waren durch Zufall in der Schachtkantine gelandet. Sie bekamen dort zu essen, sie hatten es warm. Das dritte Mädchen wurde erst nach der Schneeschmelze draußen in den Feldern tot aufgefunden.

Gretel hatte Frühschicht. Als sie von der Arbeit zurück kam, brachte sie mir ein ganzes Brot mit. „Ich weiß, dass du erst morgen früh Geld bekommst. Wenn du noch länger hungerst, schadest du dem Kind." Ich bedankte mich und weinte vor Freude. Leider bekam ich nur ein Stückchen davon herunter, und das bekam mir auch nicht. Ich würgte alles wieder raus. Hinterher bekam ich solch heftige Magenkrämpfe, dass ich dachte, mein letztes Stündlein hätte geschlagen. Gretel rannte zur Ambulanz und holte Hilfe. Die Frau Doktor kam persönlich, gab mir einen halben Löffel voll Opiumtropfen, die schmeckten scheußlich, doch sie halfen. Mein Magen beruhigte sich wieder. Den Rest des Brotes habe ich dann auf der Herdplatte geröstet. Das getrocknete Brot bekam mir besser.

Als ich an diesem Abend zum Schacht ging, wusste ich noch nicht, dass es mein letzter Arbeitstag als Putzfrau war. Die Banja der Frauen war fertig. Jetzt konnten sich unsere Mädchen umziehen und vor allen Dingen heiß duschen. Zwei ältere Russinnen und ich bekamen den Posten in der Banja. Es war die gleiche Arbeit wie gegenüber bei den Männern. Im Turnus arbeiteten wir 24 Stunden hintereinander und hatten anschließend zwei Tage frei. Es war die leichteste Arbeit, die ich jemals hatte, nur der Dampf bekam mir nicht. Die Tür zum Duschraum öffnete sich ununterbrochen, die Mädchen kamen und gingen. Jedes Mal kam ein Schwall Dampf in den Umkleideraum. Lüften konnte man nicht, denn die Fenster ließen sich nicht öffnen. Die Tür nach draußen auf den Gang konnte ich auch nicht öffnen, weil die Männer nur darauf lauerten, einen Blick hinein zu werfen.

Ständig kämpfte ich mit Brechreiz. Ich machte es mir zur Gewohnheit, während der 24 Stunden nichts zu essen. Fritz meinte es auch gut mit mir und brachte mir aus seinem Lager ein halbes Kochgeschirr amerikanisches Cornedbeef. Er hatte gute Beziehungen zu seiner Lagerküche. Ab und zu profitierte er davon. Er bestand darauf, dass ich das alles aufaß. Es war das erste Fleisch, das ich hier in Sibirien zu sehen bekam.

Die amerikanischen Lebensmittel bekamen nur die Soldaten. Ich schaffte kaum die Hälfte aus dem Kochgeschirr. Sekundenschnell war alles wieder draußen. Hinterher hatte ich auch noch eine ganze Woche Durchfall, ich fühlte mich sterbenskrank. Doch davon erfuhr Fritz nichts mehr, er kam noch am gleichen Tag in ein anderes Lager. Niemand wusste, wohin. Das einzige, was mir blieb, war ein abgegriffenes, kleines Passbild aus seiner Brieftasche und ein Zettel mit wenigen Abschiedsworten, auf die Schnelle geschrieben. Seine Heimatadresse hatte er vorsichtshalber auch noch aufgeschrieben. Dieses Stückchen Papier brachte mir am nächsten Tag Karli.

Unterstützung von meinen Leidensgenossinnen

Dann kam eine ganz schlimme Zeit für mich. Ich haderte mit meinem Schicksal, fühlte mich verraten, betrogen, wollte sterben. Ich war jetzt am Anfang des sechsten Monats. Gretel versuchte mich zu trösten, weinte mit mir voll Mitgefühl. Ich brauchte keinen Trost, brauchte überhaupt nichts mehr. Für mich war es wie Weltuntergang. Als ich zum ersten Mal bewusst das Leben in mir wahrnahm, wurde ich ruhiger. Der Schmerz verblasste.

Ich war innerhalb der Baracke umgezogen, hatte jetzt meine eigene Pritsche. Rechts von mir schlief Käthe und links, nur durch den schmalen Gang getrennt, Ilse. Das waren die beiden netten Mädchen, die mir damals geholfen hatten, Berta aus der Zaunlücke zu befreien. Die Pritsche, auf der ich jetzt lag, gehörte dem armen Mädchen, welches im Schnee umgekommen war. Nun lernte ich Käthe und Ilse näher kennen, zwei prachtvolle Mädchen in meinem Alter. Wir wurden mit der Zeit die besten Freundinnen.

Von nun an bemutterten sie mich ein wenig, ich fühlte mich bei ihnen geborgen. Die Schneeschmelze hatte eingesetzt, der fünfte Sommer hier stand uns bevor. „Ich möchte wirklich wissen, wo du dein Kind hast", sagte Käthe, „man sieht wirklich noch nichts." Ich wunderte mich selbst schon, dass ich nicht dicker wurde. In zwei Monaten war es soweit, und kein Mensch sah mir das an. Doch das Kind lebte, ich fühlte es Tag und Nacht, wie es sich bewegte, wie es strampelte.

Zu der schweren Lagerarbeit wurde ich die letzte Zeit auch nicht mehr geholt. Ich bekam einen Dauerposten im Lager, ich musste jeden Tag den Roten Saal in Ordnung bringen. Er wurde sehr oft benutzt, mal gab es Tanz, mal wurde irgendetwas geprobt oder es fanden politische Schulungen statt.

In meiner Freizeit fing ich wieder an zu nähen. Die Blusenzeit hatte wieder angefangen, ich hatte so viele Aufträge, dass ich es kaum schaffte. Ich brauchte doch Windeln, Hemdchen, Jäckchen. Ich sparte eisern, gönnte mir nichts. Nach vier Wochen Arbeit hatte ich das Geld für die vier ersten Windeln zusammen. Verbissen nähte ich Stunde um Stunde, denn die Zeit eilte.

Zwischendurch ließ ich mir bei Gertrud, der rumänischen Schneiderin, vier Hemdchen zuschneiden. Es gab nur diesen gebleichten Einheitsnessel, aus dem ich auch die Blusen fertigte. „Ich nähe dir die Hemdchen", bot sich Gertrud an. Ich dankte ihr, doch von der Hilfe wollte ich nichts wissen. Für mein Kind wollte ich alles allein machen. Gertrud musterte mich von oben bis unten und meinte: „So kannst du nicht mehr rumlaufen." „Das weiß ich selbst, aber ich kann es nicht ändern." „Wie lange dauert das noch?" „Sechs Wochen." „Komm morgen noch mal vorbei, ich lasse mir bis dahin etwas einfallen."

Als ich am nächsten Tag ahnungslos zu ihr in die Baracke kam, hatte sie für mich ein Umstandskleid aus mehreren verschlissenen Kleidern gezaubert. Sie hatte die Flicken so geschickt zusammengesetzt, dass die Wirkung ganz toll aussah. Ich musste es sofort anziehen. „Jetzt siehst du richtig wie eine werdende Mutti aus", freute sie sich und strahlte über das ganze Gesicht. Die Überraschung war ihr wirklich perfekt gelungen. Ich wusste nicht, wie ich ihr danken sollte. Neuerdings erschütterte mich jede kleinste Gefühlsregung, natürlich fing ich auch jetzt hemmungslos zu weinen an. Verheult, aber glücklich ging ich wieder in meine Baracke zurück.

Gretel brachte eine etwa zwei Meter lange Kabelschnur vom Schacht mit. Stolz präsentierte sie dieses Kabel allen Mädchen. „Wisst ihr, was das ist?", fragte sie lachend. „Sieht wie die Zündschnur unserer russischen Sprengmeisterin aus", meinte Ilse. „Willst du uns etwa in die Luft jagen?" „Quatsch! Passt mal auf, was ich euch jetzt zeige. Sie fummelte am Ende der Schnur, löste das Isolierband und zeigte uns triumphierend den Inhalt des Kabels. „Da drin sind neun Fäden von der feinsten Baumwolle. Jetzt braucht sich die Hilde keine Sorgen mehr zu machen, wie sie an Babyjäckchen kommt. Hier", sie drückte mir das Kabel in die Hand, „du strickst die Jäckchen aus diesen Fäden und bist auf einmal alle Sorgen los. Ich bring' jetzt jeden Tag ein Stück davon mit. Die Stricknadeln sind morgen fertig, die macht ein Junge aus der Schlosserei." „Mensch, das ist ja toll!", rief Ilse. „Auf diese Idee wäre ich nicht gekommen. Bei uns liegt das Zeug zusammengerollt in einer Ecke im Stollen, da kann ich jederzeit dran." „Aber nicht mehr als höchstens zwei Meter", warnte Gretel, „sonst fällt das auf." Ilse nickte. Ich bearbeitete das Kabel, löste das Isolierband und zog einzeln die Baumwollfäden heraus. Ein schwarzgraues Pulver rieselte auf den Lehmboden, dem ich keine Beachtung schenkte. Die Enden wurden dann zusammengeknotet und das Ganze zu einem Knäuel gewickelt.

Babyjäckchen und Hemdchen kannte man in Sibirien nicht. Die Säuglinge der hiesigen Bevölkerung wurden vom ersten Tag an nackend in große Nesseltücher gewickelt. Die Kinder blieben in den Tüchern, bis sie fast ein Jahr waren. Die Tataren wickelten auch noch beide Beinchen eng zusammen, damit das Baby ja nicht strampelte. Ich war entsetzt, als ich das zum ersten Mal sah. Auf meine Frage, warum sie das so machten, bekam ich die Antwort: Durch das enge Wickeln bekämen die Kinder später schöne, gerade Beine. Das hätten ihre Mütter so gemacht und die Großmütter auch. Ein guter, alter, bewährter Brauch, der sich von Generation zu Generation vererbte. „Wie im finstersten Mittelalter", meinte Gretel, als ich ihr das erzählte.

Zur nächsten Nachtschicht nahm ich mein Strickzeug mit. Zwischen den Schichten gab es immer mal eine halbe Stunde Leerlauf. Ich musste nur vorsichtig sein, dass die Sprengmeisterin mich nicht erwischte. Sie würde die Baumwolle sofort erkennen und wissen, woher sie stammte. Sie badete auch jeden Tag bei mir.

Als sich die Ersten von der Frühschicht duschten, stürzte eine von unseren Mädchen aufgeregt zu mir in den Umkleideraum. „Du, da drinnen ist was passiert! Eine Russin ist umgekippt, sie schwimmt im Blut." Der Dampf nahm mir die Sicht, als ich den Duschraum betrat. Ich erkannte sofort, was mit der Frau los war. Wieder einmal eine Fehlgeburt, es war schon die dritte, die auf meiner Schicht passierte. Bei den beiden anderen handelte es sich um unsere Mädchen. Kein Wunder bei der schweren körperlichen Arbeit, die die Frauen leisten mussten. Ich lief nebenan ins Büro und meldete den Vorfall. Zehn Minuten später wurde die Frau abgeholt. Meine beiden russischen Arbeitskolleginnen hatten auch schon solche Vorfälle erlebt. Sie verloren kein Wort darüber, denn das gehörte hier zum täglichen Leben.

Karli, der Berliner, erzählte mir, dass in seinem Lager nur noch von Heimkehr gesprochen wurde. Die Parole hieß: Alle Kriegsgefangenen sollten demnächst so nach und nach in die Heimat fahren. Einige von ihnen hatten schon das große Glück, waren auf dem Weg zur Heimat. Karli hoffte sehr, dass er und Herbert demnächst an der Reihe wären.

Bei uns im Lager rührte sich nichts. Von Heimkehr wurde nicht mehr gesprochen. Ja, man dachte sogar an unsere Zukunft. Ein neues Silo wurde gebaut, schön auszementiert, damit wir im nächsten Winter nicht verhungerten.

Manchmal packte mich so grässliche Angst, dass ich nachts nicht schlafen konnte. Wo war Fritz? Vielleicht war er schon in seinem geliebten Rheinland oder er steckte in irgend einem Lager und war genauso verzweifelt wie ich. Ob er noch an mich dachte? Hoffnungslos heulte ich mich in den Schlaf. Zur rechten Zeit kam dann der tröstende Brief meiner Mutter. Sie schrieb: „Ich warte jeden Tag auf deine Heimkehr. Das Kind werden wir schon groß kriegen, mach' dir nur keine Sorgen." Es war bis jetzt der dritte Brief von zu Hause. Ich saß mit mehreren Enden Zündschnur vor dem Ofen und löste der Einfachheit halber direkt in den hölzernen Bottich, der uns als Kohlenkasten diente.

Draußen herrschte eine hochsommerliche Hitze, mindestens 30 Grad oder noch darüber. In der Baracke war es auch nicht kühler, doch hier war ich nicht so der gleißenden Sonne ausgesetzt. Gretel setzte sich zu mir und leistete mir Gesellschaft. „Wie weit bist du schon?" Stolz zeigte ich ihr das dicke Knäuel. „Damit schaffe ich bestimmt das dritte Jäckchen." Die zwei fertigen hatte ich schon gewaschen und zu den Hemden und Windeln in meinen Holzkoffer gelegt.

„Was möchtest du, einen Jungen oder ein Mädchen?" Ich dachte einen Augenblick nach. „Eigentlich ist mir das egal, die Hauptsache, es ist gesund." „Das meine ich auch", nickte Gretel. „Hast du schon einen Namen ausgesucht?" Ich schüttelte den Kopf. „Hab' mir noch keine Gedanken darüber gemacht. Mir wird schon einer einfallen, wenn es soweit ist."„Du, ich habe eine Idee. Wie wärs, wenn sich alle daran beteiligen? Jede von uns schreibt zwei Zettel, einen mit einem Mädchennamen und einen mit einem Jungennamen. Der Name, der am meisten vorkommt, ist dann der Sieger. Was hältst du davon?" „Wenn es euch Spaß macht, warum nicht?", lachte ich. „Stell dir vor, ich erzähle später meinem Kind, dass es seinen Namen über eine Verlosung erhalten hat. Das ist doch was, oder?" „Und ob! Und vergiss nicht, deinem Kind zu erzählen, dass seine ersten Jäckchen aus einer sibirischen Zündlunte stammen", kicherte sie los. Sie lachte, bis ihr die Tränen kamen. „Du, das glaubt dir bestimmt niemand", japste sie, „ich garantiere dir, das ist einmalig auf der Welt." Bald waren wir von den anderen Mädchen umringt. Sie wollten wissen, warum wir so lachten. Gretel erzählte es ihnen. Jetzt lachten alle mit, denn Lachen steckt an. Es gab ja hier sonst nichts, worüber man lachen konnte.

Am Spätnachmittag machten ein paar Mädchen den Ofen an, sie wollten sich etwas zu essen kochen. Ich lag auf meiner Pritsche und döste etwas, denn in letzter Zeit wurde ich immer so schnell müde. Auf einmal gab es einen fürchterlichen Knall, ich fiel fast von der Koje. Steine, Töpfe, Konservendosen, Graupen, Kartoffeln und glühende Kohlen flogen wild durch die Gegend. Es sah wie nach einem Bombenangriff aus.

Da hinten, wo einmal der riesige Herd stand, klaffte jetzt ein riesiges Loch. Mit offenen Mündern standen die Frauen da, entsetzt und sprachlos. Gretel kam atemlos zu mir gerannt. „Hilde, du hast doch nicht etwa ...?" Ich hatte. „Das schwarze Pulver", stammelte ich fassungslos, „alles im Kohlenkasten." „Ich hab' doch gleich gewusst, dass das schief geht", heulte Berta hysterisch, „meine schönen Kartoffeln." „Halt die Schnauze!", antwortete Gretel. „Alles mal herhören! Die werden gleich hier sein, wir stellen uns alle dumm, wissen von nichts. Wir sind sonst alle dran, habt ihr verstanden?" Sie wühlte blitzschnell im Kohlenkasten, holte die Reste des Isolierbandes heraus. „Schmeiß das sofort ins Klo, damit das verschwindet", sagte sie zu Berta. „Mensch, hau schon ab!" Gretel gab ihr einen unsanften Stoß. Die maulende Berta flitzte davon. Da kamen sie schon, Kusnerow, Sascha und Gerhard. Kopfschüttelnd zerbrachen sie sich die Köpfe, palaverten hin und her. Sie verhörten die Umherstehenden, doch alle taten unschuldig, hatten keine Ahnung. Die wahre Ursache errieten sie nicht. Am folgenden Tag mauerten uns unsere Männer einen neuen Herd. Mit der nächsten Zündschnur ging ich jetzt hinter die Baracke. Den Abfall sammelte ich sorgfältig zusammen und beförderte ihn eigenhändig ins Klo. Wenn das dort in die Luft ging, konnte es keinen großen Schaden anrichten. „Aus Schaden wird man klug", lachte Gretel, „deine Jäckchen sind jedenfalls unbezahlbar!" Ich war dem Herrgott dankbar, dass niemand durch meine fahrlässige Dummheit verletzt worden war.

Gestern Abend hatte es wieder einmal eine politische Schulung gegeben. Anschließend fand noch eine Diskussion statt. Niemand durfte sich drücken. Ich war noch keine fünf Minuten da, da rannte ich auch schon schnell wieder raus. Das Gerede über den herrlichen Kommunismus schlug mir auf den Magen. Mein Kind wehrte sich dagegen, mochte genauso wenig über die russische Politik hören wie ich. In den Roten Saal ging ich nicht mehr zurück, ich legte mich viel lieber auf meine Pritsche. In den nächsten Tagen rechnete ich mit der Geburt.

Nun stand ich wieder im Roten Saal, bewaffnet mit einem Besen, einer Schaufel und einem Eimer, um den gestrigen Dreck wegzuräumen. Den größten Abfall hinterließen die Russen mit ihren Sonnenblumenkernen, sogar Tamara spuckte am laufenden Band. Doch ihr Iwan übertraf alle, er konnte spucken wie ein Weltmeister.

Die Fensterseite hatte ich bereits sauber, einen Haufen Machorkastummel schon im Mülleimer drin. Stalin in Lebensgröße sah mir zu. Ich konnte auf ihn von rechts oder von links schauen, immer hatte ich das Gefühl, er fixierte mich mit seinem hypnotischen Blick von allen Seiten. Lenin dagegen war nur halb so groß, lächelte mild und weise auf mich herab. Ich rückte die lange Bank etwas ab, die direkt unterm Stalinbild stand. Die roten Fahnen setzten sich in Bewegung, und mit ihnen der lebensgroße Stalin. Mit voller Wucht knallte er mir auf den Kopf. Splitter flogen nach allen Seiten. Mit einer Reflexbewegung legte ich beide Hände schützend um den Bauch. Die Augen hatte ich geschlossen, dachte: Jetzt ist es aus.

Langsam kam ich aus meiner gebückten Stellung hoch, betastete Arme und Beine, die funktionierten noch. Meine Finger tasteten den Kopf ab, spürten mehrere Splitter. Ich wollte schreien, brachte jedoch keinen Ton hervor, denn auf dem Boden lag Stalin. Da, wo seine Nase noch vor zwei Minuten war, war jetzt ein schwarzes Loch. Nur seinen Augen war nichts passiert, die blickten mich noch immer hypnotisch an. Ich bekam es mit der Angst.

Plötzlich gehorchte mir auch meine Stimme wieder, ich schrie aus Leibeskräften um Hilfe. Einige Mädchen stürzten in den Roten Saal, dachten, ich hätte soeben das Kind bekommen. Mit zittrigen Fingern zeigte ich auf Väterchen Stalin. „Der hat mich beinahe erschlagen." Jetzt löste sich auch der Schock bei mir, und ich konnte den Hergang schildern.

Gretel zog mir behutsam fünf Splitter aus der Kopfhaut. „Mensch, hast du vielleicht einen Dusel gehabt! Die Verletzungen sind nur oberflächlich, etwas Jod drauf, und du bist wieder in Ordnung." „Warum musste das gerade Stalin sein? Warum nicht Lenin?", jammerte ich. „Du wirst sehen, die werden behaupten, dass das volle Absicht war. Und Lenin hätte nicht ganz so weh getan." „Rede dir doch nicht so einen Quatsch ein", erwiderte Gretel", und plötzlich lachte sie laut heraus. „Mensch, was sieht der jetzt ohne Nase ulkig aus, direkt zum Schießen." Ich zitterte immer noch, denn ich hatte große Angst. Wenn es um ihr Idol ging, verstanden die Russen keinen Spaß.

Gerhard wurde geholt. Er besah sich die Bescherung, schüttelte den Kopf und sagte nur: „Das ist vielleicht ein Ding!" Er zog wieder ab und holte Verstärkung. Bei so einem Frevel konnte er nicht selbst entscheiden. Kurze Zeit später waren alle da, sogar der kleine Napoleon, unser Lagerkommandant. Den hatte ich schon eine Ewigkeit nicht mehr gesehen. Er hatte sich so verändert, dass ich ihn kaum wiedererkannte. Im Lager lief das Gerücht, er wäre dem Alkohol verfallen. Alle Augen starrten jetzt auf das demolierte Bild. Drohend kam Napoleon mit seinem Wodkaatem auf mich zu und wollte wissen, wie ich das Verbrechen begangen hätte. Ich sagte es ihm und zeigte ihm die schwach blutenden Wunden auf meinem Kopf. Die waren für ihn uninteressant, die kaputte Stalinnase war viel wichtiger. Er fuchtelte mit seiner Faust vor meiner Nase herum, beschimpfte mich mit einer Kaskade saftiger Flüche, behauptete glattweg, dass ich das mit Absicht gemacht hätte. Ich glaubte, jeden Augenblick in Ohnmacht zu fallen. Dann bekam ich Hilfe von einer Seite, von der ich es am wenigsten erwartet hätte.

Tamara sagte zornig: „Schluss jetzt! Ich bin überzeugt, das Mädchen sagt die Wahrheit." Sascha und Gerhard sammelten dann Stalins Überreste zusammen und brachten sie weg. Ich atmete tief auf, hörte direkt den Stein plumpsen, der mir vom Herzen fiel. Auf den Schreck hin brachte mir Berta eine saure Gurke vom Basar mit. „Ich hab' damals in meiner Schwangerschaft nur von sauren Gurken gelebt. Richtig versessen war ich darauf", meinte sie verlegen. Ich war einfach überwältigt. Gelüste solcher Art konnte ich mir nicht leisten. Berta musste ein Vermögen für die Gurke bezahlt haben.

Sie hatte schon seit einiger Zeit den Strom am Zaun unterbrochen. Wie sie das diesmal geschafft hatte, blieb ein Geheimnis. Sie schwieg eisern darüber und kletterte nach Herzenslust durch die Latten. Jetzt waren es zwei Bretter, die sie gelöst hatte. Sie wurden rechts und links auseinander geschoben, sodass eine breite Lücke entstand. „Da bleibe ich wenigstens nicht mehr stecken", meinte sie trocken, „und abnehmen brauche ich jetzt auch nicht mehr. Sogar du kommst da ganz gemütlich heraus, ohne anzuecken." Sie zeigte auf meinen tonnengroßen Bauch, wir mussten beide darüber lachen.

Die Geburt meiner Tochter Renate

Die Mädchen beteiligten sich alle mit großer Begeisterung bei der Wahl des Namens. Nun wusste ich, wie mein Kind heißen sollte: Renate oder Wolfgang. Die Namen gefielen mir ganz gut, ich war einverstanden. Als ich am 28. Juli morgens von der 24-Stunden-Schicht ins Lager kam, war ich total erschöpft. Ich fühlte mich nicht gut, verzichtete aufs Frühstück und legte mich sofort hin. Zwei Stunden später wusste ich mit Gewissheit, dass die Wehen begonnen hatten. Nach zwei weiteren Stunden weckte ich Ilse, die rechts neben mir schlief. Nachdem ich ihr erklärt hatte, was mit mir los war, lief sie aufgeregt zur Ambulanz. In kürzester Zeit kam sie ganz verstört wieder. „Die denkt nicht daran, zu dir zu kommen. Ich soll dir ausrichten, dass es noch Stunden dauern wird, bis es soweit ist. Sie kommt später nach dir sehen. Ich finde das einfach gemein, dass sie dich hier so einfach liegen lässt."

Erst am Spätnachmittag kam die Frau Doktor zu mir und meinte, dass es noch lange nicht soweit wäre, und ich sollte mich nicht so anstellen. Mir war alles egal, bekam ich das Kind eben hier in der Baracke. Gretel lief noch zweimal zu ihr hin, dann erst kam der Krankenwagen. Es wurde auch höchste Zeit, denn die Wehen kamen schon ununterbrochen. Gretel und Käthe fuhren mit. Es wunderte mich wirklich, dass man es ihnen so ohne weiteres erlaubte.

Die Fahrt in dem ungefederten Wagen und auf der schmalen Trage liegend wurde für mich zur Höllenqual. Das Auto rumpelte durch die tiefen, knochenharten Rinnen der Feldwege, hüpfte rauf und runter. Wir kamen nicht weit. Ich schrie auf und fühlte, dass das Kind kam. Gretel bedeutete dem Fahrer anzuhalten. Noch eine letzte Wehe und ich hatte es geschafft. Der Fahrer nabelte das Kind ab, es war ein Mädchen. Gretel zog mir das Unterhemd aus, und wickelte das Baby darin ein. Die Fahrt ging weiter.

„Stell dir vor, deine Renate ist mitten auf dem Basar geboren! Du hättest die Neugierigen mal sehen sollen, die haben sich an dem kleinen Fenster die Nasen fast platt gedrückt. Ein Bild für die Götter, sag' ich dir. Eine Geburt mitten auf dem Basar hat es hier ganz bestimmt noch nicht gegeben." Gretel lachte Tränen. Sicherlich war es auch ein wenig Erleichterung, dass alles gut gegangen war. „Es ist wirklich zum Schießen, so etwas bringst wirklich nur du fertig!"

Käthe, etwas blass um die Nase, war ganz still. Es war die erste Geburt, die sie erlebte, sie musste sich erst davon erholen. Mit beiden Händen hielt sie das Kind fest an ihre Brust gedrückt. Ich war glücklich, dass alles überstanden war. Wir fuhren weiter, bis ans andere Ende der Stadt. Die Entbindungsklinik war in einer der üblichen Baracken untergebracht. Man wollte mich nicht aufnehmen, da sie überbelegt war. Während der Fahrer und die Schwestern einen heftigen Wortwechsel miteinander führten, wurde ich noch einmal von einer heftigen Schmerzwelle erfasst. Ich legte mich einfach auf den Fußboden im Flur, denn die Nachgeburt kam. Sofort verstummten die Schwestern, man nahm mich gnädig auf.

Gretel und Käthe durften nicht mit herein, sie verabschiedeten sich von mir und machten sich auf den acht Kilometer weiten Heimweg, diesmal zu Fuß. Die Klinik war tatsächlich überbelegt, denn man verfrachtete mich samt Kind in den OP-Raum auf die schmale, wachstuchbespannte Untersuchungsliege. Da lag ich nun ganz allein, hatte jetzt Zeit, mein Kind in Ruhe zu betrachten. Renate hatte man in ein großes Nesseltuch eingewickelt, sie schlief eng an meinen Körper gepresst.

Ich weinte, denn hier in dieser fremden Umgebung fühlte ich mich allein und verlassen. Wie oft hatte ich mir in den letzten Jahren gewünscht, einmal allein zu sein, jetzt, da ich endlich mal allein war, sehnte ich mich nach meinen Kameraden zurück. Ich hätte wer weiß was darum gegeben, mit jemandem sprechen zu können. Die russischen Schwestern kamen nicht ein einziges Mal, um nach mir zu sehen. Ich hatte mir so sehr das Kind gewünscht, und nun packte mich irrsinnige Angst um unser beider Zukunft. Wenn tatsächlich kein Transport mehr nach der Heimat fuhr, wenn es stimmte, was im Lager gemunkelt wurde, was dann? Ein dicker Klumpen schnürte mir die Kehle zu, ich konnte kaum noch atmen. Ich dachte an Fritz, an den Vater meines Kindes.

Ob er ahnte, dass heute seine Tochter geboren worden war? Verzweiflung packte mich. Ich weinte mich in einen erschöpften Schlaf. Mitten in der Nacht wurde ich vom Lärm aufgeschreckt. Das Licht flammte auf, auch das grelle Licht der OP-Lampe. Eine Patientin wurde auf den gynäkologischen Untersuchungstisch gelegt. Eine Ärztin und zwei Schwestern hantierten herum, liefen wie aufgeschreckte Hühner hin und her. Die Ärztin erblickte mich, fragte die Schwestern, wer ich wäre. „Das ist nur eine Njemka", sagte die eine der Schwestern. Die Ärztin nahm wohl an, dass ich als Deutsche kein Wort ihrer Sprache verstand. Sie schimpfte hemmungslos mit der kranken Frau auf dem Tisch, während sie sich die Hände bürstete. Ich verstand, dass die Frau eine Abtreibung hinter sich hatte und jetzt Unmengen Blut verlor. Da ich mit dem Kopf zur Wand lag, hatte ich eine freie Sicht über den ganzen Raum. Ich konnte den ganzen ärztlichen Eingriff in allen Einzelheiten verfolgen. Als die Ärztin fertig war, wurde die Patientin weggebracht. Mir schenkte sie nicht einen Blick. Ich zählte nicht, denn ich war ja nur eine Njemka.

Am nächsten Morgen wurde ich verlegt. Ein kleines Zimmer, ganz ausgefüllt mit Betten, sieben davon belegt. Man hatte sich noch nicht einmal die Mühe gemacht, das Bett, das gerade frei geworden war, frisch zu beziehen. Sieben Augenpaare starrten mich neugierig an, alles Russinnen, davon vier Tatarenfrauen.

Die Schwestern kamen gleich wieder und brachten den Müttern ihre Babys zum Stillen. Ich staunte andächtig, als ich die prallgefüllten Brüste der Wöchnerinnen sah, kam mir mit meinem kleinen Busen direkt minderwertig vor. Ich machte es den Frauen nach und legte mein Kind an die Brust. Irgendwie hatte ich das Gefühl, dass das nicht so richtig klappte. Eine halbe Stunde später wurden die Babys wieder abgeholt. Als man mir auch mein Kind wegnehmen wollte, überkam mich Panik. Ich war felsenfest davon überzeugt, sie würden es vertauschen und mir womöglich eins von den kleinen Tataren andrehen. Ich hielt mein Kind fest, wehrte mich mit Händen und Füßen. Die Schwester zog ab und holte Verstärkung.

Die Ärztin von heute Nacht kam, versuchte ihr Glück bei mir. Vergeblich, mein Kind kriegte sie nur über meine Leiche. Sie beschimpfte und bedrohte mich. Ich tat, als ob ich nichts verstünde, stellte mich dumm. Sie hielt mich dann auch tatsächlich für schwachsinnig. So etwas Störrisches wie ich sei ihr im ganzen Leben noch nicht begegnet. Sollte sie mich doch für einen Idioten halten, mein Kind kriegten sie jedenfalls nicht. Ich kriegte das in den nächsten Tagen zu spüren. Sie strichen mir das zusätzliche Glas Milch und das kleine Stückchen Butter, das die Wöchnerinnen als Sonderration bekamen. Die übliche Kost bestand aus dem gleichen Fraß wie im Lager, nur knapper. Um jede Windel musste ich betteln, man wollte mich zwingen, nachzugeben.

Die Frauen, die mein Zimmer teilten, waren freundlich und hilfsbereit. Dicht neben mir lag eine Russin, deren Kind tot zur Welt gekomme war. Sie stand Höllenqualen mit ihren Brüsten aus. Die waren so groß wie kleine Kürbisse. Die arme Frau saß Tag und Nacht am Bettrand, zu ihren Füßen eine große Schüssel. Ununterbrochen tropfte dort die Milch hinein. Sie flehte mich an, ihr meine Renate zum Stillen zu geben. Erst wollte ich nicht so recht, doch nach zwei Tagen gab ich ihr mein Kind. Die Frau tat mir so leid, und außerdem hatte ich das Gefühl, dass es bei mir nicht so richtig satt wurde. Nach der ersten russischen Mahlzeit schlief meine Renate viele Stunden hintereinander durch, verweigerte nach vier Stunden die nächste Mahlzeit und wurde noch nicht einmal beim Wechseln der Windeln wach. Die russische Muttermilch war eben doch besser als meine. Die arme Frau weinte vor Dankbarkeit und Erleichterung. Ich konnte nicht verstehen, dass man ihr nicht half.

Die Barackenklinik durfte kein Außenstehender betreten. Besucher gab es keine. Wir waren total isoliert wegen Ansteckungsgefahr. Aber die dreckige Bettwäsche wurde weder bei mir noch bei den anderen gewechselt. In der russischen Mentalität lag so viel Widersprüchlichkeit, es war unfassbar. Auf der einen Seite jammerten sie über die große Sterblichkeit der Wöchnerinnen, auf der anderen Seite ließen sie sie im Dreck verkommen. Die Frau, deren Behandlung ich in der ersten Nacht hier erlebte, war nach zwei Tagen an einer Infektion gestorben.

Gretel, Ilse und Käthe kamen mich am dritten Tag besuchen, wurden aber an der Tür von den Schwestern abgewiesen. Sie gaben aber nicht auf, klapperten alle Fenster ab, bis sie mich fanden. Ich lag mit dem Kopfende direkt unter dem gardinenlosen Fenster. Es klopfte über meinem Kopf, und als ich mich verwundert umdrehte, erkannte ich die drei lachenden Gesichter meiner Freundinnen. Die Verständigung wurde schwierig, denn die Doppelfenster waren nur fürs Tageslicht gedacht, ließen sich nicht öffnen. Die Russen kamen alle ohne Frischluft aus. In dem kleinen Krankenzimmer herrschte daher auch ein unbeschreiblicher Mief, der aber niemanden störte.

Draußen war ein herrlicher Sommertag, bestimmt waren es 30 Grad. Ich schraubte meine Stimme auf volle Lautstärke, benutzte meine Hände zum stummen Gebärdenspiel, es klappte vorzüglich. Die Frauen in meinem Zimmer nahmen regen Anteil an unserer Unterhaltung, nickten lächelnd und zustimmend mit dem Kopf, wenn sie etwas verstanden. Meine Kunst in Pantomime war also nicht so schlecht. In vier Tagen durften mich die Mädchen zurück ins Lager holen. Noch einen letzten Blick auf das schlafende Baby, dann machten sie sich auf den langen Heimweg zurück ins Lager.

Am Spätnachmittag des siebten Tages kamen mich Ilse und Käthe abholen. Diesmal brauchten sie nicht durch den Zaun, sie bekamen die Genehmigung und gingen durchs Tor. Das Paket mit Renates Sachen wurde ihnen an der Tür abgenommen. Sie mussten draußen vor der Klinik warten, bis Renate und ich angezogen waren.

Als die russischen Schwestern meine Babywäsche sahen, waren sie ganz aus dem Häuschen. Sie fühlten und rochen daran, staunten, dass es so etwas überhaupt gab. Vergessen war der Streit, den sie mit mir wegen des Kindes hatten, jetzt waren sie zu mir freundlich wie noch nie. Ja, sie stritten sich beinahe, jede von ihnen wollte das Kind anziehen. Renate wurde dann in eine nagelneue, hellgrüne Decke mit rosa Streifen gepackt, die ich vorher noch nie gesehen hatte.

Die Schwestern brachten mich zur Tür und reichten mir zum Abschied sogar die Hand. Trotzdem war ich erleichtert, als ich draußen war. „Die Decke ist ein Geschenk von uns allen aus unserer Baracke", sagte Ilse stolz, „haben wir auf dem Basar gekauft." „Wir sind jeden Tag hingelaufen, bis wir die richtige erwischt haben", ergänzte Käthe. „Gefällt sie dir?"

Ich war einfach überwältigt. Am liebsten hätte ich vor Freude losgeheult. Ich umarmte beide Mäd-

chen voller Dankbarkeit. Ein dicker Kloß saß mir
in der Kehle.

Abwechselnd wanderte Renate von einen Arm
zum anderen. Kurz vor dem Basar fing sie an zu
schreien. Sie hatte Hunger. Ich machte es den russischen Müttern nach, setzte mich auf eine leere Kiste
mitten auf dem Basar und gab meinem Kind zu
trinken. Käthe zeigte mir die Stelle, wo Renates
Geburt stattgefunden hatte. Keine zwei Meter von
der Holzkiste entfernt, auf der ich saß. Nach der
Pause gingen wir die restlichen drei Kilometer weiter zum Lager – froh, endlich am Ziel zu sein.

Ilse und Käthe hatten zur Feier des Tages sogar
Pellkartoffeln gekocht, die waren jetzt zwar kalt,
schmeckten aber trotzdem herrlich. Es tat so gut,

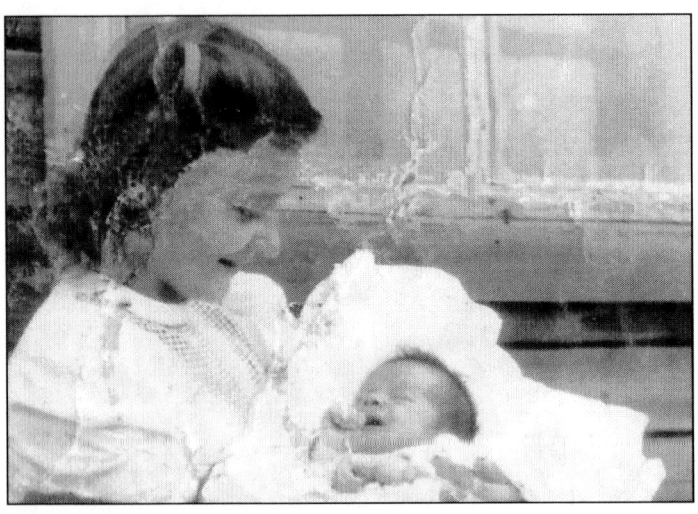

Die Autorin mit ihrer Tochter Renate, geboren am 28.7.1949

echte Freunde zu haben. Gretel feierte nicht mit, sie hatte Mittagschicht.

Am nächsten Morgen war ich wie gerädert, Renate hatte die ganze Nacht durchgeweint. Als ich sie trockenlegte, wusste ich auch den Grund. Der kleine zarte Körper war übersät mit Wanzenstichen. Sogar jetzt am helllichten Tag spazierten die Biester übers Laken. Ich nahm die Stricknadel und benutzte sie von nun an als Mordinstrument. Eine Wanze nach der anderen musste dran glauben, wütend stach ich zu. Ein widerlicher Geruch breitete sich aus. In der kommenden Nacht hielt ich mit der Stricknadel in der Hand Wache. Sobald ich so ein Ungeheuer erblickte, wurde es sofort aufgespießt.

Am nächsten Tag kam Gerhard in die Baracke und blieb vor meiner Pritsche stehen. Er bewunderte mein Kind, dachte wohl an seinen kleinen Sohn, der jetzt irgendwo im Rheinland aufwuchs. Martha hatte ihm geschrieben, dass sie es als alleinstehende Mutter sehr schwer hatte, das Kind durchzubringen. Ob er Gewissensbisse hatte? Sofort wurde er wieder dienstlich. „Hilde, pack' deine ganzen Sachen, du ziehst um!" Mir wurde speiübel. Dass ich mal von hier ausziehen müsste, wäre mir im Traum nicht eingefallen. Hier hatte ich meine Kameraden, meine Freunde, die so viel Gutes für mich getan hatten, und jetzt sollte ich sie von einer Stunde zur anderen verlassen. „Wo komme ich hin?" „Auf die andere Seite des Lagers, direkt am Zaun steht ein kleines Holzhaus." Das Häuschen kannte ich vom Sehen, dachte immer, es wäre ein Geräteschuppen. „Jetzt hör' auf zu heulen, das ändert doch nichts", sagte Gretel energisch. Dabei kämpfte sie selbst mit den Tränen. „Wenn dir danach ist, dann kommst du eben. Ist ja nicht weit. Wir bleiben Freunde, solange wir leben."

Eine halbe Stunde später zog ich mit Kind und Kegel in meine neue Bleibe. Gretel half mir, meine Habseligkeiten zu tragen. Das kleine Holzhaus stand auf Stelzen, vier Stufen führten zum Eingang. Ein winziger Flur, rechts ein Raum, der als Küche diente. Ein Herd und ein Tisch waren der ganze Hausrat. Links befand sich der Schlafraum mit sechs Pritschen. In dieser Enge hausten fünf Mütter mit ihren Kindern, ich war jetzt die sechste. Der Zuwachs löste bei den jungen Frauen keine große Freude aus, im Gegenteil, sie blickten mich verdrossen, ja direkt feindselig an.

Gretel blieb mit Renate draußen im Flur stehen, bis ich den Strohsack und alles andere untergebracht hatte. Für Besuch war einfach kein Platz vorhanden. „Wusstest du, dass wir so viele Kinder im Lager haben?", fragte ich Gretel, als ich mich draußen von ihr verabschiedete. „Nee. Ich bin selbst ganz platt. Ich dachte immer, die Dame aus der Ambulanz lässt niemanden davonkommen." „Anscheinend erwischt sie doch nicht jede." „Ich kann mir schon denken, warum man die Mütter in die äußerste Ecke des Lagers sperrt. Hier kommt doch selten jemand vorbei. Richtig isoliert seid ihr hier."

„Was kannst du dir denken?" „Mensch, damit das nicht im Lager durchsickert. So manche würde dann um ihr Kind kämpfen und sich nicht zur Abtreibung zwingen lassen." Sicher hatte Gretel mit ihrer Ansicht recht. Ich verabschiedete mich von ihr und dankte ihr noch von Herzen für alles. Niedergeschlagen betrat ich das Mütterhaus.

Im Mütterhaus

Sechs Kinder und sechs Erwachsene in einem Raum von fünfzehn Quadratmetern, das war schon eine Zumutung. Das ganze Leben spielte sich auf der 75 Zentimeter breiten Pritsche ab, die jede Mutter mit ihrem Kind teilte.

Das älteste der Kinder war ein Jahr alt. Der kleine Hansi probierte seine ersten Schritte, kletterte von einer Pritsche auf die andere, schmiss alles durcheinander, sodass wir alles immer suchen mussten. Ganz besonders interessierte er sich für die Augen der kleineren Kinder, pickte mit seinem Finger immer hinein. Schrie eines der Kinder, fingen die anderen aus lauter Sympathie auch zu schreien an. Man musste schon Nerven wie Drahtseile haben, um das zu ertragen. Außer Monika, der Mutter des kleinen Hansi, und Gerda, die einen zehn Monate alten Sohn hatte, arbeiteten alle. Monika und Gerda mussten alle Kinder hüten.

Nach der ersten Nacht wusste ich, dass das kleine Holzhaus total von Wanzen verseucht war. Es wimmelte auch von großen schwarzen Käfern, die

Monika Kakerlaken und Gerda Schwaben nannte. Diese Tierchen kamen nachts in großen Scharen, krochen überall herum und überall hinein. Wenn wir etwas anzogen, mussten wir es erst einmal ausschütteln. Zertrat man sie, dann knallten sie richtig. Wenigstens von Flöhen blieben wir verschont.

Als Renate vierzehn Tage alt war, war meine Schonzeit beendet. Von nun an arbeitete ich 24 Stunden hintereinander in der Küche und hatte dann 24 Stunden frei. Alle vier Stunden bekam ich je eine halbe Stunde frei, um mein Kind zu stillen. Ich raste dann durch das ganze Lager, um ganz schnell bei meinem Kind zu sein. Als ich nach der ersten Schicht morgens um sechs ins Holzhaus kam, erkannte ich meine Renate nicht mehr wieder. Die Augen waren zugeschwollen, auf dem Köpfchen dicke Beulen, sogar die Lippen waren nicht verschont geblieben. Ich bekam einen Weinkrampf und anschließend einen Wutanfall. Monika versuchte mich zu beruhigen. „Soll ich etwa tatenlos zusehen, wie mein Kind so nach und nach von den Biestern aufgefressen wird? Das lasse ich einfach nicht zu." „Was meinst du, was wir nicht schon alles versucht haben", beschwichtigte mich Monika, „alles zwecklos. Die sitzen im Fußboden drin, in den Holzwänden, überall. Man müsste die ganze Bude anzünden, eine andere Lösung gibt es nicht." In der nächsten Nacht ließen wir das Licht brennen. Die ganze Nacht trat meine Stricknadel in Aktion. Am Morgen hatte ich es auf 84 aufgespießte Wanzen gebracht.

Sorgenvoll ging ich anschließend zur Arbeit. Abends um zehn Uhr, als ich Renate die letzte Mahlzeit gab, packte ich sie in die Decke und nahm sie mit in die Küche. Dort stellte ich zwei Hocker nebeneinander und legte sie direkt neben den warmen Herd. Die Russin maulte, ließ mich aber gewähren, als ich ihr alles erklärte. Außerdem störte das kleine Kind ja niemanden. Von nun an hatte ich nachts meine Renate immer bei mir.

Tagsüber schnippelte ich mit zwei anderen Frauen tonnenweise Weißkohl für das Silo, schälte Unmengen Kartoffeln, die ich dann später in meiner Suppe vergeblich suchte. Gern hätte ich gewusst, wer sie zu essen bekam. Nachts putzte ich. Die ganze Küche wurde gescheuert und anschließend die Kantine, Strich für Strich mit dem Glasscherben. Für meine Arbeit bekam ich vom Lager freies Essen. Geld gab es nicht.

Ich hätte so nötig noch einige Windeln gebrauchen können, die acht Stück, die ich besaß, reichten einfach nicht. Ich konnte sie nur jeden zweiten Tag waschen, wenn ich frei hatte. Mittlerweile waren sie alle grün geworden, denn die wahnsinnig teure Kinderdecke war nicht farbecht. Ab und zu bekam ich von Monika einige Tropfen Speiseöl für Renates wunden Po. Die russische Köchin rückte nichts heraus, als ich sie danach fragte. Sie war eine hartherzige Frau, ohne Gefühl und nicht den kleinsten Schimmer einer menschlichen Regung. Ich wurde Zeuge, wie sie Unmengen von Fleisch, Zucker und Öl an andere Russen verscheuerte. Jeden Tag kas-

317

sierte sie dicke Bündel von Rubeln. Unser Essen sah auch ganz danach aus, die reinste Wassersuppe. „Jetzt, wo du in der Küche arbeitest, da kannst du dich endlich mal satt essen", meinte Gretel, als ich sie eines Tages besuchte. „Denkste. Mittags einen Löffel Kascha, abends eine Kelle Suppe, mehr nicht. Wenn etwas übrig bleibt, wird am nächsten Tag eben weniger gekocht. So sieht das aus. Die Alte hat kein Herz, die hat einen Stein in der Brust. Hauptsache, ihre Rubel stimmen." „Ich wünschte, sie würde mal auffallen, dann würde sich das Essen für uns alle ändern." „Ach Gretel, die stecken doch alle unter einer Decke. Ob es der Kommandant, die Tamara oder Kusnerow ist, sie sind alle daran beteiligt. Ich hab's mit eigenen Augen gesehen. Und in Moskau kümmert sich auch niemand mehr um uns, seit Ewigkeiten kam keine Kommission mehr ins Lager." „Ja", sagte Gretel, „die haben uns vergessen. Wir existieren nicht mehr, sind so gut wie tot."

Wir schwiegen eine Weile, jede mit ihren eigenen, kummervollen Gedanken beschäftigt. „Das Neueste weißt du noch nicht", sagte Gretel plötzlich. „Der Gerhard hat einen Brief von Helmut bekommen, den er in unserer Baracke vorgelesen hat. Helmut ist schon seit Anfang des Jahres in der Heimat, hat einen hohen Posten bei der Volkspolizei, irgendwo bei Frankfurt an der Oder. Es geht ihm blendend." „Wie schön für ihn. Mich soll's nicht wundern, wenn er im nächsten Brief schreibt, dass er Polizeipräsident geworden ist. So, wie ich ihn kenne, bringt er das auch noch fertig." Wir mussten beide lachen. Eigentlich berührte uns alles nicht mehr. Die Heimat war ja so weit weg, weiter als die Sterne. Die Sterne konnte man wenigstens sehen, die Heimat nicht. „Wo Fritz steckt, weißt du noch immer nicht?" Ich schüttelte den Kopf. „Nein." „Das Leben ist schon irgendwie beschissen", seufzte Gretel laut, „ich wünschte, ich wäre tot." Ich auch, dachte ich, sprach es aber nicht aus. Gretels Äußerung machte mich sehr betroffen. Sie war bisher immer so optimistisch und voller Leben, richtete mich immer wieder auf, gab mir Mut und Hoffnung. Sie musste schon sehr verzweifelt sein, dass sie an den Tod dachte. Traurig und bedrückt verabschiedeten wir uns voneinander.

Der große Regen hatte begonnen, der Winter stand vor der Tür. Wir hatten in unserem Häuschen große Sorgen wegen der Kohlen, mussten sie Stück für Stück heimlich klauen. Ich nahm vom Kohlenhaufen der Küche jedes Mal ein Stück mit, wenn ich Renate versorgen ging. Tagsüber traute ich mich nicht, das machte ich nur im Dunkeln. Die anderen klauten die Lazarettkohle oder bettelten in den Baracken. Den Russen war egal, ob die Kinder erfroren, sie kümmerten sich nicht um uns. Bis jetzt hatte noch niemand von ihnen unser Haus betreten.

Ich lief wieder mal durch den strömenden Regen durch das ganze Lager, um Renate zu stillen. Dann wieder im Eiltempo den gleichen Weg zurück. Die nassen Klamotten klebten mir am Körper, als ich die Küche betrat und meine Arbeit fortsetzte. Die Russin schimpfte mit mir, weil ich mich um fünf

Minuten verspätet hatte. Die Zeit war einfach zu knapp, Renate wurde in der Eile nicht satt. Am nächsten Morgen fühlte ich mich nicht gut, hatte Schüttelfrost und die Brust schmerzte entsetzlich. Im Laufe des Tages merkte ich, dass ich hohes Fieber hatte. Monika lief zur Ambulanz und holte die Frau Doktor. Sie kam auch sofort zusammen mit Monika, besah sich meine Brust und schüttelte bedenklich ihren Kopf. „Du hast eine Mastitis (Brustdrüsenentzündung)", sagte sie abschließend, „dein Kind kannst du ab sofort nicht mehr stillen." „Ich kann es doch nicht verhungern lassen", erwiderte ich entgeistert. „Du stellst das Kind auf normale Milch um, dir bleibt nichts anderes übrig." „Und wovon soll ich die Milch kaufen?", schrie ich wie von Sinnen. „Ich besitze nicht einen einzigen Rubel." „Das ist deine Sache. Du wolltest doch unbedingt das Kind, jetzt musst du sehen, wie du damit fertig wirst." Im gleichen Augenblick fing Renate zu weinen an, sie hatte Hunger. „Du und du", sie zeigte auf Elsbeth und Erna, „ihr beiden werdet in der nächsten Zeit abwechselnd das Kind mitversorgen." „Das geht nicht", maulte Erna, „mein Kind wird ja jetzt schon kaum satt." „Das ist ein Befehl! Los, nimm das Kind und fang schon an." Eine Viertelstunde später war sie wieder da und packte mir auf beide rotgeschwollenen Brüste dick Ichthyolsalbe drauf. Eine Spritze bekam ich auch noch.

In der Nacht hatte ich entsetzliche Alpträume. Ich sah, wie die Wanzen und Kakerlaken meine

Renate auffraßen. Ich stand daneben, wollte die Tiere verscheuchen und konnte es nicht. Ich war gelähmt, konnte mich nicht rühren. Schreiend wurde ich wach. Monika legte mir einen nassen Lappen auf die Stirn, gab mir etwas Wasser zu trinken, und ich beruhigte mich wieder. Eine Stunde später spielte sich das gleiche Theater ab, wieder weckte ich alle durch meine Schreie. Wir waren froh, als die Nacht vorbei war.

Frau Doktor kam am nächsten Vormittag und wechselte den Ichthyolverband. Jetzt fühlte ich mich schon etwas besser. Ich merkte, wie Elsbeth und Erna zähneknirschend und mit Widerwillen mein Kind stillten. Sie hatten Angst, dass ihre Kinder dabei zu kurz kamen. Ich konnte es ihnen nicht verübeln, vielleicht, nein, ganz bestimmt hätte ich an ihrer Stelle die gleichen Gefühle entwickelt.

Am vierten Tag zog ich mich an, nahm mein einziges Kleid und die Konservendose und machte mich auf den Weg zum Basar. Der Zaun war noch immer ohne Strom. Niedergeschlagen kam ich wieder zurück. Mein Kleid brachte ich wieder retour, kein Russe wollte es mir abkaufen. „Kein Wunder", sagte Monika, „wir stehen vor dem Winter. So ein Sommerfähnchen ist jetzt nicht gefragt. Ja, wenn du einen dicken Pullover hättest oder irgendetwas anderes, das wärmt."

Etwas anderes, das wärmt, hatte ich leider nicht, oder doch? Meine Blicke fielen auf die fast neue Lagerdecke, bohrten sich fest. Die Decke war warm, brachte bestimmt 150 Rubel. Mein Gott, davon konnte ich mindestens einen Monat oder sogar sechs Wochen lang Milch für Renate kaufen. Mir wurde fast schwindlig bei diesem Gedanken. Direkt nach dem Verbandswechsel am nächsten Tag zog ich mit der Decke unterm Arm und der Konservendose wieder los. Auf dem Basar riss man mir die Decke förmlich aus der Hand. Ich feilschte wie ein Zigeuner um jeden Rubel. Glücklich hielt ich zum Abschluss 120 Rubel in der Hand. Für sechs Rubel kaufte ich zwei Wassergläser voll Milch, das musste für zwei Tage reichen. Dann lief ich kreuz und quer über den Basar und suchte einen Sauger und eine Flasche. Schließlich, als ich schon aufgeben wollte, fand ich einen Sauger. Der war zwar schon gebraucht, doch ich war froh, dass ich überhaupt einen bekam. Ein Säuglingsfläschchen gab es nicht, ich erstand dafür eine leere Wodkaflasche, und die kostete mich ein Vermögen von fünf Rubeln. Ich beschimpfte den Tataren als Halsabschneider und Gauner und mit noch vielen anderen Liebenswürdigkeiten. Der grinste mich dafür dankbar an, zeigte mir lächelnd seine schwarzbraunen Zahnstummel und verbeugte sich vielmals mit gekreuzten Händen auf der Brust.

Meiner Renate bekam die Milch nicht, sie kriegte Durchfall davon. Ich war verzweifelt! „Das legt sich bestimmt wieder, wenn sie sich daran gewöhnt hat", meinte Monika. „Wieviel Wasser tust du rein?" „Die Hälfte." „Versuche es mit einem Drittel, vielleicht ist die Milch schon gepanscht. Auf dem Basar laufen nur Betrüger herum. Ich kann dir ein Lied davon singen, tausendmal haben die mich schon übers Ohr gehauen."

Ich versuchte alles, der Durchfall blieb. Meine Renate wurde von Tag zu Tag immer weniger. Wenn nicht bald ein Wunder geschah, dann ... Ich war noch immer krank geschrieben, obschon die Entzündung meiner Brust bereits abgeklungen war. Täglich lief ich zum Basar, um etwas Grieß zu kaufen. Einmal hatte ich Glück und ergatterte ein Wasserglas voll. Der sah zwar anders aus, als ich ihn noch von zu Hause in Erinnerung hatte, viel gelber und gröber. „Das ist gemahlener Mais", klärte mich Monika auf. Ich dickte die Milch damit an, und glücklich sah ich zu, wie es Renate schmeckte.

Meine Rubel schmolzen nur so dahin. Was sollte werden, wenn sie alle waren? Der Gedanke daran machte mich fast wahnsinnig. Ich sah mein schlafendes, unschuldiges Kind an und schwor mir hoch und heilig, bis zum letzten Atemzug dafür zu kämpfen. Monikas Freund, ein Wolgadeutscher, sorgte rührend für Mutter und Kind. Vorige Woche hatte er für den kleinen Hansi ein paar Schuhe gekauft, und heute brachte Monika von ihrem Ausflug ein Kinderbett mit. Wir schoben die Pritschen hin und her, suchten einen Platz für Hansis Bettchen. Endlich stand das Bett, doch jetzt konnten wir uns überhaupt nicht mehr rühren. Ich musste nun über zwei Pritschen klettern, wenn ich raus wollte.

Meine Renate war jetzt zwei Monate alt. Als ich an einem Morgen nebenan in der Küche das Licht anmachte, huschte etwas blitzschnell davon. Das ging so rasend schnell, dass ich schon dachte, ich hätte mir das nur eingebildet. Dann sah ich die Bescherung. Meine Konservendose mit Renates Milch lag umgeworfen auf dem Tisch, Monikas Kartoffeln waren angenagt, unser aller Brot war spurlos verschwunden. Dann huschte wieder so ein Tier dicht an meinen Füßen vorbei. Es war eine Ratte, ich erkannte sie ganz deutlich. Ich wollte schreien und brachte keinen Ton hervor. Ich konnte auch nicht weglaufen, stand ganz starr und konnte mich einfach nicht rühren, Wie lange der Schock anhielt, weiß ich nicht. Doch dann schrie ich plötzlich los, dass alle wach wurden, von den Pritschen sprangen und in die Küche liefen. Ich brauchte nicht viel zu erklären, mit einem Blick sahen sie, was los war.

„Ich hab sie gesehen, soo groß war sie!" Ich zeigte mit den Händen die ungefähre Größe. Die Kinder schrien nebenan wie verrückt, wir mussten sie beruhigen. Die Milch für Renate war weg, was sollte ich ihr jetzt geben? Ich brauchte mehr als eine Stunde für den Hin- und Rückweg zum Basar. Außerdem war es draußen noch dunkel, keine sechs Uhr. Elsbeth und Erna stillten erst ihre Kinder und legten anschließend Renate an die Brust. Jetzt blieb mir Zeit, um neue Milch zu besorgen.

Über Nacht war alles weiß geworden, der erste Schnee in diesem Jahr. Ich hinterließ deutliche Fußspuren in der weißen Pracht. Wenn jetzt ein Russe kam, wusste er sofort, dass jemand durch den Zaun gestiegen war. Mir war alles egal, die Hauptsache, ich bekam die Milch. Als ich wieder im Lager war, untersuchten wir gründlich die ganze Küche. Wir fanden drei Löcher, durch die die Ratten hereinkamen. Jetzt war guter Rat teuer, mit was sollten wir die Löcher stopfen? „Am besten Glasscherben", schlug Gerda vor. „Und woher sollen wir die nehmen?", fragte ich. „Hier haben Scherben Seltenheitswert, und leere Wodkaflaschen kosten ein Vermögen." Wir überlegten hin und her und einigten uns auf Kohlestückchen. Zwei Nächte hatten wir Ruhe. In der dritten Nacht besuchten sie uns wieder, diesmal durch ein neues Loch. An Renates Milch kamen sie nicht mehr dran, die hatte ich jetzt in meinem Holzkoffer unter der Pritsche stehen. Mein Geld ging zur Neige, es reichte etwa noch für vier Tage Milch. Ich geriet immer mehr in Panik. Was sollte ich nur machen? So verzweifelt wie in dieser Zeit war ich noch nie. Als ich seelisch und körperlich total am Ende war, geschah das große Wunder: „Ihr kommt morgen früh in ein Sammellager, von dort geht ein Transport nach Deutschland", sagte Tamara, die ganz unerwartet unser Zimmer betrat.

Keiner sagte ein Wort. Wir blickten uns nur gegenseitig ratlos und ungläubig an. Wie oft hatte ich mir in den vergangenen Jahren diesen großen Augenblick ausgemalt, und jetzt war alles so anders. Ich verspürte nicht einen Funken Freude, nicht die kleinste Regung vom Glück, ich verspürte nur eine große innere Leere. Monika schluchzte zum Gotterbarmen, die anderen packten schon, und ich saß da wie vom Blitz erschlagen. „Ich will nicht weg", wimmerte Monika, „ich will bei meinem Mann bleiben." Sie liebte ihren Wolgadeutschen über alles, erwartete in acht Wochen ihr zweites Kind. Plötzlich sprang sie auf, zog sich und ihren Hansi hastig an und lief ganz aufgelöst davon.

„Ich war bei Tamara", sagte sie, als sie nach kurzer Zeit wiederkam. „Ich hab' sie gebeten, hier bleiben zu dürfen." „Und?" „Geht nicht. Erst muss ich nach Deutschland. Dort stelle ich dann einen Antrag, dass ich freiwillig zurück will. Tamara meint, dass das geht, und Josef und ich können dann heiraten. Wenn ich Glück habe, bin ich in spätestens fünf Wochen wieder zurück." Sie konnte schon wieder lachen. „Und jetzt gehe ich mit Hansi zu ihm, wir müssen uns doch verabschieden." Ich sah ihr draußen nach, wie sie mit dem Kind durch die Zaunlücke kroch. Arme Monika.

Allmählich löste sich die Starre bei mir. Freuen konnte ich mich immer noch nicht richtig, hatte immer das Gefühl, als ob etwas schief gehen würde. Wir waren von den Russen jahrelang belogen worden. Wer garantierte uns, dass es diesmal anders war? Erst wenn ich meinen Fuß auf deutschen Boden setzte, dann würde ich es glauben. Ganz tief in meinem Herzen hoffte ich jedoch, dass das mit der Heimfahrt doch auf Wahrheit beruhte. Ich packte Renate fest in die Decke und ging in meine frühere Baracke. Ilse und Käthe lagen wach auf ihren Pritschen und unterhielten sich. Sie mussten in wenigen

Stunden zur Nachtschicht. Als ich ihnen die Neuigkeit erzählte, waren sie total niedergeschmettert.

„Also geht doch noch ein Transport nach Hause", meinte Käthe traurig, „bei uns im Schacht erzählen die Russen, dass nur noch die Soldaten von hier wegkommen. Wir Zivilisten sollen hier bleiben, man will uns später freilassen, so wie die Wolgadeutschen." „Ihr glaubt doch nicht etwa an dieses Märchen?", fragte ich entsetzt. Ich wusste aus Erfahrung, dass solche Parolen einem den letzten Lebensmut nahmen. Nur die Hoffnung hielt uns am Leben.

„Schreibt mir auf alle Fälle eure Heimatadressen auf. Ich werde mich mit euren Eltern in Verbindung setzen." Ilse und Käthe gaben mir die Adressen, die ich sorgfältig verstaute. Dann kam der große Abschied, nicht nur für ein paar Tage oder Wochen. Abschied von einer Freundschaft und Kameradschaft, die es nur hier gab und nie wieder geben würde. „Grüßt die Gretel von mir", schluchzte ich, „ich werde euch allen so bald wie möglich schreiben." Ilse und Käthe nickten mit rot geschwollenen Augen.

In dieser letzten Nacht konnte ich nicht schlafen. Monika weinte den Rest der Nacht, die anderen lagen da, waren wach und grübelten. Wir konnten uns nicht vorstellen, dass es unsere letzte Nacht hier in der von Wanzen verseuchten Bude sein sollte. So richtig froh und erleichtert war wohl niemand von uns. Wir dachten an die vielen anderen, die hier bleiben mussten, an den langen Winter, der vor ihnen lag. Wieviele von ihnen würden überleben?

Es war noch dunkel draußen, als Sascha uns wecken kam. „Packt euer Bettzeug zusammen und bringt es in Tamaras Büro." Oh Gott, die Decke, dachte ich voller Panik. Eine wahnsinnige Angst schnürte mir die Luft ab. Zitternd ging ich hinter den anderen her, nur den Strohsack und das von Wanzen blutbefleckte Bettlaken in den Händen. In Tamaras Büro war die ganze Lagerleitung versammelt. Ordnungsgemäß trug Kusnerow alles in die Liste ein, was abgeliefert wurde. Jetzt kam ich an die Reihe. „Strohsack", zählte Kusnerow auf, „Bettlaken und Decke." „Ich besitze keine Decke", entgegnete ich leise.

Kusnerow sah mich ungläubig an, glaubte sich verhört zu haben. „Die Decke", sagte er ungeduldig. „Ich habe keine Decke", wiederholte ich, „die hat man mir vor längerer Zeit gestohlen." Der Kommandant sprang auf, kam drohend auf mich zu. „Das kostet dich 25 Jahre Straflager", zischte er, „darauf kannst du dich verlassen! Die Decke ist Staatseigentum. Ungestraft hat noch niemand den Staat bestohlen, merk dir das." Ich stand da, wagte kaum zu atmen. Meine Knie zitterten, ich glaubte, jeden Moment umzufallen. „Hau ab!", schrie der Kommandant, „du wirst noch von mir hören!" Ich machte, dass ich hinauskam. „Das ist Sabotage", schrie er hinter mir her, „erst das Stalinbild und jetzt auch noch die Decke." Monika hatte mir zu der Ausrede mit der Decke geraten. „Ich hätte doch die Wahrheit sagen sollen", meinte ich verzagt. „Quatsch!" erwiderte Monika, „was glaubst du, was die dann mit dir gemacht hätten? Die hätten dich sofort in den Karzer gesperrt und das Straflager wäre dir auch sicher gewesen. Du hättest ja den Diebstahl am Staatseigentum zugegeben, und der Kommandant hätte sich mit der Meldung nach oben eine goldene Nase verdient. So kann er dir nichts."

„Mir ist das Straflager auch so sicher", erwiderte ich erstickt. „Quatsch", wiederholte Monika zum zweiten Mal, „der will dir doch nur Angst einjagen." Kurze Zeit später holte uns Sascha mit Sack und Pack ab. Ich nahm mein Kind und den Holzkoffer und ging mit zwiespältigen Gefühlen hinter den anderen her. Monika schleppte auch noch das zusammengelegte Kinderbett mit. Auf der breiten Lagerstraße stand neben einem Lastwagen das gesamte russische Personal. Der Kommandant hielt eine Liste in der Hand, aus der er die Namen vorlas. Wer aufgerufen wurde, durfte auf den Lastwagen klettern.

Ängstlich wartete ich ab, bis mein Name an der Reihe war. Als ich mit Renate im Arm hochklettern wollte, da rief der Kommandant: „Zurück!" Mir war im Augenblick, als ob mich ein Blitz getroffen hätte. „Aus", dachte ich, „das ist dein Todesurteil." Ich musste zur Seite treten, konnte mich kaum auf den Beinen halten. Mir gegenüber standen die Jungen und Mädchen aus den Baracken, vorne an Gretel, Ilse und Käthe. Ich merkte, wie Gretel versuchte, in meine Nähe zu kommen. Ihre Augen sahen mich ganz verstört an. „Was ist los?", flüsterte sie heiser. Ich zuckte nur ganz kurz mit den Schultern. Alle waren jetzt verladen, winkten zum Abschied ihren Kameraden zu. Der Fahrer saß auch schon im Führerhaus, der Motor war gestartet, lief sich warm. Jede Sekunde konnte er abfahren. Fünfundzwanzig Jahre, dachte ich immer wieder, fünfundzwanzig Jahre ...

Ich bekam einen kräftigen Stoß in den Rücken und hörte den Kommandanten brüllen: „Los, rauf!" Ich reagierte überhaupt nicht. Erst als mir Gretel den Koffer abnahm und mich zum Wagen drängte, begriff ich, dass ich doch noch mit durfte. In Sekundenschnelle wurde ich mitsamt Renate auf das anfahrende Auto hochgezogen, Gretel reichte mir im Laufen den Koffer zu, wünschte mir noch viel Glück, und ehe ich zur Besinnung kam, waren wir schon ein gutes Ende vom Kommandanten entfernt. Der fluchte noch brüllend hinter mir her. Der letzte Blick galt meinen Freundinnen. Nie im Leben werde ich die erstarrten, jammervollen Gesichter vergessen können, die mit jedem Meter Fahrt kleiner und kleiner wurden. Ich presste Renate eng an meine Brust, schützte sie so gut ich konnte vor dem eisigen Wind auf der offenen Ladefläche. Meine Hände und Füße waren vom Frost erstarrt, und doch jagten mir heiße Schauer über den Rücken. Erst jetzt bekam ich das große Zittern. Meine Zähne klapperten von dem ausgestandenen Schrecken. „Ich habe tatsächlich geglaubt, der meinte es ernst mit dem Straflager", schrie mir Monika ins Ohr, „dachte schon, ich seh' dich nicht wieder." „Was meinst du, wie mir zumute war", schrie ich zurück, „davon erhole ich mich bestimmt nicht so schnell."

Wir saßen auf unserem Gepäck, wurden hin und her gestoßen. Der Wagen holperte, rutschte, bahnte sich mühsam seinen Weg durch den tiefen Schnee. Etwa zwei Stunden lang fuhren wir in der lausigen Kälte. Die Kinder schrien, wehrten sich gegen die Vermummung, hatten Hunger. Renates Milch war in der Wodkaflasche im Holzkoffer drin. Hoffentlich platzte die Flasche in der Kälte nicht, das wäre für das Kind eine Katastrophe gewesen.

Die menschenleere Einöde hatten wir jetzt hinter uns, wir fuhren durch eine Stadt. Sie schien größer als Kopesk zu sein, hier und da sichteten wir zwischen den Baracken auch ein- und zweistöckige Steinhäuser. Wir spürten auch den scharfen Wind nicht mehr so stark wie draußen im freien Gelände. Endlich kamen wir durch ein großes, offenes Tor, der Lastwagen hielt. Wir waren vorläufig am Ziel.

Rückkehr

Es wimmelte auf der großen, breiten Lagerstraße von Menschen. Sie kamen mir alle warm und neu gekleidet vor, jedenfalls nicht so zerlumpt wie wir. „Wo sind wir hier?", fragte ich einen der Männer, die uns beim Absteigen behilflich waren. „Wir sind in Tscheljabinsk, im Sammellager. Von hier aus werden die Transporte Richtung Heimat zusammengestellt." Tscheljabinsk ist eine Kreisstadt, etwa dreißig Kilometer von Kopesk entfernt. Für diese wenigen Kilometer hatten wir in dem Schnee zwei volle Stunden gebraucht, um hier anzukommen. Über diese Kreisstadt wurde in unserem Lager oft gesprochen. Hier sollte es auch eine Menge deutsche Kriegsgefangener in der Umgebung geben. Viele von ihnen arbeiteten in einem unterirdischen Panzerwerk, das unvorstellbar groß sein sollte. Eintausend fertige Panzer sollten täglich das Werk verlassen. Ob das alles stimmte, was so erzählt wurde, weiß ich nicht.

Ein russischer Soldat führte uns Neuankömmlinge in eine nur wenig belegte Baracke. Der Raum war fast doppelt so groß wie in unserem alten Lager. Ich suchte mir eine leere Pritsche in der Nähe des Ofens. Der Strohsack sah noch ziemlich sauber aus. Keine Blutflecken darauf, also auch keine Wanzen, stellte ich mit einem Blick fest. Ich wärmte Renates Milch in der Konservendose auf, gab ihr zu trinken und legte sie trocken. Kaum hatten wir unsere Kinder versorgt, wurden wir von dem Russen von vorhin abgeholt. „Ihr müsst zur Registratur. Die Kinder bleiben hier." „Geht nur", sagte eine von den Frauen, die schon vor uns da waren, „wir passen auf die Kinder auf." In der Registratur mussten wir unsere Personalien angeben und die zukünftige Heimatadresse. Ich nannte die Adresse meiner Mutter. Dann bekam jede von uns 30 Rubel Verpflegungsgeld. Anschließend mussten wir nebenan in einen Raum. Dort wurden wir neu eingekleidet. Jede bekam eine wattierte Hose und Jacke, ein Paar Gummigaloschen mit Schaft und ein Paar Fußlappen.

Ich war fassungslos vor Überraschung, die Sachen waren alle nagelneu. Es kam mir vor wie Weihnachten. „Das hätten sie uns einige Jahre früher geben sollen", flüsterte ich Monika zu, „dann wären die Winter für uns nicht so grausam gewesen." In der Baracke zog ich mich gleich um. Das war vielleicht ein herrliches Gefühl, das warme, saubere Zeug am Körper zu spüren. Ich fragte meine Nachbarin, die schon seit drei Tagen hier war, wo man Milch kaufen konnte. „Sobald du aus dem Tor gehst, wendest du dich nach links. Dann immer geradeaus. In zehn Minuten bist du dann auf dem Basar." „Lassen die uns am Tor so ohne weiteres raus?" „Natürlich. Es gibt hier keine Wache. Jeder kann gehen und kommen, wie er lustig ist."

Gemeinsam mit Monika machte ich mich auf den Weg, in der Hand die unentbehrliche Konservendose. „Allmählich glaube ich auch, dass es die Russen mit der Heimfahrt ernst meinen!" „Ganz bestimmt", erwiderte Monika, „ich bin nur nicht so sicher, ob sie mich nach hier zurückschicken." „Was hast du als Heimatadresse angegeben?" „Frankfurt an der Oder." „Ich denke, du bist aus Pommern?" „Wir waren auf der Flucht, als der Russe mich kassierte. Meine Mutter ist unterwegs verhungert und erfroren, mein Vater in Stalingrad umgekommen. Ich habe niemanden mehr außer Josef. Darum muss ich wieder zurück. Außerdem will ich, dass meine Kinder beide Eltern haben." Ja, es war schon schlimm, was der Krieg uns allen angetan hatte.

Ehe wir uns versahen, lag der Basar vor uns. Überall hörten wir deutsche Stimmen von Kriegsgefangenen, die wie Russen gekleidet waren. Monika und ich sahen in den neuen Klamotten auch nicht anders aus, doch wir trugen ein deutsches Markenzeichen, den Turban. Wir kauften für zwei Tage Milch und machten uns sofort wieder auf den Heimweg. Wir wollten unsere Kinder nicht so lange allein lassen.

Das ganze Lager schien draußen auf der Lagerstraße zu sein. Überall standen Gruppen zusammen, unterhielten sich, tauschten Erfahrungen aus. Es gab nur ganz wenige Frauen hier, die meisten waren ehemalige Soldaten. Ich ging wieder an einer Gruppe vorbei, sah einen Augenblick hoch und erkannte Karli, den Berliner. Noch bevor ich den Mund aufmachte, schrie er schon los: „Ich werd' verrückt! Ich fress' einen Affen! Das gibt es doch nicht!" Die beiden anderen Kameraden von Karli, die mit dem Rücken zu mir standen, drehten sich langsam um. Sie wollten die Ursache von Karlis Überschwang sehen.

Ich wurde leichenblass, meine Knie gaben nach, krampfhaft hielt ich die Konservendose mit der Milch fest. Vor mir stand Fritz in voller Lebensgröße. Wir blieben beide wie gebannt stehen, starrten uns an, unfähig uns zu rühren oder etwas zu sagen. Die beiden Berliner Karli und Herbert gingen einen Schritt zurück, selbst ganz aus dem Häuschen, dass sie Zeuge eines solchen Wunders wurden. Jemand nahm mir die Milch ab und schon lag ich in seinen Armen. Wir weinten und lachten und konnten es nicht fassen, dass wir uns wiederhatten. Ich sah nichts, hörte nichts, ich wusste nur eines: jetzt konnte mir nichts mehr passieren.

„Komm", flüsterte ich, fasste ihn an die Hand und zog ihn mit mir. Herbert und Karli gingen mit Abstand hinter uns her. Herbert trug die Dose mit Renates Milch. Ich hielt immer noch die Hand von Fritz fest, als wir jetzt die Baracke betraten. „Das ist deine Tochter Renate", ich zeigte auf das schlafende Bündel auf der Pritsche. Fritz konnte vor Rührung nichts sagen, er schämte sich der Tränen nicht, als er jetzt behutsam seine Tochter zum ersten Mal in die Arme nahm.

Karli und Herbert standen daneben und weinten aus Begeisterung mit. Die beiden Soldaten mit dem goldenen Herzen und der großen Berliner Schnauze waren zum ersten Mal im Leben sprachlos. „So winzig klein und doch schon ein richtiger

Mensch", meinte Karli nach einer Weile. „Wir sorgen dafür, dass es gesund in der Heimat ankommt", versprach Herbert und legte zur Bekräftigung seine Hand aufs Herz. Kurze Zeit später gingen sie beide in ihre Baracken zurück. Fritz und ich hatten uns noch so viel zu erzählen. Fast acht Monate hatte unsere gewaltsame Trennung gedauert, jeder hatte in dieser Zeit so viel erlebt. Fritz war die acht Monate in einem Lager bei Ufa gewesen, hatte als Holzfäller schwer arbeiten müssen. „Von jetzt an bleiben wir immer zusammen, niemand kann uns mehr trennen", sagte Fritz, bevor er in seine Baracke zurück musste.

Ich lag vor Aufregung die ganze Nacht wach. Eine ganze Menge hatte ich heute erlebt. Erst die wahnsinnige Angst vor dem Straflager und ein paar Stunden später das Wiedersehen mit Renates Vater. Ich drückte mein schlafendes Kind fest an mich. „Jetzt kann uns nichts mehr passieren", flüsterte ich leise, „wir werden von da oben beschützt. Lieber Gott, ich danke dir!"

Morgens waren wir alle schon früh aufgestanden und versorgten unsere Kinder. Sicherlich hat keine einzige von uns vor Aufregung schlafen können. Ich übersah die zwei russischen Offiziere, die schon eine Weile in der Baracke standen und unserem Treiben zusahen. „Ruhe!", schrie der eine von ihnen in unserer Muttersprache laut, um das Kindergeschrei zu übertönen. Sogleich verstummte alles, nur hier und da weinte eines der Kleinen. Inzwischen wusste ich auch, dass hier ungefähr

50 Kinder mit ihren Müttern waren. „Alle mal herhören! Alles Schriftliche in eurem Besitz werdet ihr jetzt sofort verbrennen. Das gilt für Briefe, Adressen, Tagebücher, Notizen und so weiter. Sollte jemand diesen Befehl nicht befolgen, gefährdet er seine Heimreise. Euer gesamtes Gepäck wird später von uns überprüft. In einer halben Stunde seid ihr marschbereit für den Transport. Geht vorher in die Küche und kauft eine Tagesration Brot, denn heute gibt es noch keine Transportverpflegung. Habt ihr alles verstanden?" Wir nickten stumm.

Sobald die Russen draußen waren, begannen alle wild in ihren Sachen zu wühlen und holten die Briefe von daheim heraus. Aufgeregt wanderten die von vielen Tränen befleckten, hundert Mal gelesenen Grüße aus der Heimat in den Ofen. Hier und da fiel eine Träne, doch alle beteiligten sich mit einer stummen Bitterkeit an der Vernichtung. Niemand wollte seine Heimreise gefährden.

Anschließend ging ich mit Monika zur Lagerküche und wir holten uns das Brot. Das ganze Lager schien im Aufbruch zu sein. Eine Kolonne nach der anderen marschierte mit dem gesamten Gepäck Richtung Tor. Mir fiel auf, wie unterschiedlich sich die Männer benahmen. Einige waren ganz aufgedreht, andere hielten die Augen zu Boden gesenkt, als ob sie Angst vor der Heimreise hätten. Meine Blicke suchten nach Fritz, doch in der Menge sah einer wie der andere aus, eine Herde gleich gekleideter Schafe. Als Monika und ich die Baracke betraten, standen alle mit ihren Kindern und dem

Gepäck fertig zum Abmarsch. Ich half Monika noch, das Bettchen von Hansi in Einzelteile zu zerlegen, damit es schneller ging. Denn vorn an der Tür schrien schon die Russen: „Dawai! Dawai!" „Hoffentlich ist das nicht so weit bis zum Bahnhof", stöhnte Monika, „das schaffe ich nie allein." Ich lief schnell nach vorn zu einem der Russen und bat ihn um Hilfe. Als er die hochschwangere Monika mit dem schweren Hansi auf dem Arm und dem vielen Gepäck sah, sagte er nur: „Warte!" Eine Minute später kam eine ganze Gruppe von unseren Soldaten, und sie halfen uns allen tragen.

Der Weg zum Bahnhof war nicht weit, kaum zehn Minuten. Ein unübersehbar langer Güterzug wartete auf uns. Die Mütter mit den Kindern kamen in die drei mittleren Waggons. Was für ein Unterschied zwischen damals und heute! Die Brettergestelle oben und unten waren die gleichen wie auf der Hinreise, doch diesmal lag auf jedem Gestell eine dicke Schicht Stroh. Man hatte uns sogar einen kleinen Kanonenofen hingestellt, damit die Kinder nicht froren. Auf jede Seite kamen acht Frauen, vier oben, vier unten. Wir hatten sogar noch reichlich Platz, unser Gepäck am Kopfende unterzubringen.

Monika wäre lieber wegen Hansi unten geblieben, aber diese Plätze waren schon alle von den ersten in Beschlag genommen. Es war keine Kleinigkeit für sie hochzuklettern, sie war jetzt schon ganz schön unbeholfen. Ich hatte keine Ruhe, wollte sehen, ob Fritz mit dabei war. Ich schob die Waggontür auf, sprang hinunter und fiel direkt in seine Arme. „Da bist du ja", lachte er, „habe dich schon in den beiden anderen Waggons gesucht." Karli und Herbert standen auch in der Nähe, fragten, ob wir schon Wasser hätten. „Da drinnen sind zwei Eimer, die sind noch leer." „Na, dann gib sie uns mal. Ab heute sind wir eure Wasserträger."

Die beiden fröhlichen Berliner hielten Wort, sie versorgten uns auf jeder Station mit Wasser, klauten Holz und Kohlen für unser kleines Öfchen, denn die zugeteilte Menge reichte nicht aus. Wir unterhielten uns noch, als plötzlich russische Soldaten den Zug entlang liefen und uns aufforderten, in die Waggons zu steigen. Wenig später setzte sich der Zug in Bewegung. Wir fuhren. Wie oft hatte ich in den vergangenen Jahren diesen Augenblick herbeigesehnt. Jetzt war es endlich soweit, wir fuhren nach Westen Richtung Heimat.

Die nächsten 14 Tage waren für uns Mütter allerdings der reinste Horror. Wir waren nur 16 Frauen im Waggon, doch wir hatten auch 16 Kinder. Diese Kinder hatten Hunger, waren wund gelegen, schrien ununterbrochen. Jede von uns kämpfte wie eine Löwin um einen Platz auf der winzigen Herdplatte. Im Höchstfall gingen da nur drei Konservendosen drauf, und die brauchten mehr als eine Stunde, bis das Wasser für die Trockenmilch kochte. Da ich nie länger als zehn Minuten die Platte benutzen durfte, wurde das Wasser nur lauwarm. Das Milchpulver, das wir täglich für die Kinder bekamen, löste sich nicht auf, bildete Klumpen.

Meiner Renate bekam die Brühe nicht, sie erbrach jede Mahlzeit, und ihr Durchfall, der immer grüner wurde, wurde von Tag zu Tag schlimmer. Glücklich waren die wenigen Mütter, die ihre Kinder selbst versorgen konnten. Zum Waschen der Windeln stand uns nur ein Eimer Wasser zur Verfügung. Kreuz und quer hingen die vielen Windeln, es stank entsetzlich nach Urin.

Oft fuhren wir acht Stunden und länger bis zur nächsten Station. Da gab es wieder frisches Wasser, so viel wir wollten. Doch da uns nur zwei Eimer zur Verfügung standen, nützte uns das nicht viel. Der kleine Kanonenofen schluckte Unmengen von Kohlen und wärmte nicht. Unsere Zuteilung an Heizmaterial betrug einen Marmeladeeimer täglich. Herbert und Karli bemühten sich zwar, doch es reichte bei weitem nicht aus. Wenn nicht ununterbrochen nachgelegt wurde, ging der Ofen aus. Ich hielt Renates Flasche die ganze Nacht an meinen Körper gepresst, damit ihre Nahrung wenigstens Körpertemperatur behielt. Die Stimmung der Frauen war sehr gereizt, andauernd lagen sich welche in den Haaren. Eine schrie die andere an, prompt reagierten sämtliche Kinder darauf. Nebenan im Waggon sangen die Männer: „Auf der Heide blüht ein kleines Blümelein!" Der einzige Trost auf dieser grauenvollen Reise war die Gewissheit: Mit jeder Stunde Fahrt nach dem Westen rückte die Heimat um einige Kilometer näher.

Nach etwa 14 Tagen hielt der gesamte Transport an der russisch-polnischen Grenze. Wir mussten mit Kind und Gepäck den Zug verlassen. Man brachte uns Frauen in ein Gebäude, das direkt neben den Schienen lag. Vom Fenster aus konnte ich beobachten, wie mehrere Gruppen russischer Soldaten einen Waggon nach dem anderen bestiegen. „Sieht aus, als ob sie nach irgend etwas suchen", flüsterte mir Monika ins Ohr. Plötzlich klingelte es bei mir Alarm. „Jesus, ich habe doch noch den Zettel mit den Adressen von Ilses und Käthes Eltern. Wenn die den in die Hände bekommen, dann bin ich geliefert."

In fliegender Hast durchwühlte ich meine Sachen, bis ich den Zettel fand. Ich prägte mir die Adressen ein und zerriss ihn dann in winzige Schnipsel. Wohin jetzt damit? Aus dem Nebenzimmer kamen halbangezogene Frauen heraus, die nächsten vier wurden aufgerufen. „Mensch, die sind vielleicht gründlich! Die untersuchen jeden Saum, jedes Futter, wirklich alles!" Nach diesem Bericht geriet ich in Panik. Ich hielt noch immer die Schnipsel in der Hand. Wohin jetzt damit? Mein hastiger Blick entdeckte einen Spalt zwischen der Barackenwand und dem Holzfußboden. In Windeseile stopfte ich die Papierfetzen hinein, nahm den Kamm aus der Tasche und drückte damit tiefer nach. Gott sei Dank, man sah nichts mehr davon.

Unsere Männer saßen draußen auf ihrem Gepäck und warteten geduldig auf ihre Leibesvisite. Monika stieß mich leicht an. „Mensch, sieh mal, die bringen die Männer in einen anderen Zug." Erschrocken blickte ich durch die Scheiben. Tatsächlich, etwa die Hälfte der Männer kletterte in einen Güterzug, der auf dem zweiten Gleis stand. Mein Herz blieb stehen, als ich unter ihnen Karli und Herbert entdeckte. Sie standen in der offenen Waggontür und winkten lachend ihren Kameraden zu.

Wo war Fritz? Nicht auszudenken, wenn sie uns jetzt kurz vor dem Ziel wieder gewaltsam trennten. „Ich lauf' mal nachsehen, ob Fritz dabei ist." Monika nickte. Noch bevor ich an der Tür war, wurde nebenan geöffnet und mein Name wurde aufgerufen. Mir blieb nichts anderes übrig, ich musste mit Kind und Kegel hinein. Sie untersuchten uns wirklich gründlich, sie schauten sogar in Renates Windeln, die ich öffnen musste. Das einzige, was sie bei mir in der Jackentasche fanden, waren ein Rubel und fünfundvierzig Kopeken. Das war noch der Rest des Verpflegungsgeldes, das wir im Sammellager bekamen. Das Geld wurde mir abgenommen. Ich durfte mich anziehen und musste aus der Baracke raus.

Draußen irrte ich zwischen den restlichen Männern umher und suchte nach Fritz. Ich fand ihn nicht. Ich konnte gerade noch den beiden Berlinern nachwinken, die lachend und winkend in der offenen Waggontür des abfahrenden Zuges standen. Ich hörte nie wieder von ihnen.

Einen großen Teil des Zuges hatten die Russen abgekoppelt. Wer fertig mit der Untersuchung war, durfte in die restlichen Waggons einsteigen. Die drei Waggons für die Mütter, die in der Mitte waren, befanden sich jetzt hinten. Die abgekoppelten Waggons hatte man schon weggefahren. Als ich niedergeschlagen in meinen Waggon stieg, stand Fritz vor dem Kanonenofen und versuchte, Feuer zu machen. Die Erleichterung, die ich bei seinem Anblick verspürte, kann ich nicht beschreiben.

Nach zwei Stunden etwa fuhren wir weiter. Russland lag jetzt hinter uns und Polen war doch so gut wie deutsch. Oder? Zwei Tage später hielten wir in Frankfurt an der Oder. Das nahe Lager, in das man uns führte, sah wie eine Kaserne aus. Und nun lernte ich wieder die deutsche Gründlichkeit kennen. Wir wurden registriert und nach Zonen geordnet untergebracht. Warum Zonen? Was bedeutete das überhaupt? Ich hatte keine Ahnung, kam ja direkt aus einer anderen Welt.

Fritz wich mir nicht von der Seite, brachte mich erst in die mir zugewiesene Baracke. Eine wohltuende Wärme empfing mich. Frauen in Schwesterntracht verteilten Milch für die Kinder und Marmeladenbrote an uns. Als ich der einen die Wodkaflasche für die Milch reichte, sah sie mich ganz verwundert an. „Ist das Ihre Babyflasche?" Ich nickte. Dann versorgte ich Renate und anschließend stürzte ich mich mit Heißhunger auf die drei Marmeladeschnitten. Marmelade! Ich wusste überhaupt nicht mehr, wie gut sie schmeckte. Später brachte mir die Schwester ein richtiges Babyfläschchen mit Grammeinteilung aus echtem Jenaer Glas. Mit Todesverachtung schmiss ich die superteure Wodkaflasche in den Mülleimer.

Den nächsten Tag liefen wir die meiste Zeit von einem Büro zum anderen. Was die alles wissen wollten! Überall wurde registriert, ausgefragt, aufgeschrieben. Ganz erstaunt war ich über die vielen russischen Soldaten, die in diesem großen Lager herumliefen. Ich zweifelte langsam daran, ob wir auch tatsächlich in Deutschland waren. „Was wollen denn die Russen hier?", fragte ich Fritz. „Wir befinden uns im russisch besetzten Gebiet, es nennt sich Ostzone."

„Und in deiner Heimat, wimmelt es da auch von Russen?" Fritz lachte. „Keine Bange, da gibt es nur Engländer." So war das also. Ich musste noch viel lernen, um das neue Deutschland zu begreifen. Am nächsten Morgen wurden wir in richtige Personenzüge verladen, und wieder befanden wir uns auf der Fahrt. Es war schon dunkel, als wir an unserem nächsten Ziel anlangten. Diesmal übernachteten wir in einem riesigen Haus, das wie ein Kloster aussah. Es gab richtige Betten dort, mit Matratzen und schneeweiß bezogenen Betten. Wir bekamen zu essen, die Kinder kriegten warme Milch und duschen durften wir uns auch.

Monika war auf dieser Fahrt nicht dabei. Ich hatte sie in Frankfurt/Oder aus den Augen verloren. Es tat mir weh, dass ich mich von ihr noch nicht einmal verabschieden konnte. In Gedanken wünschte ich ihr viel Glück. In dieser Nacht habe ich in diesem sauberen, weichen Bett kein Auge zugemacht. Auf dem Fußboden wäre ich bestimmt in einen totenähnlichen Schlaf gefallen. Den anderen ging es genauso. Alle waren froh, als endlich die Nacht um war. Es war noch dunkel draußen, als es schon Frühstück gab. Anschließend mussten wir unseren Kram packen, denn die Fahrt ging weiter.

Auf dem Hof standen zwei Lastwagen, die auf uns warteten. Wir hatten keine Ahnung, wohin sie uns brachten. Unterwegs begegneten wir unseren Männern, die mit ihrem Gepäck in einer langen Kolonne gingen. Mir fiel ein Stein vom Herzen, mein Fritz war auch unter ihnen. Wie lange die Fahrt auf dem Lastwagen dauerte, weiß ich nicht mehr. Ich hatte jegliches Zeitgefühl verloren. Wir blieben plötzlich stehen, ein Schlagbaum versperrte uns den Weg.

Ich traute meinen Augen nicht, ich sah nur noch Russen. „Die bringen uns wieder zurück", flüsterte meine Nachbarin ängstlich. Ich konnte beobachten, wie alle vor Angst erstarrten. Was hatten sie mit uns vor? Auf der anderen Seite des Schlagbaumes standen mehrere Rote-Kreuz-Wagen und einige Lkw. Was hatte das zu bedeuten? Die Ungewissheit fraß an unseren Nerven. Warum ließen sie uns nicht aussteigen? Jenseits des Schlagbaumes kamen mehrere Gestalten, zwei davon im weißen Kittel. Sie schrien etwas den Russen zu, die schüttelten nur mit dem Kopf.

Die Kinder wurden unruhig, einige weinten. Die Russen störte das nicht, sie unterhielten sich, scherzten und lachten. Drüben auf der anderen Seite liefen sie aufgeregt hin und her. „Unsere Männer kommen!" Alle drehten sich ruckartig um, sogar die Russen verstummten. Die Männer kamen heran. Im gleichen Augenblick gab man uns den

Befehl abzusteigen. Wir wurden gezählt, dann durften wir einzeln den Schlagbaum passieren.

Auf der anderen Seite nahm man uns lachend und erleichtert in Empfang. „Willkommen in der Heimat!" Wir Mütter wurden in die Rot-Kreuz-Wagen verfrachtet, konnten uns endlich hinsetzen. Frische, dick mit Wurst belegte Brötchen und heißer Kaffee wurden ausgeteilt. Nun wusste ich endlich, wo ich mich befand: Ich war im Himmel gelandet. Die Männer wurden auf die Lastwagen verfrachtet, und diesmal fuhren wir alle gemeinsam ab. Als wir nach kurzer Zeit aussteigen durften, befanden wir uns im Lager Friedland.

Die Glocke von Friedland läutete:
„Willkommen! Willkommen!"

Nachwort

Hilde Nowak, geborene Sobotta, verwitwete Noebels, war vor Kriegsende vom 16. bis zum 17. Lebensjahr beim Deutschen Roten Kreuz im Lazarettbereich in Beuthen/Oberschlesien beschäftigt. Als im Frühjahr 1945 die Russen Beuthen besetzten, konnte Hilde Nowak im gleichen Lazarettbereich weiterarbeiten. Die Verhaftung durch die Russen erfolgte wahrscheinlich nach einer Denunziation durch eine Freundin, die ihr die alte und neue Tätigkeit neidete.

Im letzten Drittel der fast fünfjährigen Gefangenschaft lernte Hilde Nowak den Kriegsgefangenen Fritz Noebels kennen, von dem sie im Arbeitslager ein Kind bekam. Nachdem beide, Fritz und Hilde, aus den sibirischen Arbeitslagern entlassen worden waren, heirateten sie in Deutschland. Sie lebten in St. Tönis, in der Nähe von Krefeld, und bekamen noch zwei Kinder.

Leider erkrankte Fritz nach etwa fünf Jahren an einer schweren Herzkranzgefäß-Entzündung, vermutlich eine Folge der katastrophalen Lebensbedingungen in den sibirischen Arbeitslagern. Er starb 1955. Danach bekam Hilde Lungentuberkulose, die wohl ebenfalls eine Folge der Entbehrungen und Erkrankungen im Lager war. Für Hilde begann eine sehr schwere Zeit, die sie mit drei kleinen Kindern überstehen musste, was ihr mit großer Energie auch gelang. Im Jahre 1959 heiratete sie ein zweites Mal und lebte mit ihrem Mann in Krefeld.

Aus dieser Ehe gingen zwei weitere Kinder hervor. 1988 starb ihr zweiter Mann und sieben Jahre später zog Hilde Nowak zur im sibirischen Arbeitslager geborenen Tochter Renate. Sie starb mit 76 Jahren im August 2002.

Hervorzuheben ist, dass Hilde Nowak ein stets lebensbejahender und positiver Mensch war, und immer wieder die Kraft und den unbändigen Willen zum Überleben aufgebracht hat.

Publizieren in der Volksbund-Reihe „Erzählen ist Erinnern"

Mit der Buchdrucktechnik „print-on-demand" (Druck nach Bedarf) ist es heute möglich, kleine Buchauflagen schnell und preiswert herzustellen. Der Volksbund Deutsche Kriegsgräberfürsorge e. V. bietet Ihnen in Zusammenarbeit mit dem Unternehmen GGP Media on Demand (im folgenden GGPmod) die Möglichkeit, in seiner Autorenreihe „Erzählen ist Erinnern" Texte – Berichte, Tagebücher, Erzählungen und Gedichte – zu veröffentlichen und bekannt zu machen. Der Volksbund hilft den Autoren beim Absatz ihrer Bücher durch deren Präsentation in seinen Publikationen und im Internet.

Wenn Sie schon über ein Manuskript verfügen oder eines schreiben möchten (es müssen allerdings nicht unbedingt eigene Texte sein) und wenn Sie Interesse an der Veröffentlichung in der Volksbund-Buchreihe „Erzählen ist Erinnern" haben, dann melden Sie sich bitte bei:

Volksbund Deutsche Kriegsgräberfürsorge e. V.
Redaktion „Erzählen ist Erinnern"
Werner-Hilpert-Straße 2
34112 Kassel
Tel. 0561-7009-156
Fax 0561-7009-221
e-Mail: werbung@volksbund.de

Der Volksbund wird Ihnen dann einen Fragebogen und eine ausführliche Information über das Publizieren in seiner Buchreihe zusenden.

Voraussetzungen für die Veröffentlichung in der Buchreihe des Volksbundes

Ihr Text muss in Zusammenhang mit den satzungsgemäßen Zielen und der Arbeit des Volksbundes Deutsche Kriegsgräberfürsorge zu bringen sein. Es könnten Erinnerungen (vor allem) aus der Kriegszeit sein, Kriegstagebücher, Gedanken oder Gedichte zu Krieg und Frieden, Erlebnisse im Rahmen der Arbeit für den Volksbund, mahnende und besinnliche Texte. Die erste Sichtung Ihres Manuskriptes durch den Volksbund wird ergeben, ob dies der Fall ist. Es lohnt sich aber immer, dies mit dem Volksbund vorab zu klären.

Sollte Ihr Buchprojekt nicht in die Reihe passen oder möchten Sie es dort nicht unterbringen, hilft Ihnen der Volksbund selbstverständlich auch durch die Vermittlung des Kontaktes mit der Druckerei. Ihr Buch wird dann nicht in seinen Publikationen und im Internet präsentiert. Selbstverständlich können Beiträge, die nicht mit der Satzung des Volksbundes vereinbar sind, insbesondere kriegsverherrlichende Texte oder Texte mit politischen Absichten, nicht in die Volksbund-Buchreihe „Erzählen ist Erinnern" aufgenommen werden.

Bereits vorliegende Bücher können grundsätzlich nicht nachträglich in die Reihe aufgenommen werden. Das Angebot der Aufnahme in die Volksbund-Buchreihe und der Präsentation in den Schriften und auf den Internetseiten des Volksbundes bezieht sich ausschließlich auf Bücher, die im Rahmen der oben beschriebenen Kooperation neu entstehen oder neu gedruckt werden.

Volksbund Deutsche Kriegsgräberfürsorge in Zahlen

Der Volksbund ...

... wurde am 16.12.1919 als eine der ersten wirklichen Bürgerinitiativen in Deutschland gegründet;

... arbeitet seit 1954 im Auftrag der deutschen Bundesregierung vorwiegend im Ausland;

... hat über 1,3 Millionen Mitglieder und Spender, die zu mehr als 90 Prozent seine Arbeit finanzieren;

... sorgt heute für die Erhaltung und Pflege von weit über 800 deutschen Kriegsgräberstätten in 45 Ländern;

... hat nach dem Zweiten Weltkrieg bis jetzt mehr als eine Million deutsche Kriegstote geborgen und auf großen Sammelfriedhöfen würdig bestattet;

... darf erst seit Anfang der 90er Jahre des 20. Jahrhunderts in den Ländern Mittel-, Ost- und Südosteuropas (ehemaliger Ostblock) arbeiten;

... birgt und bestattet dort jährlich rund 50 000 Kriegstote;

... führt seit 50 Jahren junge Menschen in Jugendlagern an die Kriegsgräberstätten im In- und Ausland, damit sie dort lernen, wie wichtig der Frieden ist;

... arbeitet seit über 40 Jahren intensiv mit den Schulen zusammen und unterstützt die schulische Friedenserziehung;

... unterhält seit 20 Jahren eigene Jugendbegegnungsstätten auf dem Gelände deutscher Kriegsgräberstätten, die von Schulen und Jugendgruppen intensiv genutzt werden; zur Zeit gibt es solche Häuser in Ysselsteyn/Niederlande, Lommel/Belgien, Niederbronn/Frankreich, Futa-Pass/Italien und in Kamminke am Golm (Insel Usedom) in Deutschland;

... braucht dafür auch IHRE HILFE!

Aufgaben des Volksbundes Deutsche Kriegsgräberfürsorge

Aus der Verpflichtung zur Wahrung des Gedenkens an die Opfer von Krieg und Gewalt, Frieden zu halten unter den Völkern und die Würde des Menschen zu achten, leiten sich für den Volksbund nachfolgende Aufgaben ab:

➤ Anlage und Pflege der Kriegsgräberstätten im Ausland im Auftrag der Bundesregierung;

➤ Erfassung der Kriegstoten und ihrer Gräber im Ausland;

- Suche nach den Kriegsgräbern, Information und Betreuung der Angehörigen;
- internationale Zusammenarbeit in allen Angelegenheiten der Kriegsgräberfürsorge;
- Gestaltung des Volkstrauertages oder Mitwirkung daran;
- Jugend- und Bildungsarbeit an den Schulen und weiteren Bildungseinrichtungen;
- Förderung der Jugendbegegnung an den Ruhestätten der Toten;
- Beratung inländischer Stellen in allen Fragen der Kriegsgräberfürsorge.

(Nach der Satzung des Volksbundes, § 3 – Aufgaben und Rechtsgrundlagen)

Volksbund Deutsche Kriegsgräberfürsorge e. V.
Werner-Hilpert-Straße 2
34112 Kassel

Telefon: 01805 - 7009 - 99 (€ 0,12/Min.)
Telefax: 0561 - 7009 - 221
e-Mail: info@volksbund.de
Internet: www.volksbund.de

Beitrags- und Spendenkonto: 4300 603
Postbank Frankfurt
BLZ 500 100 60

Spenden per Telefon: 01805 - 7009 - 01

Danke für Ihre Hilfe!